Cartas da África

André Rebouças em Paris (c. 1861)

Cartas da África

Registro de correspondência,
1891-1893

André Rebouças

Hebe Mattos (ORG.)

Copyright do posfácio, da cronologia, dos apêndices e das notas
© 2022 by Hebe Mattos

CHÃO EDITORA
EDITORA Marta Garcia
EDITOR-EXECUTIVO Carlos A. Inada

CAPA, PROJETO GRÁFICO E DIAGRAMAÇÃO Mayumi Okuyama
PREPARAÇÃO Ana Maria Alvares
REVISÃO Carlos A. Inada e Marta Garcia
PESQUISA ICONOGRÁFICA Hebe Mattos e Erica Fujito
PRODUÇÃO GRÁFICA E TRATAMENTO DE IMAGENS Jorge Bastos
MAPA Sônia Vaz

DADOS INTERNACIONAIS DE CATALOGAÇÃO NA PUBLICAÇÃO (CIP)
(CÂMARA BRASILEIRA DO LIVRO, SP, BRASIL)

Rebouças, André, 1838-1898
    Cartas da África : registro de correspondência, 1891-1893 /
André Rebouças ; organização Hebe Mattos. – 1. ed. – São Paulo :
Chão Editora, 2022.

    ISBN 978-65-80341-09-2

    1. Abolicionistas – Biografia – Brasil 2. Cartas – Coletâneas
3. Cultura afro-brasileira 4. História do Brasil 5. Rebouças, André,
1838-1898 I. Mattos, Hebe. II. Título.

22-136455   CDD-981.04

Índices para catálogo sistemático
1. Abolição da escravidão : Brasil : História 981.04
Aline Graziele Benitez - Bibliotecária – CRB-1/3129

Grafia atualizada segundo as regras do Acordo Ortográfico da Língua
Portuguesa (1990), em vigor no Brasil desde 1.º de janeiro de 2009.

chão editora ltda.
Avenida Vieira de Carvalho, 40 — cj. 2
CEP 01210-010 — São Paulo — SP
Tel +55 11 3032-3726
editora@chaoeditora.com.br | www.chaoeditora.com.br

Sumário

7   Apresentação

15   Lista de destinatários

19   CARTAS DA ÁFRICA

315   Posfácio

368   Nomes citados nas cartas
      Hebe Mattos

411   Cronologia

431   Notas

443   Bibliografia

456   Sobre as imagens

459   Créditos das ilustrações

461   Agradecimentos

Apresentação

Por sua excepcionalidade, o engenheiro abolicionista André Rebouças é um dos mais citados e estudados intelectuais negros do século XIX. Deixo as considerações sobre sua trajetória singular para a conclusão do volume. Por ora, para um leitor que porventura desconheça o personagem, é importante saber que ele formava a segunda geração de uma família autoidentificada como "parda" ou "de cor", nos termos da época, que ascendeu socialmente no contexto da independência do Brasil, distinguindo-se através dos estudos. Seu pai, Antônio Pereira Rebouças, registrado como pardo na certidão de batismo, era filho do alfaiate português Gaspar Pereira Rebouças e de Rita Basília, sobre a qual pouco se sabe. Antônio casou-se com Carolina Pinto Rebouças, filha de um negociante de sua cidade natal, Cachoeira, no Recôncavo Baiano, também "homem de cor". Segundo a memória familiar, Gaspar e Rita foram morar em Cachoeira para criar os filhos pardos com mais segurança. As famílias eram vizinhas e Carolina, uma moça culta que falava francês e estudava piano. Rita Basília tinha um talento musical inato e costumava atravessar a praça da cidade para tocar piano na casa da futura nora.

Antônio Pereira Rebouças destacou-se na guerra pela independência no Recôncavo Baiano. Autodidata em direito, atuando em Salvador, tornou-se jurista reconhecido por seus pares e foi eleito deputado-geral quatro vezes, entre 1828 e 1846, ano em que se mudou com a família definitivamente para o Rio de Janeiro e recebeu autorização para advogar em todo o Brasil. Apoiou o estudo dos irmãos: Manoel Maurício formou-se médico na Europa e tornou-se professor na Faculdade de Medicina, em Salvador; José estudou regência musical na Itália. Em 1861, Antônio Rebouças recebeu o título de conselheiro do imperador Pedro II.

André nasceu em Cachoeira, em 13 de janeiro de 1838, em pleno levante da Sabinada. Ele e o irmão Antônio, um ano mais novo, matricularam-se juntos na Escola Militar de Engenharia, na Praia Vermelha, no Rio de Janeiro, em 1854. Em 1859, foram aprovados para ingresso na Escola Militar e de Aplicação, no largo de São Francisco, onde se complementava a formação teórica e prática. Nesse ano, a escola se bifurcou na Escola de

Aplicação do Exército, na praia Vermelha, voltada para a especialização propriamente militar, e na Escola Central, voltada para o estudo civil de ciências físicas e matemáticas, no largo de São Francisco. Os dois irmãos completaram a formação como engenheiros civis na Europa, em viagem de estudos vinculada à Escola Central, conforme o regimento da época. Mantiveram os vencimentos que recebiam como estudantes no Brasil e contaram com o apoio financeiro do pai.

Os irmãos destacaram-se como pioneiros da engenharia civil no Brasil. Antônio se casou com Mathilde Augusta, da família Veríssimo de Matos, filha de um advogado da Corte com origens no município fluminense de Mangaratiba. Teve dois filhos e desenvolveu inúmeros projetos e obras de engenharia, sobretudo no Paraná. Faleceu ainda jovem quando atuava na construção de uma estrada de ferro na então província de São Paulo, antes de completar 35 anos, de febre tifoide. André participou como engenheiro militar da Guerra do Paraguai. Após a guerra, envolveu-se diretamente na criação de inúmeras "empresas de utilidade pública", concessionárias do Estado brasileiro, voltadas para o planejamento e a construção de portos de mar, estradas de ferro e redes de abastecimento de água. Desenvolveu projetos em quase todos os estados brasileiros. Foi responsável por projetar e edificar as Docas da Alfândega, no Rio de Janeiro, as primeiras desenvolvidas por uma companhia particular. Foi fundador da companhia que planejou e desenvolveu os trabalhos de construção das Docas D. Pedro II. Suas atividades empresariais dependiam de concessões do Estado e foram drasticamente reduzidas a partir de 1874, quando as Docas D. Pedro II foram encampadas pelo Estado imperial. Desde então, acentuou seu ativismo antiescravista e se tornou professor da Escola Politécnica, sucessora da Escola Central, que pela primeira vez incluía a formação específica em engenharia civil. Enquanto permaneceu no Brasil, porém, nunca deixou de atuar como engenheiro e empresário.

Abolicionista de primeira hora, foi pessoa de ligação entre o movimento social abolicionista, do qual participou intensamente junto a outros ativistas negros, como o advogado Luís Gama e os jornalistas José do Patrocínio e Ferreira de Menezes, e a luta parlamentar, fazendo pressão direta sobre atores de destaque do mundo político oficial, a quem tinha acesso por suas redes familiares e profissionais. Notabilizou-se na defesa de projetos para a modernização do país, entre os quais se incluíam a abolição da escravidão, o estímulo à imigração, o acesso dos recém-libertos à terra e a democratização da propriedade fundiária.

André Rebouças foi antes de tudo um homem cosmopolita. Fez uma segunda viagem à Europa, de onde visitou também os Estados Unidos, entre 1872 e 1873, pouco antes da morte do irmão e da crise terminal de suas empresas de engenharia no Brasil, em 1874. Solteiro, passou a morar em hotéis após a morte do pai, em 1880. Voltou ainda mais uma vez à Europa, em 1882, quando morou em Londres, por alguns meses. Em 1883, retornou ao Brasil para se engajar na campanha abolicionista.

Em 1887, mudou-se para Petrópolis, onde se reaproximou da família imperial nos momentos finais da pressão abolicionista que resultou na aprovação da lei que aboliu a escravidão no país sem indenização aos ex-senhores. Acompanhou a família imperial no exílio quando da derrubada da Monarquia, em 1889, que atribuiu aos interesses escravistas contrariados. Nos dois primeiros anos da República brasileira, morou em Lisboa, Portugal, e em Cannes e Marselha, França, e publicou diversos artigos na imprensa portuguesa e no *Times*, de Londres.

Manteve por toda a vida adulta a prática de registrar em diário os principais acontecimentos e atividades de cada dia. Registrou também em cadernos as cartas que escrevia no exílio. Nos cadernos IV e V, André copiou à mão as cartas enviadas entre fins de outubro de 1891 e julho de 1893, as quais, contudo, não aparecem necessariamente em ordem cronológica. Algumas começam em uma página do caderno e continuam muitas depois, ou até mesmo em outro volume. Todas trazem, porém, a data da escritura registrada na margem esquerda, e o próprio André, em algum momento posterior ao registro, identificou cada correspondente com um lápis azul, no topo da página da carta transcrita. Algumas informações extras sobre eles, como o endereço ou a profissão, aparecem por vezes na margem direita das páginas dos cadernos. Com o mesmo lápis azul, André nos informou também, quando necessário, como juntar as pontas das sequências que não se faziam evidentes.

Uma edição do diário e de algumas cartas desse registro de correspondência foi publicada em livro por Ana Flora e Inácio José Veríssimo, em 1938. A maior parte do diário, mais de vinte grossos cadernos, escritos entre 1863 e 1891, está depositada na Fundação Joaquim Nabuco (FJN), assim como os cadernos do registro de correspondência, que servem de base a esta edição. Uma cópia em microfilme de toda a coleção da FJN encontra-se também disponível para pesquisa no Arquivo Central da Universidade Federal de Juiz de Fora (UFJF).

A presente edição teve por base uma primeira transcrição dos cadernos, realizada por Eduardo Cavalcanti, a partir dos microfilmes da UFJF e de minhas notas e fotos dos originais da FJN. Esse profissional tem prestado serviços inestimáveis a mais de uma geração de historiadores. Com base nessa primeira transcrição, editei as cartas em ordem cronológica, fiz a revisão técnica dos conteúdos com base nos microfilmes depositados no Arquivo Central da UFJF e a contextualização histórica do material.

As cartas selecionadas para este volume permanecem, em sua maioria, inéditas. O livro reúne todas as missivas copiadas por André nos "cadernos de correspondência" de fins de 1891 até julho de 1893, período em que planejou e empreendeu uma surpreendente viagem de circum-navegação pelo continente africano. Essa viagem revelou, através das cartas transcritas, uma aguda consciência racial.

Abro o volume com a fase final de sua correspondência em Cannes, pouco antes da morte do imperador em Paris, período em que planejou a viagem africana. A primeira carta está datada de 29 de outubro de 1891 e é dirigida ao amigo José Carlos Rodrigues, jornalista e republicano brasileiro que conheceu em Nova York e com quem se reencontrou em Londres. Nela, pela primeira vez, ele se identifica como "o negro André". A edição termina com a cópia da carta enviada em 4 de julho de 1893 ao segundo barão da Estrela, amigo de família a quem chama de Juca, na qual registra sua chegada a Funchal, na ilha da Madeira, vindo da Cidade do Cabo, na África do Sul. Nela, declara-se em dúvida entre voltar ao Brasil ou retornar ao continente africano, para trabalhar em Angola. Não fez nem uma coisa nem outra, permaneceu no mesmo hotel, na cidade de Funchal, até sua morte, em 1898.

Nas cartas transcritas, ele cita pouco mais de 150 pessoas. Na maioria dos casos, consegui identificá-las em uma lista de nomes citados, quando me pareceu imprescindível para contextualizar a leitura. Ao final, compartilho com o leitor minha leitura do esforço de André Rebouças em registrar sua correspondência de viagem para a posteridade no ensaio "Ulisses africano: modernidade e dupla consciência no Atlântico Sul".

As cartas da África iluminam um período pouco conhecido da vida de André, mas também a forma como rememorava no exílio toda a sua trajetória até ali. O presente volume é o primeiro de uma série que já tem mais quatro outros em trabalho de revisão e edição crítica a partir da transcrição de Eduardo Cavalcanti. São eles (os dois últimos em colaboração com Robert Daibert):

O engenheiro abolicionista: diário, 1882-1885
A abolição incompleta: diário, 1887-1888
O amigo do imperador: registro de correspondência, 1889-1891
Cartas de Funchal: registro de correspondência, 1893-1898

Todos terão a "Cronologia de André Rebouças" incluída neste primeiro livro.

Dito isso, deixemos que o próprio André nos conduza com ele em sua aventura africana.

Hebe Mattos

LISTA DE DESTINATÁRIOS (POR ORDEM DE APARIÇÃO)[1]

J. C. Rodrigues, *p.* 21, 24, 26, 30, 31, 32, 33, 46, 48, 50

Imperador, *p.* 28, 57, 64

Zózimo Barroso, *p.* 35, 119

A. E. Rangel da Costa, *p.* 38, 54, 59, 61, 72, 82, 86, 92, 100, 106, 118, 121, 124, 136, 171, 190, 209, 242, 273, 289, 302

Visconde de Taunay, *p.* 40, 42, 43, 52, 57, 65, 73, 80, 87, 99, 104, 110, 114, 131, 137, 145, 151, 161, 174, 183, 196, 198, 216, 217, 220, 225, 240, 247, 255, 260, 263, 268, 275, 276, 281, 284, 291, 298, 300, 303, 306, 308, 310, 312

Barão da Estrela (José), *p.* 67, 75, 86, 129, 153, 186, 236, 311, 313

Carlos Lisboa, *p.* 68, 77, 130, 150

José Américo dos Santos, *p.* 70, 90, 91, 107, 129, 200, 287

Antônio Júlio Machado, *p.* 78, 83, 96, 103, 109, 112, 132, 138, 142, 147, 149, 155, 162, 178, 188, 204, 224, 235, 241, 254, 271, 295

Conrad Wissmann, *p.* 88, 293

Frederick Youle, *p.* 89, 94

Victor Carlos Sassetti, *p.* 93, 97, 136, 153

Norton Megaw & Cia., *p.* 101, 115, 116, 117, 125, 126, 127, 148, 155, 175, 176, 185, 186, 188, 196, 201, 207, 213, 214, 215

Octavius Haupt, *p.* 113

André Veríssimo Rebouças, *p. 123*

João Nunes da Silva, *p. 139*

Oswald Hoffmann, *p. 160, 167, 168, 170, 177, 182*

L. Cohen & Co., *p. 169*

Augusto Dias Cura, *p. 173*

w. & c. Growve. Seed and Plant Merchants, *p. 180*

Joaquim Nabuco, *p. 189, 192, 211, 279*

Nogueira Pinto, *p. 194, 195, 206, 230, 270*

The British Bank of South America, Limited, *p. 202, 203, 208, 223, 262, 265, 266, 281, 294, 305*

c. h. Poppe, *p. 228*

The Bank of Africa, *p. 231, 232, 234, 246, 252, 253, 267, 272*

Dr. José Carlos Fernandes Eiras, *p. 297*

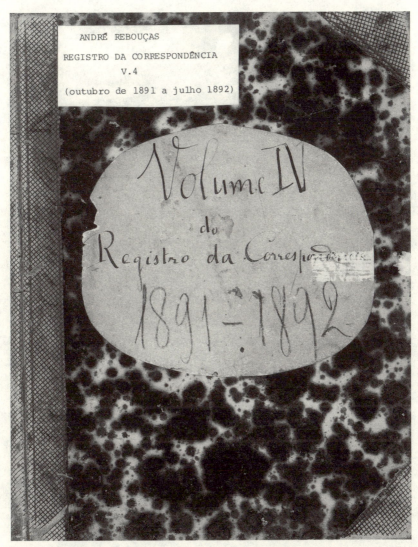

Capa do volume IV dos cadernos de registro de correspondência (1891-92)

CARTAS DA ÁFRICA

da Costa

17   Meu caro Amigo Rangel da Costa.

Recebida hontem sua estimada de 13 com o pacote dos que muito agradeço. — Retribuo tambem cordialm.e os affectos do amigo Abreu.

O nosso Antonio Julio Machado communicou-me a 11 de f.ro annunciando a minha jubilação. Hade lembrar-se que, a 1 Janeiro de 189? houve igual telegramme, reproduzido por todos Jornaes de Lisboa, verificando-se depois que o Deodoro não assignou o respectivo decreto.

Pretendo seguir no Malange para a Africa a 25 Março. Comm.el ... o bravo João Nunes da Silva, que foi meu de trabalhos da passagem do exercito pelo rio Paraná, a guerra do Paraguay. — Si realisar-se este projecto, terei Companheiro de viagem, que ir-me-ha instruindo sobre Continente desconhecido:

Necessito de novos climas e novas ideias; tenho já cerebro fatigado de trachs e revoluções. — Florestas e Sol Africano para livrar-me da obsessão dos pol... e dos agiotas. — Pena é que os deveres de familia impeçam de vós tambem distrahir-se um pouco.

Sempre M.to do Coração   André

J. C. Rodrigues
N.º 61 Rua do Ouvidor. Rio de Janeiro.
Outubro 29 1891.[1]
Novos Matadouros para o Rio de Janeiro.
[Comentário sobre o artigo] "Les Abattoirs" [Os abatedouros]
— Thomas Cyrimon — Le Petit Journal — 26 Octobre 1891

[...][2]

A 31 janeiro 1882, o ministro do Império Rodolfo Dantas nomeou-me para uma comissão de inquérito sobre os escândalos do Matadouro; foi aí, a 7 fevereiro 1882, que fui intoxicado pelos miasmas palustres e pelas ptomaínas de matadouro de homens e de bois. Foi essa febre cerebral, complicada por traições dos "íntimos", que me fez embarcar no 1.º setembro 1882 para Londres, onde nos encontramos a 14 outubro 1882 (Charing Crow Hotel & Blackfriars Hotel).

Cumpre registrar que sempre que havia uma comissão gratuita e melífica: — matadouros × cemitérios — era para o "negro André".

Desde 29 fevereiro 1876, não me deram a ganhar um ceitil; o próprio ordenado da escola era reduzido ao mínimo absoluto por descontos e eliminações sistemáticas de todos os extraordinários. Eu tinha £ 200 como representante do Caminho de Ferro Conde d'Eu, de minha iniciativa e concessão; o Antônio Prado aboliu os representantes para ver se reduzia à fome "o feroz abolicionista". A primeira reclamação da companhia foi feita por um engenheiro inglês, sobrecarregado por uma mulher tuberculosa, e custou à companhia três ou quatro vezes as 200 libras!!

O empreiteiro das obras de abastecimento d'água do Rio de Janeiro ao chegar de Londres, foi logo procurar-me nas Docas de D. Pedro ii, que eu então estava terminando. A 24 de junho de 1878, depois de um jantar no Hotel dos Estrangeiros, convidara-me para assumir a liderança das obras; o ministro Sinimbu mandou-lhe dizer que eu não era *persona grata*, e, a 14 julho 1878, eu era dispensado da direção das Águas do Rio de Janeiro.

Quando Gabrielli se reconheceu traído pelo mundo oficial, veio de Londres com uma carta de Frederick Youle, e foi à rua do Carmo (n.º 47), na Sociedade Brasileira contra a Escravidão, suplicar-me para salvá-lo. Eu indiquei o engenheiro José Américo dos Santos, dizendo-lhe que agora era eu mesmo, empenhado até a morte na campanha abolicionista, que me declarava persona ingratíssima.

Taunay lhe contará as minúcias da espoliação, que sofri com o engenheiro Antônio Rebouças, de todos os empregos de estradas de ferro e exploração florestal no Paraná.

Em uma só palavra, meu caro Rodrigues, a Odisseia do "Negro André", não caberá em 24 cantos; porque soma todos os trabalhos de Ulisses e todas as dores do escravo Eumeu.[3] Saindo do Brasil, a 17 novembro 1889, "sacudi o pó das minhas sandálias", como ordena Jesus.

Quanto à questão do matadouro:

i. É indispensável criar novos: a princípio pôr um no litoral oceânico servido pelo Caminho de Ferro de Angra dos Reis, para abastecimento dos bairros de Botafogo e Catete;

ii. O atual matadouro é um horror, resultante de cínica patola de Farani & C.ia com o engenheiro Teixeira Coimbra;[4]

iii. Com um só matadouro nada mais fácil do que estabelecer o monopólio da carne no Rio de Janeiro;

iv. Há uma das fazendas dos Breves, perto da Marambaia, de escravocrata e escandalosa memória,[5] que tem portos e belas cascatas, e que se prestaria para o projetado matadouro;

v. Para destruir radicalmente o monopólio da carne no Rio de Janeiro, cumpre declarar livres de direitos de importação todos os gêneros alimentícios, notoriamente:

a) Carnes vivas, geladas ou salgadas;

b) Peixes vivos, gelados ou salgados;

c) Legumes frescos, gelados ou comprimidos.

É pela liberdade de comércio; é pela livre concorrência, é com o telégrafo e o vapor que se extingue a vil raça de monopolizadores e de açambarcadores.

Dans tout et par tout rien de miens que la Liberté [Em tudo e por tudo, nada menos que a Liberdade].

Cannes, 29 de outubro de 1891.

André Rebouças.

J. C. *Rodrigues*
Outubro 30 1891.

Ressurreição do Novo Mundo. [*Comentário ao artigo*]
"Chronique Fonciere (du Lundi)" [*Crônica fundiária*
(de segunda-feira)]. **Le Figaro, 26 Octobre 1891.**

[...]

"Calipso não podia consolar-se da partida de Ulisses." O André não pode consolar-se da morte do *Novo Mundo*. E, no entanto, ele morreu a 31 de dezembro de 1879. Há doze longos anos!!

Mando últimos artigos, enviados do Rio a 21 novembro, também por título:

_ Tratado de 1860 entre a França e a Inglaterra — Sua origem.

_ Liberdade do comércio — (Sua evolução na França).

_ Ouro do Brasil.

A ressurreição do *Novo Mundo* hoje é facílima:

1.º Porque tem todo o pessoal do *Jornal do Commercio* a tua disposição;

2.º Porque tem seus agentes, que o porão a coberto dos calotes que mataram o *Novo Mundo*.

3.º Porque conheceis, melhor do que em 1879, onde adquirir as mais belas gravuras, músicas, mapas, etc.

Taunay escreve-me queixando-se da miséria forçada de não ganhar um ceitil desde 15 novembro 1889.

Por que não entregar-lhe o artigo de fundo do *Jornal do Commercio*? Não se explica a razão de não ter o *Times* do Brasil um artigo de fundo, quando o de Londres tem sempre três e quatro. Esse jornal neutro, órgão do Banco do Brasil e dos comissários de café da rua dos Beneditinos, faz-me mal aos nervos.

Por outro lado, é preciso que penseis na emancipação desses malditos 3200 contos de réis.

Não posso compreender como um homem se escravize espontaneamente a trabalhar até as onze da noite, em raias de perder os olhos, como o pobre Souza Ferreira, para dar 20% ou 30% da renda a Antônio Prado e outros milionários que não sabem que fazer da riqueza!!

Antônio Prado, caquético e inválido, morrerá breve; será o filho Paulo Prado que fará correr sua fortuna em trens expressos entre Paris e Mônaco.

Você sabe perfeitamente para que escândalos serviram os milhões do dr. Ayer.

O anátema de Jesus é perfeitamente justo — o rico é um ente maldito. Como o judeu errante de Eugène Sue, ele levou consigo uma atmosfera de cólera-morbo, que mata até os próprios filhos e amigos.[6] É o contágio do maldito vírus plutocrático. Nem, ao menos, pode o rico impedir que seus filhos acabem no incêndio pelo jogo e pela crápula!!

Emancipa-te, meu Rodrigues, dessa maldita plutocracia.

Dirige o jornal da Tijuca, de Petrópolis ou de Friburgo, como o Picot o dirigia de Paris.

Ressuscita o *Novo Mundo* para fazer obra saudável à família brasileira e sacie a tua paixão pela imprensa moralizadora e boa.

Cannes, 30 outubro 1891.

André Rebouças.

J. C. Rodrigues
Outubro 30 1891.
Abastecimento d'Água de Paris — Abastecimento d'Água do Rio de Janeiro.
("L'Eau du Lac Léman à Paris") [**A água do lago Léman em Paris**].

Todas as nascentes, em torno de Paris, ou secaram ou foram aproveitadas em usos urbanos e industriais; é, por isso, que, há mais de cinco anos, se fazem projetos para abastecer d'água dos lagos da Suíça a formosa capital da França.

No Rio de Janeiro inicial havia nascentes e cascatas em todas as colinas de Santa Teresa, Laranjeiras, Catumbi, etc. Sou testemunha do desaparecimento da que descia de

Santa Teresa para Matacavalos e que foi cortada e secou pela construção das muralhas e dos aterros da ladeira de Monte Alegre.

As nascentes da Carioca vão-se firmando e já o bairro de Santa Teresa é abastecido por água de conta do Gabrielli. Todos sabem a dependência mútua que há entre águas, florestas e higiene, e, que deixados ao abandono e nos elementos de vida e de conforto, é dificílimo, senão quase impossível restaurá-los ou reproduzi-los.

Cumpre, pois, providências, desde já, para o Rio de Janeiro do futuro; com população de 2 a 3 milhões de habitantes, exigindo cada um mil a 2 mil litros por dia.

Não há limites para o consumo d'água nas populações de um elevado grau de civilização; as quais exigem água para banhos cotidianos, para piscinas de natação; para lavanderias públicas; para fontes, repuxos, jardins, pomares, etc., além dos serviços domésticos e dos trabalhos de pequena e de grande indústria. É, portanto, de urgente necessidade tomar, quanto antes, as seguintes providências:

I. Desapropriar todas as nascentes, cascatas, rápidos e rios encachoeirados de altitude superior a cem metros;

II. Desapropriar todas as montanhas e florestas em que essas águas tiverem origem;

III. Proibir a construção de prédios de habitação em todos esses terrenos;

IV. Conservar estas florestas em regime de tapada ou de floresta colada, sendo absolutamente proibido o corte das árvores vivas e o fabrico de carvão;

V. Construir, nas gargantas mais apropriadas, barragens para represar as águas no tempo das enchentes, e constituir grandes açudes, reservatórios e lagos artificiais;

VI. Tomar enfim, todas as providências para conservar, aumentar e criar nascentes d'água nas melhores condições higiênicas.

Cannes, 30 outubro 1891.

André Rebouças.

Imperador
Outubro 31 1891 — Vichy-Nouvel Hotel.

Meu bom imperador.

Já remeti ao nosso Taunay a carta, que acompanhou a prezada de 28 outubro, a qual ora cumpro o dever de responder. (28 outubro — última carta do imperador).

Nestes últimos tempos, as preocupações de nosso mísero Brasil têm interrompido os estudos de matemáticas e de socionomia.

Vossa Majestade há de ter lido os admiráveis do nosso J. Nabuco — *Ilusões republicanas* — *A obra da abolição*, em comemoração do gratíssimo 28 setembro 1871.[7]

Nabuco teve esta frase para ser registrada na História Universal: "O patriotismo do imperador d. Pedro II tocou os limites do gênio".

E ninguém pode testemunhá-lo mais fielmente do que André Rebouças que o admirou, deliberando de entusiasmo, desde 17 novembro até 7 dezembro 1889.

O José Carlos Rodrigues, que Vossa Majestade honrou com uma visita em Nova York, quando redator proprietário do *Novo Mundo*, é hoje o diretor do *Jornal do Commercio*.

Escrevo-lhe, quase todos os dias, para elevá-lo ao nível de Nabuco e de Taunay no trabalho para salvar o Brasil da anarquia e da bancarrota. Tenho consciência de haver combatido, com a maior veemência do meu sangue africano, a nefanda República militar escravocrata, da traição e de ingratidão, mas, nem por isso, julgo-me desobrigado de trabalhar com os meus libertados para livrar nossa infeliz pátria da bancarrota argentina e do canibalismo chileno.[8]

As últimas notícias são tristíssimas de se levantarem barricadas na rua do Ouvidor e há conflito aberto entre o Senado e o ditador.[9] Em alguns dias mais, o Brasil ficará como a Argentina, que o próprio Mitre desespera de governar.

Deus não criou continente mais belo do que o Brasil; é um crime, é uma impiedade abandoná-lo a jacobinos sem escrúpulo e a caudilhos sanguinários e cobiçosos.

Esperando encarecidamente o momento de beijar-lhe as mãos, assino-me.

Seu com todo o coração.

André Rebouças.

J. C. Rodrigues
Novembro 1.º 1891 (domingo).
Propaganda para adesão do Brasil à União Latina.

[...]

Escrevo em aditamento à carta de 20 setembro com o projeto, dado ao imperador em 14 novembro 1889, para o Brasil aderir à União Latina, e entrar pelo sistema métrico decimal, como todos os povos civilizados e livres de preconceitos bárbaros e nativistas e de lume da França. Eis aqui dados curiosos sobre as relações métricas desse sistema, que é um dos maiores benefícios feitos à família humana pelos discípulos de Turgot, de Voltaire e de Condorcet:

[...]

O jornalzinho, aqui de Cannes, tem sempre um ou dois artigos de fundo: alguns belíssimos com as mais santas doutrinas da moral, de justiça e de equidade. Por preço algum ele publicaria anúncios de teatro com a gravura de "Mimi Bilontra",[10] ou qualquer outro produto desses cérebros queimados pelo conhaque e pelo absinto e atrofiados pelo abuso dos mais bestiais prazeres.

Tens paciência, meu Rodrigues!

Ou eleva o jornal, ou abandona-o a qualquer ganhador sem exemplares e sem consciência.

Cannes, 1.º novembro 1891.

André Rebouças.

J. C. Rodrigues
Scrap [*recorte de jornal*] XVI — "*Les Paysans par*
Henry Fouquier" [*Os camponeses por Henry Fouquier*].
Le Figaro, *31 Octobre 1891*.

Propaganda de comércio da terra, pequena propriedade e democracia rural. — O erro principal do sistema francês de imposto territorial é não tomar por base a superfície ocupada ou possuída. Além de uma burocracia, seguindo as velhas travas aristocráticas, alivia os nobres, os padres e os burgueses, e sobrecarrega os pobres trabalhadores.

Cannes, 1.º novembro 1891.

André Rebouças.

J. C. Rodrigues
Novembro 2 1891 (segunda-feira).
Florestas e águas. [Comentários a] "Inundations &
Déboisements" [Inundações & desmatamentos] —
Le Petit Marsellais. 30 Octobre 1891.

Na nota enviada a 30 outubro, falei pela conservação das florestas circunvizinhas do Rio de Janeiro para convirem de tesouro do seu futuro abastecimento d'água.

No projeto de lei para saneamento geral dos municípios do Brasil salientei as providências necessárias para resguardar as florestas e as nascentes d'água, que delas dependem intimamente.

A propaganda atual, dirigida em França pelo dr. Jeomnel [sic],[11] deve servir de lição a todos os brasileiros que estremecem pelo futuro do mais belo continente que Deus há criado.

Por fatalidade, a raça lusíbera herdou dos árabes a raiva contra as florestas. É um terrível atavismo que cumpre com-

Lembra-se do manifesto do barão Salgado Zenha e confrades, publicado no *Jornal do Commercio*, com o famoso "pejorativo" de Ramalho Ortigão, para contrariar meus artigos na *Gazeta de Portugal*?![16]

Quando encontrar esses barões, condes e marqueses republicanos, por três vidas, pergunte-lhes que é feito da "jovem e esperançosa República?", dos progressos rápidos e inauditos, descritos pelo século?

Ah! Meu bom amigo! Se toda esta gente tivesse consciência, não se animaria nem a levantar os olhos para o céu, com modo de acordar a justiça divina e de receber num raio fulminador o merecido castigo de suas mentiras e de suas infâmias.

Tudo pelo maldito dinheiro; para ganharem milhares de contos, emitindo papel-moeda para o desgraçado Brasil pagar ao câmbio de 13½!!

Espero, a todo o momento, o nosso santo imperador, e estou bem inquieto porque o frio em Paris já está de gelar.

Ao menos, aqui em Cannes, nosso bom velho terá um pouco de sol e de céu azul para consolá-lo do quanto perdeu o mísero Brasil.

Tudo isso parece um terrível drama.

Não pensa assim?

Sempre muito do coração.

André.

Visconde de Taunay
Novembro 9 1891 (segunda-feira). LXXXVII.
Cannes. Hôtel Beau Séjour.
[*Volume* III]

Meu querido Taunay.

As prezadas cartinhas n.ᵒˢ 82 e 83 de 13 e 15 outubro chegaram no meio do aluvião de telegramas, possíveis e impossíveis, sobre as misérias posteriores a 3 novembro.

Hoje vem um dando o J. C. Rodrigues com ordem de deportação; o que me obriga a usar do nosso clássico endereço para enviar-lhe contribuições para o jornal e palavras de conforto e animação.

Tenha bem presente quanto lhe hei escrito sobre esse amigo. Companheiro do *Novo Mundo* e da *Revista Industrial* e amigo desde Nova York em 9 junho 1873. Mas a ternura fraternal veio dos dias de pobreza em Londres (14 outubro 1882 a 9 fevereiro 1883) quando ele guardava-me do seu parco almoço uma xicarazinha de café com leite para poder esperar os noturnos jantares dessa tristíssima metrópole da miséria e da opulência.

[Volume IV]

Tudo isso é para que use de toda a tua influência para protegê-lo, ampar
á-lo até embarcá-lo para Europa onde poderá recuperar e curar-se da sua dolorosíssima moléstia.

chegaríamos à miséria atual. Mas todos se calaram, e só trataram de melhor aproveitar o delírio do jogo e agiotagem que se apossou do Rio de Janeiro e do Brasil inteiro.

Pergunta-me você por que não vão para o Brasil as raças superiores da Europa. Não leu no *Jornal do Commercio* o inquérito sobre imigração em São Paulo?

Não registrou a síntese: fazendeiros Caims; feitores — Átilas.

Os ingleses e os alemães não podem suportar na Europa os seus *landlords* e os seus *Junkers*; irão atravessar o oceano para servirem de ludibrio aos Antunes e Martinhos Prados?!![13]

O *Petit Journal*, todos os domingos, e o *Figaro*, todas as segundas-feiras, publicam uma crônica territorial (como os modelos juntos, Joseph Kay).[14] Veja se consegue introduzir esse elemento de progresso e de liberdade de comércio da terra (*free trade in land*) nos jornais de São Paulo.

Cumpre combater, meu caro Zózimo.

O Brasil já está mais baixo do que a Argentina antes da revolução de 1896. Sem revide e sem explodir ele vai afundando-se no lamaçal da bancarrota, da anarquia e do esfacelamento.

Sem o esforço, até o sacrifício, de alguns homens de coração, o Brasil é um "caso perdido". Ficará como a Argentina, que nem o próprio Mitre quis mais governar; ficará, como o Chile, hidrófobo, emendando guerras com revoluções.

Tristíssimo! Tristíssimo!

Sempre do coração.

André Rebouças

A. E. *Rangel da Costa*
***N.º 19, Largo do Intendente, Lisboa*[15]**
Novembro 5 1891 (quinta-feira). XIV.

Meu caro amigo Rangel da Costa.

Nos momentos de aflição, que atravessamos, só há conforto em abrir o coração com os amigos. Quando não puder escrever-me mande os jornais anotados a lápis, que eu compreendo logo todo o seu pensamento.

Além dos horrores, que me descreve na estimada de 29 outubro, há um telegrama de ontem do Rio de Janeiro, dando conta da dissolução do Congresso, o estado de sítio e a volta à ditadura.

É o Brasil reduzido à Bolívia.

Que horrível castigo!

Que dura expiação dos hediondos crimes de traição e de ingratidão, cometidos contra um velho santo, que esgotou a sua vida, trabalhando, dia e noite, para domar suas feras de ambição, de gula, de ganância e de crápula.

Lisboa, a 4 agosto 1890, tivesse tido a franqueza de declarar-me o plano de compra do *Jornal do Commercio*, eu até teria explicado as dificuldades do cometimento e até teria poupado as desilusões (frase sua) e Deus sabe os horrores que lhe esperam.

Enfim! Eu daqui só posso cumprir o doloroso dever de irritá-lo com os meus conselhos de velho instrumento em moral, em justiça e em equidade, pedindo ao bom Deus que te ilumine.

Sempre do coração.

André Rebouças.

Zózimo Barroso
Comércio da Luz, 13, Vila Genebra
Novembro 4 1891 (*quarta-feira*). xx.

Continuação do vol. II, p. 360 — Meu caro Zózimo.

Receberás, por intermédio do nosso Taunay, esta, em resposta a sua prezada de 30 setembro para não ser obrigado a repetir os tristíssimos assuntos de que me vou ocupar.

Os telegramas de hoje dão câmbio a 13 ½ e fundos do Brasil a 61.

Não há mais ilusão possível.

É a plena bancarrota em mais de dois anos de República de crápula de jogo, de agiotagem e de papel-moeda.

Taunay disse justamente: — "Todos nós fomos culpados."

Culpados por deixarem um magote de soldados, com peças de artilharia, sem munições, conquistar o Brasil e tratá-lo cinicamente pelo *spoil system yankee* [sistema de espoliação ianque].

Urge fazer um esforço supremo para ver se ainda é possível salvar alguma cousa de nossa mísera pátria.

Não se trata, como disse J. Nabuco, "de alugar bando marítimo e de ir atacar o Riachuelo" (não esquecer que os paraguaios nus e em canoas atacaram os encouraçados brasileiros); mas sim de formar um grupo de homens decididos a acabar com essa tragicomédia, que não tem mais crimes a cometer senão o incêndio das cidades e assassinato dos cidadãos em massa. *Previsão de 23 novembro 1891.*

Cumpre reunirem-se em torno do senador Fernandes da Cunha e repetir com ele que, depois de 15 novembro, não há um só ato que não seja imbecil e ridículo ou criminoso e atroz:

_ Pedir a liquidação do nefando Banco da República e aprovar a condenação de todos os criminosos;

_ Abolir o direito de emissão dos bancos.

Se, quando Rui Barbosa cumpria sua série de desatinos, todos os bons brasileiros se reunissem para protestar, não bater desde o berço, por um ensino pitagórico de amor e de respeito religioso por todos os seres vivos a começar pelas mais humildes plantinhas. Dever-se-á escrever, nas paredes de todas as escolas, que os discípulos de Pitágoras preferiram ser assassinados a matarem os campos ou um campo de leguminosas em flor.

[...]

Cannes, 2 novembro 1891.

André Rebouças

*J. C. **Rodrigues***
*Novembro 2 1891 (**segunda-feira**).*

Meu querido Rodrigues.

Sua frase: "O J. C. Rodrigues não tem tempo" ecoa-me tão tragicamente como a de Shakespeare. "Macbeth matou o sono." Tenha ou não tenha tempo, é preciso que me leia, que me ouça melhor através do oceano.

O artigo de 11 outubro 1891 — "Socialismo do Estado" — de Oliveira Martins, que você publicou com elogio é um rosário de sandices contra a Inglaterra, que se repetem no Chiado.

[...]

Pois não basta publicar os protecionismos do agiota Franck nos "A pedido" com o pseudônimo de Operário? Olha mais um pouco para a lista dos colaboradores do *Jornal do Commercio*:

1.º Alcindo Guanabara, criatura de Patrocínio e do nefando Coelho Bastos. Embaralhou "As Missões" para matar Bocaiúva, que está cada vez mais vivo e mais preparado para ser presidente da República;

2.º Raul Pompeia com suas revistas adulando o nativismo e militarismo;

3.º O famoso poeta "Bandarra" com seus versinhos da taverna de Iguaçu;[12]

4.º O famigerado Santana Néri, o barão da Guiné Branca, *boulevardier breveté* [notório vagabundo], papa-jantares de todo português ou brasileiro rico que aparece em Paris.

Não é melhor fazer o jornal com bons extratos do *Tempo* e do *Times*, do que publicar sandices, que lhe custam dezenas de contos de réis?

Tenha tempo! Tenha tempo, meu Rodrigues.

Se você tivesse refletido cinco minutos, não teria aceitado missão de Rui Barbosa.

Diga-me agora: — Como arrancar esta página da sua vida?

Como negar que você foi colaborador deste celerado, que desgraçou o Brasil e reduziu a fortuna pública a destroços, como você hoje confessa? Se, quando você passou em

Quando agora queremos sintetizar a barbaria em que ficou imersa a França pela reação teocrática e autocrática de 1815 a 1830, dizemos: — Nesse tristíssimo período não havia orçamento de instrução pública. Exigem os jesuítas bilhetes de confiança dos empregados públicos e só davam 30 mil francos para as escolas de toda a França!!

Assim deram as gerações vindouras da barbaria atual. E desde já na alvorada do século xx e ainda não tinham orçamento de assistência pública. Gastavam milhões e milhões na indústria da morte e não sacrificaram um ceitil para salvar a vida humana.

Ainda mais: esses mesmos politicantes que deixavam morrer o povo aos milhares nos incêndios, nas inundações, nas pontes, de frio e de fome, humilhados pelos monopólios plutocratas de todos os gêneros alimentícios, de vez em quando tinham o cinismo de irem para os parlamentos desfiar rosários de algarismos para demonstrar que a população da França diminuía; que não é suficiente o fornecimento de *"chair à canon"* [bucha de canhão], e de matéria bruta para o industrialismo a vapor sem piedade e sem entranhas.

A africana, nobre e altiva, não queria procriar filhos para viverem e morrerem nos horrores da escravidão; mas o proletariado, estúpido e inconsciente, na raiva erótica, produzida pelo alcoolismo, procria indefinidamente desgraçados para morrerem nos horrores da hidrofobia, dilacerados pelos cães danados dos ricos e dos poderosos.

Cannes, 12 novembro 1891.

André Rebouças.

J. C. *Rodrigues*
Novembro 13 1891 (sexta-feira).
Os carpinteiros
[*Comentário ao artigo*] *"Paris que Peine — Ouvriers du Batiment. Les Charpentiers." ["Paris que sofre — Operários da construção. Os carpinteiros."]* — Le Figaro, 24 Octobre 1891.

Este belo artigo [...] deve ser considerado como uma épura para esclarecer quanto há de novo e absolutamente estranho às civilizações antigas na propaganda hodierna sob as epígrafes — instrução pública = educação profissional. Antes de 1789, a sociedade se dividia em clero, nobreza e povo, a saber:

1.º Estado. — A teocracia orgulhosa e absoluta batendo o pé aos reis e bradando: — *"Omnis potestas a Deu"* [Tudo o que podes fazer vem de Deus]; mandava ajoelhar os imperadores antes de ungi-los e coroá-los e só encontrando resistência em Bonaparte;

O celerado parecia dizer-nos: — "Vão-se! Vão-se embora!"

Sabes que eu tenho o dom de filosofar sempre; mesmo sob as balas do Itapiru; mesmo em todas as angústias do novembro 1889.

Desembarcaram no largo do Paço, de braço dado e em jovial beatitude, o capelão de um navio de guerra e um oficial de Marinha. Eu, mesmo a soluçar, disse:

— "Ali vão as famosas bases da monarquia: a teocracia e o militarismo."

Repito o que tantas vezes lhe escrevi de Lisboa:

— Estava tudo errado! Tudo era falso e mentiroso.

O senador Cândido de Oliveira, ministro da Justiça do visconde de Ouro Preto, disse a você mesmo:

— Ou o imperador chama os liberais ao poder ou eu vou fazer a república na província de Minas.

Hoje que caíram todas as máscaras; hoje que conhecemos a infâmia de todos esses politicantes; hoje reconhecemos que o Brasil era d. Pedro II, e que, eliminado ele, desceu logo ao nível das mais bárbaras republiquetas do centro e do sul da América.

É tristíssimo. Mas é a verdade.

André.

J. C. Rodrigues

Novembro 12 1891 (quinta-feira).

[Comentário ao artigo] Assistência pública (Navrante Histoire [História comovente] por Thomas Grimm.
Le Petit Journal, 9 Novembre 1891).

Este emocional artigo de Thomas Grimm deve ser lido, estudado e registrado como documento vivo da "barbaria" da famosa "civilização ocidental", católica e apostólica romana.

Os fatos passam-se nos subúrbios de Paris; da "Cidade da Luz"; da metrópole do mundo civilizado; da capital da França; da terra da raça gaulesa, benévola e sociável, desde os aborígenes conquistados e historiados por Júlio César.[19]

E notar ainda que é a França, terra clássica das irmãs de caridade; campo de concorrência multissecular, desde Carlos Magno, entre a moral teocrática e oficial e a moral filosófica e livre, simbolizada por Voltaire e pelos enciclopedistas e hoje representadas ambas pelo cardeal Lavigerie, protetor dos africanos e por Jules Simon, o infatigável propagandista da liberdade e da filantropia nas mais altas concepções científicas.

[...]

O erro, pois, vem de muito longe; tem sua origem na orientação geral dos legisladores, dos politicantes, dos administradores e dos governantes de todas as categorias.

se necessita olhar para o céu bem azul com lindas nuvens de ouro e púrpura.

Sempre do coração.

André.

Visconde de Taunay
Novembro 12 1891 (quinta-feira). LXXXVIII.

Meu querido Taunay.

Há mais de dois anos que não temos uma daquelas fraternais transfusões de cérebro e de coração, que duraram dias e noites nesse belo Petrópolis; estou por isso em dúvida se tens assimilado bem o espírito dos trabalhos que hei remetido da Europa.

Todos eles se fundam na íntima convicção de que está irremediavelmente perdida a geração atual do Brasil e que só nos cumpre trabalhar para o futuro; quer os séculos XX e XXI.

Você deve estar perfeitamente recordando de que, se Afonso Celso e Saraiva fossem compadres do Deodoro, teriam repetido as mesmas façanhas desse satânico Lucena.

Há mesmo prova real. O Saraiva, chamado pelo imperador, a 16 novembro 1889, foi primeiro ter com Deodoro; isto é, ofereceu-se para seu mentor ou chanceler.

Depois do levante não houve politicante que não se julgasse habilitado a ser o tutor e o sucessor do Deodoro.

O que falta, pois, à geração atual do Brasil é moral; é sentimento alto; é consciência; é compreensão grande da justiça, e da equidade.

Medonho, no ponto financeiro, eu estou certo que a bacanal, iniciada pelo visconde de Ouro Preto[18] com o Figueiredo, seria tão fatal ao Brasil como a do Rui Barbosa e Mayrink; e seria tanto mais cínica e perversa quanto comprometeria o nosso santo imperador, nos seus últimos dias de vida; quando lhe seria impossível reagir.

É por isso que o meu sistema de propaganda atual é tomar os assuntos da Europa e comentá-los de modo a mostrar aos brasileiros os erros do jogo, da loteria, do protecionismo, da agiotagem, do militarismo, da plutocracia, etc.

Lembra-me que, na tristíssima e fatal manhã de 17 de novembro 1889, quando vinha com os principezinhos pela Estrada de Ferro de D. Pedro II, dirigiam-se para os prados de corridas os dândis de Petrópolis, saracoteando nos cavalos, como se nada houvesse acontecido.

Ao chegar ao Paço da Cidade, encontramos um oficial de cavalaria, nadando em júbilo, que nos disse: — "Embarque! Embarque! Só estávamos a sua espera."

Mostra-lhe todo esse plano e diga-lhe que o meu maior desejo é que ele te deixe na direção suprema do jornal. Daqui da Europa nós te enviaremos contribuições não visando politicagens; mas sim, tão somente, o aperfeiçoamento dessa desgraçada raça brasileira.

Reitero a união inalterável com J. Nabuco. Sem o nosso Triângulo Moral está tudo perdido. Tem paciência em alguns atritos; sem ele não há mais triângulo possível.

Não posso deixar de recomendar a ovelha desgarrada — o mísero Santinhos. Ele não se mete em política; mas sim em agiotagens; o que é o mesmo nessa depravada América do Sul.

E o Mirabeau-Patrocínio?

Ainda viverá?

Poderá domar essa fera e salvá-lo mesmo a despeito da sua mobilidade?

Enfim... Eu não posso deixar de querer bem a esse companheiro das lutas da Abolição. Eu estava sempre a repreendê-lo nos termos mais ásperos. Ele tinha uma resposta que me fazia vir lágrimas aos olhos:

— Ora muito bem... Julga o sr. André que todos tiveram por pai o velho e venerando Rebouças.

E agora — a quem recomendarei; o meu pobre e velho Taunay? Ao bom Deus; do amor e da misericórdia; que lhe amparará a fidelidade, que me tem consagrado nestes dois anos de exílio e provação.

Estás também doente e cansado; mas você deve ficar no Brasil por sua mãe e por ser quem melhor pode dominar militares, politicantes e agiotas.

Deus salvou-te dos horrores da Retirada da Laguna; salvar-te-á também dos horrores do militarismo, do jacobinismo e da agiotagem.

Sempre do coração.

André.

Visconde de Taunay
Novembro 11 1891 (quarta-feira).

Meu querido Taunay.

Reitero o pedido de guardares estes manuscritos, se não forem publicados pelo J. C. Rodrigues.

Lembra-me que, ao sair do ministério, o visconde de Itaboraí restituiu-me um pacote de manuscritos de projetos e trabalhos que eu lhe tinha dado.

Ler e reler; escrever e reescrever cousas ideais para um futuro melhor é nossa consolação neste exílio.

Cícero traduziu a Homero e já vinham perto os escárnios de Antônio.[17] É exatamente nestes momentos de angústia que

Até agora estão retendo o nosso santo imperador nos gelos de Paris, apesar das minhas contínuas instâncias e do meu exemplo de não sair de Cannes. O tal conde de Mota Maia respondeu em jesuítico telegrama "A demora ainda é por alguns dias". Eis aí um outro ambicioso, que também queria ser presidente de uma República de jesuítas, forjada no seu cérebro estúpido, também invejoso e cobiçoso.

Você lembra-se do dr. Meirelles, médico da imperatriz durante toda a sua vida; companheiro do imperador na tristíssima odisseia de Uruguaiana. Pois bem: ele morreu dr. Meirelles.

Mas esse estudantezinho de medicina meteu-se no Paço entre as saias das damas, e fez-se instantaneamente barão e conde, e já queria ser marquês e chanceler do Império.

São estas ambições que perderam nosso mísero Brasil; foi assim que o anãozinho do Silva Jardim achou-se autorizado a ser candidato à presidência da República.

Diga a todos que André Rebouças jamais saiu de Cannes e que desaprovou solenemente todas essas politicagens de regência, de Antônio Prado & Co.

Antônio Prado!

O candidato à presidência da República pelos fazendeiros de São Paulo; o celerado que mais amargurou os últimos dias do reinado do imperador com suas entregas de federação, de republicanagem, e de separação da sua orgulhosa e indomável província!!

E, depois, empregado de imigração do larápio ministro Glicério, promotor do hediondo tráfico de escravos brancos da Itália e de nosso pobre Portugal.

E é para estas sandices que estão arriscando a preciosíssima vida do nosso bom imperador?

Li todos os belos artigos do visconde de Melício. Quando visitá-lo, agradeça com todo o coração as justas palavras que há dedicado ao mártir d. Pedro II e ao desgraçado Brasil.

Chegaram já ao limite da guerra civil. Hoje não há mais remédio. O Brasil está nas mãos do Deus Vingador, que não perdoa os crimes hediondos de traição e de ingratidão.

Como o Chile e a Argentina, o Brasil está sofrendo de megalomania, de delírio e da loucura das grandezas; da ambição desenfreada de dinheiro e de poder.

Em dois anos, os celerados acabaram com o mais belo e o mais próspero Império do mundo. Conscienciosamente, não deve haver perdão para tamanho crime.

Sempre velho amigo.

André.

Houve, porém, anjos jesuítas, politicantes; almas de Pilatos; lavando as mãos e deixando crucificar Jesus para não ficar mal com Anás e Caifás; desses tipos plásticos; argamassas para toda obra; as quais não tomaram partido nem por Satã, nem por Jeová. A estes, Dante severo lançou este escarro de nojo e de desprezo:[20]

"Non ragioniam di lor; ma guarda e passa" [Não vamos falar sobre eles, mas olha e passa]

Outro capítulo de psicologia.

Sebastião Guimarães, comensal de Deodoro, conta que, por vezes, ele mandara o criado despedir ao Aristides Lobo da porta da rua, dizendo: — "Lá vem este diabo tentar-me com a sua república."

Mas, na madrugada de 15 novembro 1889, foram tirá-lo do leito, onde gemia sobrecarregado de cânticos e de sinapismos, para derrubar d. Pedro II, ou mais rigorosamente, para derrubar o visconde de Ouro Preto; porque Deodoro entrou no Ministério da Guerra gritando: — Viva o imperador!

Cometido o primeiro crime, em lugar de encontrar repulsa de todo o Rio de Janeiro, achou logo todos os banqueiros, todos os comissários de café, todos os senadores e todos os deputados para a mais cínica e subserviente adesão de que há memória nos anais da infâmia humana, desde Cartago até Veneza.

É tal qual como o Macbeth de Shakespeare:

— Quantos remorsos, quanta timidez no beato?

Depois vão se desenvolvendo os maus instintos pelo uso do despotismo e da bigamia, e, sobretudo, pelo desprezo que causa a corja vil dos politicantes e dos agiotas. Por fim, Lady Macbeth move sonâmbula no frenesi de lavar a mancha de sangue do rei, que traíra e assassinara. Mas o tal Macbeth, que ela industriara no caminho do crime, já estava tão calejado para exclamar: — Que importuna ocasião escolheu esta mulher para morrer?![21]

E continuou, de atrocidade em atrocidade, até que o matassem como a um cão danado!

Não é assim, meu querido Taunay?

E não devo concluir, como tantas vezes, nas cartas de Lisboa:

Fiat Justitia! Fiat Justitia! Ne pereat mundus [Que a justiça seja feita! Que a justiça seja feita! Para que o mundo não pereça].

Seu do coração.

André.

A. E. *Rangel da Costa*
Novembro 15 1891 (domingo). xv.

Meu caro amigo Rangel da Costa.

É no tristíssimo aniversário da hedionda República militar-escravocrata de traição e de ingratidão que respondo a sua prezada de Lisboa, em 9 novembro.

Quanto à tão falada "proteção ao operário" e ao "trabalho nacional" não precisamos recorrer a exemplos estranhos; basta considerar a carestia e a miséria, que afligiu o Brasil, respeito a dois anos de regime protecionista, para reconhecer que esse embuste só serve para multiplicar os milhões dos plutocratas e para reduzir ao desespero as classes exploradas pelo industrialismo sem escrúpulos.

A riqueza nacional se forma e se constitui muito diversamente do que por taxas aduaneiras de 100% a 300%. É pelo trabalho; é pela economia; é pela parcimônia; é pela abstenção, que um povo alcança o grau de bem-estar e de opulência da França hodierna. Tudo isto se resume, na França, por duas frases populares:

_ *Le lopin de terre*; a pequena propriedade territorial; o agricultor proprietário; a democracia rural.

_ *Le bar de laine*; o mealheiro, a economia; a abstenção, a parcimônia; a prudência; a reserva para o dia de amanhã.

Trabalho e economia: eis as bases reais da riqueza.

Tudo o mais é mentira; é alquimia de charlatães exploradores da mísera humanidade.

Cannes, 14 novembro 1891.

André Rebouças.

Visconde de Taunay
Novembro 15 1891 (domingo). LXXXIX.

Meu querido Taunay.

Um telegrama de Nova York dá o *Jornal do Commercio* suspenso pela lei marcial de Deodoro e companhia.

Digna comemoração do nascimento nefando da maldita República militar escravocrata de traição e de ingratidão!!

De que serviu toda a politicagem do pobre J. C. Rodrigues?

Achava engraçado meu entusiasmo por d. Pedro II; agora ele tem o dever de consciência de publicar uma edição de 3 milhões de exemplares do seu *Jornal do Commercio* e de enviá-lo a todas as bibliotecas do mundo com esta epígrafe:

— Glória eterna ao imperador d. Pedro, que em 49 anos de reinado, jamais suspendeu, jamais ditou a menor lei contra o *Jornal do Commercio*.

Filosofemos, meu Taunay.

Desde 15 novembro 1889 que digo e que escrevo para os amigos:

— Deixem-se de politicagem e de jacobinismos.

Não há meia moral, nem meia justiça, nem meia equidade, nem meia virtude.

Quando Satã rebelou-se contra Jeová, os anjos maus e tiranos e os anjos bons ficaram no céu defendendo o seu Deus.

2.º Estado. — A nobreza = os cavaleiros = os companheiros dos seus conquistadores; representando a violência e a força bruta, como a teocracia representava a mentira e a hipocrisia; a exploração do medo e da ignorância;

3.º Estado. — O povo = tudo quanto trabalhem; tudo quanto necessitava empregar o cérebro e os braços para ganhar o pão cotidiano. — Le Tiers État = O 3.º Estado!

Depois de 1789 as leis fundamentais; as Constituições dos Estados não reconheceram mais classes sociais; mas o demônio do egoísmo e do parasitismo criou uma distinção nova fundada no dinheiro. Qualquer que fosse a origem do capital, ele dava acesso ao 1.º ou ao 2.º Estado; permitia ser bispo ou cardeal, barão, conde ou marquês.

Ao proletariado, a quem não tem dinheiro, fosse ou não seu pré-avô companheiro de são Luís nas estultas guerras contra os maometanos, deu-se uma posição especial de pária da Índia; de *fellali* do Egito; ou de *roto* do Chile: é o que se chama hoje o 4.º Estado = Quatrième État.

A hedionda distinção começa logo na escola. Ao proletariado nega-se todo ensino; a muito custo os filantropos estão conseguindo escolas noturnas e de domingo para os meninos escravizados do capitalismo. Aos parisienses de dinheiro concedeu-se o monopólio da instrução pública, reduzido a uma teocracia egoísta, cínica e parasitária; só querendo guardar seus monopólios e privilégios de fabricar pergaminhos, togas, becas, arminhos, capelos e anéis heráldicos.

Tudo isso, profundamente estudado, é tão horrível como a escravidão e como a servidão da gleba.

[...]

Cannes, 13 novembro 1891.

André Rebouças.

J. C. Rodrigues
Novembro 14 1891 (sábado).
A mentira aduaneira.

[...]

É, pois, absolutamente falsa e mentirosa a política aduaneira ou protecionista; só serve para manter a intriga, o cinismo e a malevolência entre as diferentes nações do mundo.

Reduzida a seus termos mais simples, a teoria da balança do comércio quer só vender e jamais comprar; e tem a pretensão de fixar o ouro no país que se entregasse a esta alquimia.

Resta agora saber o que exigiram os piratas que bombardearam o Rio de Janeiro.

Teocracia e militarismo; mentira e força bruta; eis aí os grandes inimigos da humanidade.

O jesuitismo, mentindo e corrompendo o povo com bentinhos e com milagres; o militarismo, matando, fuzilando e bombardeando. No Brasil, além do jesuitismo e do militarismo, houve o domínio da escravidão com seus hábitos de preguiça, de parasitismo, de medo e de covardia na luta pela vida.

Você viu, no Rio de Janeiro, todos esses imundos bacharéis de direito a correrem atrás dos dotes e das heranças dos fazendeiros; que eram depois seus fabricantes de deputados e senadores.

Hoje estão liquidando todas essas infâmias. Somente, e por muitos anos, nosso mísero Brasil arrastar-se-á pela lama, como a Argentina, como o Peru, como a Bolívia, e como todas as outras repúblicas cínicas e crapulosas da América do Norte a Sul.

Sempre, velho amigo.

André.

Imperador
Paris. Hôtel Bedford. N.º 17, Rue de l'Arcade, Magdeleine.
Dezembro 1 1891 (terça-feira).

Meu mestre e meu imperador. — Última saudação.

Deus, infinitamente justo, concederá, por certo, todas as suas bênçãos ao imperador d. Pedro II, pacificador e libertador do mísero Brasil, arrastado pela fatalidade expiatória do trissecular crime de escravização e de reescravização à rebeldia, à onipotência e à ingratidão.

Tal é minha pungente oração a 2 dezembro 1891, no 66.º aniversário do mais admirável filho e discípulo de Jesus, redentor e pacificador supremo pelo divino ideal de humildade, de caridade e de fraternidade para a família humana.

Sempre de todo o coração.

André Rebouças.

Passamento às 12½ de 4 dezembro 1891 — 1825 / 66.

Há um princípio superior, meu prezado amigo.

— *Fiat Justitia ne pereat mundus*

Sem justiça não há mundo possível.

Porque o Brasil é jovem, é rico, é belo, não tem direito para calcar aos pés todas as leis de moral, de justiça, de equidade; para ser jogador, perdulário, crapuloso, traidor e ingrato.

Sou das primeiras vítimas da Justiça Suprema; neste momento estão reduzidas a cinzas minhas memórias de trinta anos de trabalho de negro cativo; mas curvo a cabeça porque é indispensável que Deus seja infinitamente justo.

Tudo tristíssimo.

Não é assim, meu amigo?

Sempre do coração.

André.

A. E. *Rangel da Costa*
***Novembro 28 1891 (sábado).* XVII.**

Meu caro amigo Rangel da Costa.

Respondendo a sua estimada de 24, ainda não posso ter o prazer de dar-lhe notícias pessoais do meu santo imperador. Nem, ao menos, poderei beijar-lhe a mão, a 2 dezembro, no seu

66.º aniversário. O tal médico — pseudochanceler do Império, está mantendo a família em Paris a título de curar o imperador!!!

Foi-se o Deodoro, tal qual o descrevi em quarenta artigos na *Gazeta de Portugal*: — sargentão estúpido e ambicioso; fetichista e carola; cantador de terços com os soldados na campanha do Paraguai!

O pior é que sucedeu-lhe o Floriano Peixoto, que traiu hediondamente o visconde de Ouro Preto, e entregou o Exército a Deodoro no fatal 15 novembro.

Hediondo militarismo!

O encouraçado *Riachuelo*, que nos custou 5 mil contos de réis, principiou por ser o carcereiro marítimo da família imperial de 17 a 22 novembro 1889; agora bombardeou a cidade do Rio de Janeiro, sem respeitar nem a Candelária, o mais rico templo do Brasil!![22]

Desde o 1.º março 1870 viveu o Império em santa paz; apesar das restrições do nosso bom imperador, Exército e Marinha nos custaram 30 a 40 mil contos de réis por ano!

Foram, pois, 600 mil contos de réis sacrificados, em vinte anos, para criar essa coleção de feras; de piratas, de corsários, de flibusteiros, e de salteadores insaciáveis nas ambições de poder e na cobiça de dinheiro.

O primeiro ato da ditadura do nefando Deodoro foi dar aos militares o Caminho de Ferro de D. Pedro II, a mais rica propriedade da nação brasileira.

Paciência! Resignação!

Parece-me que Jeová fulminaria, como a Satã, qualquer de nós que pretendesse subtrair o Brasil a sua infinita justiça.

Como os velhos hebreus, cubramos a cabeça de cinzas, e brademos:

— Misericórdia! Misericórdia!

— Compaixão para essa maldita raça de parasitas, de covardes, de traidores e de ingratos.

— Misericórdia! Misericórdia!

Sempre o coração.

André.

A. E. *Rangel da Costa*
Novembro 24 1891 (terça-feira). XVI.

Meu caro amigo Rangel da Costa.

Li, com o maior interesse, sua estimada de 19 e os jornais do visconde de Melício, que tem tido a bondade de enviar-me. Foi a 24 novembro que nosso imperador, embarcado no Alagoas, mandou "Saudades ao Brasil" por um pombo, ao passar pelas ilhas de Fernando de Noronha.

Em sua longa prática do mundo há de o amigo ter encontrado mães que se apaixonam pelos filhos moços, perdulários jogadores e crapulosos; que lhes dão as joias para emaranhar, e que até furtam da carteira do marido para satisfazer-lhes as extravagâncias. O Brasil é um desses moços; belo rico e esperançoso; mas perdulário, jogador e crapuloso.

Ainda mais: três séculos de escravidão lhe deram o terrível vício da ingratidão. O brasileiro julga que todos são seus escravos, e que não fica devedor às pessoas que lhe enchem de benefícios.

Já encontrou brasileiro que se julgasse obrigado à gratidão a d. Pedro ii, que os pacificou, civilizou e livrou-os do crime hediondo da escravidão; da infortuna de ser o último povo civilizado, que explorou e viveu à custa do suor do negro africano?

Ainda mesmo, depois do fatal 15 novembro 1889, não faltaram comédias e admoestações:

— Olhem a Argentina! Olhem a bancarrota! Olhem o *Krach*!

— Mas, tempo perdido! Estava no delírio do jogo; tudo milionário, tudo banqueiro; barão e conde por uma e duas vidas.

— Depois o exemplo do Chile.

— Nada de conflitos entre o Congresso e o presidente.

— Com seus baldados!

Balmaceda estava se suicidando e Deodoro mandava o crápula do José Avelino ameaçar o Congresso pelos jornais.

Imperador
Novembro 16 1891 (segunda-feira).

Bilhete. — Ao meu bom imperador beijo as mãos com o mais cordial afeto, transmitindo a inclusa carta do nosso bravo Taunay, de Petrópolis em 22 outubro.

Visconde de Taunay (Com uma planta Cannes, Grane)
Novembro 18 1891 (quarta-feira). xc.

Meu querido Taunay.

Aos horrores, narrados nas suas cartas de 21 e 22 outubro e nos telegramas do Rio Grande do Sul até 15 novembro, atormenta-me, em ao máximo, a angústia do nosso mártir, retido em Paris, nesse ruim hotel atrás da Igreja da Madalena!

Não foi alucinação a de seu pai moribundo; foi delírio profético: — "O jesuitismo há de matar o Brasil e há de ser teu maior inimigo."

Se o imperador está moribundo, mais razão para dar-lhe a suprema consolação de expirar num símile do Brasil com sol, com céu azul, com mar de anil e com palmeiras.

Disse a todo o mundo que André Rebouças jamais saiu de Cannes, e tem horror às politicagens de Paris com regências de Antônio Prado e Prudente de Morais!!

Antônio Prado é republicano desde 1871; desde a Lei Paranhos = Rio Branco. Era o sogro de Antônio Prado, o crapuloso Costa Pinto, quem trazia ao imperador a ameaça dos *landlords* [proprietários de terra] de São Paulo:

"Ou Monarquia com escravos ou República."

Tenho publicado isso um milhar de vezes; mas como esse celerado tem 7 ou 8 mil contos de réis, é ainda chamado para regente do Império. Repito: seu pai foi iluminado profeta, e deu-te, moribundo, o melhor dos avisos.

Os elementos mórbidos, que esfacelaram o Brasil, foram:

1.º Jesuitismo.

2.º Fazendeirismo.

3.º Militarismo.

E note, meu Taunay, que o fazendeiro era eminentemente fetichista; surrava aos negros e tinha no oratório um são Benedito negro.

Deodoro é um fetichista rezador de terços com os soldados; no momento de jurar a Constituição, o imbecil beijou-a, como se fosse um registro de santo Antônio!!

Toda essa geração foi educada no parasitismo fradesco; só cobiçando — *"Otium cum dignitate"* [Ócio com dignidade] — a preguiça cercada de honras e de fausto; de púrpura e de genuflexões.

Meu Taunay! Hoje já não há mais esperança! O *Times* já coloca o Brasil abaixo do Chile, sanguinário e canibal.

Visconde de Taunay
Dezembro 3 1891 (quinta-feira). xci.
(**Scrap** *do* Littoral *de 2 dezembro com a moléstia do imperador,*
no Hôtel Bedford, em Paris, Rua d'Arade — Magdeleine).

Meu querido Taunay.

Que tristíssimo dia passei ontem!

Estará já findo o martírio de nosso santo imperador?

Recordemos tudo, meu Taunay.

Nós fomos testemunhas de todas as misérias, desde 27 fevereiro 1887, às nove e meia da noite, quando o imperador foi atacado no Hotel Bragança, assistindo ao espetáculo do prestidigitador conde Patrizio. Vimos formar-se, em torno desse mártir, uma atmosfera jesuítica de mentiras e de hipocrisias, mal encobrindo a ganância dos baronatos, dos condados, dos dotes e das heranças.

Foi o alfa do esfacelamento do Império do Brasil.

Foram esses jesuítas os fatores íntimos da República militar escravocrata. E, como todos eles, são fazendeiros e feitores de fazendeiros, fica-se em dúvida se são cristãos, como Coelho Bastos, pela raiva satânica de ter o imperador libertado os escravos.

No desespero de sua carta de 2 novembro, você recorre à violência e à guerra. Erro dos erros, meu Taunay!

(Estou lendo — *The Conquest of the River Plate* [A conquista do rio da Prata] — London 1891 — vol. lxxxi of the Hakluyt Society).

Não faltaram nem matadores nem jesuítas com seus rosários e seus bentinhos. Desde 1535 que se mata e se reza no rio da Prata. Qual o resultado? Uma corja de megalômanos; de jogadores e agiotas, sequiosos de luxo; assaltando o poder como verdadeiros salteadores.

Não adiantaram nada o sangue, os fuzilamentos e os bombardeamentos. Bem pelo contrário: é somar a todos os vícios jesuíticos a raiva de tigres e de hienas.

Repito: — A geração atual está perdida.

O Império do Brasil passou a ser uma expressão histórica, tal qual o Império de Alexandre ou o Império Romano.

Nós, que sabemos tudo, desde seu alfa até seu ômega; nós, que conhecemos, um por um, todos os miseráveis, que prepararam esta hedionda catástrofe, não podemos contrariar o curso da Justiça Suprema.

Coelho Bastos, o chefe de polícia dos míseros escravizadores, está contente com a república e julga-se vingado.

Os fazendeiros estão satisfeitos porque "a Princesa Redentora chorou a valer".

Então é necessário que Jeová, Vingador Supremo, também fique satisfeito e contente: *Mihi vindicta. Ego retribuam.* [A vingança é minha. Vou retribuir.]

Somos, meu Taunay, míseros pecadores.

Façamos ato de humildade e de contrição.

Não temos direito de inverter as leis da moral, da justiça

e da equidade em prol do Brasil escravizador e reescravizador de aborígenes, de africanos, de europeus e de chins [chineses].

Deus retirou os olhos do Brasil e dos brasileiros.

Não há mais nada a fazer. P. ɪɪ morto depois [da] morte de quatro.

Sempre. Do coração.

André.

Barão da Estrela (*José*)
Dezembro 6 1891 (*domingo*). (*Cannes*).

Meu querido Juca.

Foi chorando e abraçando que li seu telegrama de ontem: "*Notre vénéré Empereur a rendu l'âme à Dieu ce soir minuit-demi — Prières pour lui.*" [Nosso venerado imperador entregou a alma a Deus esta noite meia-noite e meia — orações a ele.]

Desde muito, perdida a esperança de revê-lo, só fazia orar por ele.

[Reproduz a saudação de 2 dezembro]

Neste angustioso momento quero repetir meu testemunho de que só encontrei na Europa o barão da Estrela, sabendo amar e dedicar-se a d. Pedro ɪɪ, como ele merecia ser amado.

Deus te abençoe, meu Juca, digno filho do meu velho amigo o conde da Estrela, diretor, presidente, fundador e fiel apoio da minha Companhia das Docas de D. Pedro ii.

Sempre com todo o coração.

André Rebouças.

Carlos Lisboa
Dezembro 12 1891 (sábado). x. (Cannes. Hôtel Beau Séjour).

Meu caro amigo Lisboa.

Venho agradecer-lhe a parte, que tomou com suas excelentíssimas senhoras, na minha imensa dor pelo passamento do meu mestre e de meu imperador.

Não é caso de desalento nem de tibieza na fé na Justiça Suprema; em Deus bom e infinitamente justo.

Depois de muito chorar e de muito soluçar, fiz estes raciocínios:

Se o imperador morresse tranquilamente em Petrópolis, sua memória ficava sobrecarregada das mentiras e das calúnias de Bocaiúva, Rui Barbosa, Aristides Lobo, etc.; e, também, das injúrias, no Parlamento, de todos os politicantes na raiva satânica de ambições e de cobiças, não satisfeitas, e de jamais permitir d. Pedro II que o partido vencedor esmagasse o partido vencido.

A apoteose, que o imperador teve em Paris, é inaudita; superior à do próprio Victor Hugo;[23] porque não faltaram os esplendores da teocracia, do militarismo e da aristocracia.

O último artigo de fundo do *Times* chegou à conclusão dos meus quarenta artigos na sua *Gazeta de Portugal*: "Nada há para admirar que pretorianos expulsem um imperador; foi esse seu ofício desde que Roma inventou pretorianos. Mas, o que é maravilhoso, é ter um filósofo, bom e santo, inimigo da teocracia e do militarismo, governado um continente inteiro, grande e semibárbaro, como o Brasil, desde 9 abril 1831 até 15 novembro 1889; e tê-lo conservado em paz interna, perfeita e absoluta, desde 2 de fevereiro de 1849 até esse mesmo nefando 15 novembro 1889".

O Brasil, escravocrata relapso e imponente, merecia ser severamente castigado. Deus retirou d. Pedro II para poder entregá-lo aos celerados, que lá estão se fuzilando mutuamente e bombardeando o Rio de Janeiro, sem respeitar nem o mais rico templo da América do Sul!!!

Jamais, pois, a Justiça Suprema funcionou mais rápida e eficazmente.

Sempre do coração.

André Rebouças.

José Américo dos Santos
Dezembro 13 1891 (domingo). XXXII. (Cannes).

Meu caro Santinhos. Saúde.

Recebi, ontem à tarde, sua estimada de 13 novembro com todos os documentos inclusos.

Remeto a procuração pedida e carta ao sobrinho André Veríssimo Rebouças para entender-se com seu tio José Pereira Rebouças, engenheiro diretor das Obras Públicas de São Paulo, a fim de providenciar a bem da família na hipótese já de minha morte.

Não é possível voltar ao Brasil revolucionário, relapso e impenitente; em guerra civil, fuzilamentos e bombardeamentos. Prefiro morrer como meu mestre e meu imperador, em qualquer hotel do Velho Mundo.

Agora está bem claro que o levante de 15 novembro 1889 foi o início da expiação para o Brasil: — o maior monopolizador de terra do mundo, e, portanto, o mais satânico fator de misérias, de peste, de fome e de guerra.

Escravizador e reescravizador trissecular de aborígenes ou de índios, de africanos, de chins, de portugueses, de italianos e de todos os miseráveis da Europa.

Antônio Prado respondeu selvagemente à Sociedade Protetora dos Imigrantes que os proletários da Europa não tinham outro recurso se não se sujeitarem aos fazendeiros de São Paulo. Breve os italianos ensinarão aos mamelucos bandeirantes que eles diferem muito dos míseros guaranis, precipitados nos rápidos do Guaíra.

[Ao final da página em azul] *Previsão do conflito de julho 1892.*

[Na margem superior da página seguinte] *1631 — Destruição pelos mamelucos de São Paulo das Missões do Paraná, do Ivaí e do Pequiri. — Êxodo do Montoya e de milhares de catecúmenos guaranis.*

O brasileiro, por ferocidade escravocrata, ou por inconsciência frívola e parasitária, é capaz das maiores perversidades.

Assassinou a imperatriz em um mês e treze dias (15 novembro 1889 a 28 dezembro 1889).

Assassinou o imperador em dois anos e dezenove dias (15 novembro 1889 a 4 dezembro 1891).

Há um Deus e seu primeiro atributo é ser infinitamente justo. Ele não pode perdoar os maiores crimes possíveis: a traição e a ingratidão.

O Brasil vai expiar, durante séculos, sua ferocidade escravocrata e sua leviandade; seu parasitismo e sua crápula.

Eu aceito, com a maior resignação, a minha parte na expiação nacional.

Sempre do coração.

André.

A. E. *Rangel da Costa*
Dezembro 18 1891. XVIII.

Meu caro amigo Rangel da Costa.

Agradeço-lhe tudo quanto fez em honra do imperador mártir, de todo o coração, como se fosse feito a meu santo pai.

Tenho colecionado os jornais, que me há enviado, para servirem no apêndice ao livro, que hei de publicar para honrar a memória do meu mestre e meu imperador.

O primeiro impulso foi voar a Paris e Lisboa; mas lembrei-me que ia travar novos conflitos com esses ruins brasileiros, que levaram a ingratidão até ao canibalismo de negarem honras ao santo, que eles crucificaram traindo, como Judas a Jesus. Agora ele descansa tranquilo.

Deus já poupou-lhe, em catorze dias, três grandes dores:

_ A revolução do Rio de Janeiro;

_ A bancarrota da Leopoldina;

_ E a revolução de São Paulo.

Que horror! Meu caro amigo!

Parece que o Brasil ficou maldito depois que assassinou a imperatriz e o imperador.

Sempre muito do coração.

André Rebouças.

Visconde de Taunay
Dezembro 20 1891 (domingo). XCII.

Meu querido Taunay.

Chorou muito... Soluçou muito... Repetiu, trinta vezes, o dilema de Sócrates. E concluiu: A melhor solução é a morte. *Mors omnia solvit* [A morte resolve tudo]. Solução completa, perfeita e absoluta.

Eu pedia sempre ao bom Deus morrer aos cinquenta anos. Teria partido com o heroico Joaquim Serra no ano da Abolição. Agora, estou-me aqui, com 54 anos de idade. Sem pátria e sem rei. A ver o Deus de Moisés, Jeová vingador, a dilacerar o Brasil, traidor e ingrato; monopolizador de terras e escravizador de homens.

O Imperador-Mártir teve duas apoteoses:

Uma direta, positiva e imediata, feita pelo Velho Mundo, em inaudita exibição da teocracia, do militarismo e da aristocracia;

Outra indireta, negativa e mediata, feita pelo Novo Mundo; principalmente por chilenos e argentinos a gritarem: — Brasileiros tolos e insensatos. Traidores, vingativos e covardes. Saíram a fazer república para imitar-nos. Em dois anos, excederam-nos em megalomania, em crápula, em jogo e em bancarrota.

É tristíssimo ser Cassandra, meu querido Taunay, e suportar as cóleras de gregos e troianos. No entanto eu publiquei na *Gazeta de Portugal* de 8 janeiro 1890:

— "Pode-se acordar um velho, justo e bom, piedoso e santo, a uma hora da madrugada, metê-lo com mulher e filhos entre duas alas de soldados, embarcá-lo no *Parnaíba*, remetê-lo à Ilha Grande, transportá-lo, noite escura e mar picado, para o *Alagoas*, e fazê-los seguir, imediatamente, para a Europa, comboiado pelo couraçado *Riachuelo*?!"

— "E então?!"

— "Tudo isso se passou sobre a terra, entre lágrimas, soluços e gritos de misericórdia, e não houve um Deus no céu para condená-los."

— "Sede malditos! Ingratos! Fementidos! Traidores!"

Hoje não há mais dúvida possível. O Brasil é um país maldito por Deus e desprezado pela humanidade.

Não é melhor que o nosso bom imperador esteja, lá em cima, tranquilo, sem ter de chorar as misérias do Brasil e a infâmia dos brasileiros?!

Sempre do coração.

André.

P.S.: Ficou fechada sua última cartinha ao imperador que veio com as datas de 23 e 24 novembro (números 89 e 90).

Barão da Estrela (José)
N.º 14, Place Vendôme, Paris
Dezembro 25 1891 (sexta-feira). Cannes.

Meu querido Juca.

Recebi, agora mesmo, sua estimada de 23 e tenho escrúpulo em escrever cousas tristes no dia de Natal.

Mas foi exatamente por não quererem a doutrina de Jesus que eles estão se fuzilando mutuamente e que nós aqui estamos a chorar nosso rei e nossa pátria.

Não quiseram a monarquia de d. Pedro II; de paz e de trabalho; de liberdade, de igualdade e de fraternidade. Preferiram a guerra civil, as revoluções cotidianas e os bombardeamentos.

Em perfeita justiça, nem se pode ter compaixão daqueles desgraçados. Sofrem a justa punição de sua ferocidade escravocrata; de sua cobiça, de sua ganância, de sua paixão pelo jogo e pela crápula.

Tudo tristíssimo! Mas, incansavelmente, em perfeita comodidade com as leis eternas do Cosmos Moral e da Justiça Suprema.

Supuseram os insensatos levar o Brasil à prosperidade pela traição e pela ingratidão contra o Imperador-Mártir, contra o Imperador-Jesus. Que horror!!!

Perguntas pela minha vida e por meus projetos. Eu não tenho neste momento, orientação alguma. Leio e escrevo;

escrevo leis até esgotar o cérebro. E, depois, recomeço no dia seguinte. O Brasil está em crise de megalomania revolucionária e plutocrática; tal qual como o Chile e a Argentina. Só Deus sabe quando terminará este excesso de canibalismo e quando poderá nossa mísera pátria voltar à paz, à tranquilidade, ao trabalho e ao progresso.

Ah! Quanto perdemos...

Saudades muitas de sua excelentíssima mãe; a sua excelentíssima senhora e a todas as pessoas da família.

Será permitido hoje, no dia de Jesus, pedir para o Brasil melhores dias?!

Enfim, abraçamo-nos, nós que nos amamos, como Ele ordenou que se amassem todos os filhos de "Nosso Pai que está nos Céus".

Sempre do coração.

André.

Carlos Lisboa
N.º 7, Rua de Penalva, Sintra
Dezembro 27 1891 (domingo). XI. Cannes. Hôtel Beau Séjour.

Meu caro amigo Lisboa.

Respondo tristemente à sua consulta (carta de Sintra em 21 dezembro) sobre os movimentos restauradores no meu mísero Brasil:

— Não há nada de sério, nem de consequente.

O Brasil, como o Chile e como a Argentina, está em crise revolucionária por megalomania; por ambição de poder e cobiça de dinheiro. Acrescem na minha desgraçada pátria:

_ O remorso de terem assassinado a imperatriz em um mês e treze dias (15 novembro a 28 dezembro 1889) e o imperador em dois anos e dezenove dias (15 novembro 1889 a 4 dezembro 1891);

_ O despeito pelo hediondo fiasco republicano;

_ O terror dos que ganharam e a raiva dos que perderam na hedionda jogatina de Rui Barbosa, Mayrink & cia.

_ A peste, a fome, a imundície na capital e em todas as grandes cidades, nas quais estabeleceram o saque com o rótulo de Intendência Municipal.

É por isso que, perdida a esperança de rever o Brasil de d. Pedro II; de paz e de tranquilidade; de trabalho, de moral e de progresso, escrevo ao amigo Antônio Júlio Machado para dar-me trabalho de engenheiro em Portugal ou na África.

Se esta hipótese realizar-se, terei o prazer, ou melhor, a consolação de chorarmos juntos as misérias atuais de Portugal e dos seus terríveis filhos do Brasil.

O nosso caro Estrelinha escreveu-me, ao chegar a Paris, sob a pressão do cansaço e das angústias do extraordinário funeral do imperador mártir.

Agradecendo e correspondendo cordialmente aos cumprimentos das excelentíssimas senhoras, assino-me.

Sempre velho amigo.

André Rebouças.

Antônio Júlio Machado.
D. D. *Diretor da Mala Real Portuguesa*
*Dezembro 27 1891 (sábado). **V.** Cannes.*

Meu prezado amigo.

Cordialmente lhe agradeço a parte que tomou na minha angústia pelo passamento do meu mestre imperador. Não podia ele suportar mais o aspecto do seu tão amado Brasil, esfacelando-se em guerra civil, com revoluções cotidianas e até bombardeamentos no Rio de Janeiro.

Também eu não posso para lá voltar: meus sentimentos de moral e filantropia repelem todos aos canibalismos. Lembra-se das minhas palavras ao abraçá-lo no seu vapor *Moçambique*:

"Simpatizamos tanto que o bom Deus há de ainda reunir--nos?"

Parece que chegou este momento.

Logo que o meu prezado amigo tiver trabalho para mim, em Portugal ou na África, terá a bondade de avisar-me para ir à Marselha esperar um dos seus vapores para levar-me ao meu novo destino.

Recomende-me ao seu concunhado J. G. Pereira Bastos e a seus amáveis filhos.

Esperando abraçá-lo em breve, assino-me.

Sempre com todo o coração.

André Rebouças.

Visconde de Taunay
*Janeiro 3 1892 (**domingo**). xciii. [**Cannes.**]*

Meu querido Taunay.

Lidas e relidas todas as tristíssimas cartas até a 7 dezembro na angústia pelo passamento do nosso muito amado Imperador-Mártir.

Pensamos e escrevemos como dois bons cronômetros do Observatório Astronômico.

Tenho recordado, nestas horas de lágrimas, um episódio de nossa vida íntima que deve ser registrado.

Foi na Sexta-Feira Santa de 19 abril 1889.

Estávamos sentados, unidinhos, no banco de madeira em frente a sua casa, às oito e meia, quando despontou no sopé da ladeira a procissão do Enterro. Dissemos em dueto:

— Lá vem Ele, o Eterno Crucificado!!

E começamos a dissertar sobre Jesus, que os teocratas e os politicantes crucificaram em Jerusalém, e, há dezenove séculos, continuam a crucificar, algumas vezes em carne, como faziam nas Missões correntinas e paraguaias, sempre em espírito, invertendo a sua doutrina e torturando o seu Evangelho.

O que mais me horroriza é ser o nome de Jesus o radical do jesuitismo; isto é, da exploração da humanidade pela mentira e pela hipocrisia; pelo bentinho, pelo rosário e pela água de Lourdes.

No entanto quando restauro na imaginação essa cena de Sexta-Feira Santa, em Petrópolis, lembro-me que, do alto da cruz, podia Jesus dizer-nos:

— Mas vocês estão em erro. Julgam-me vencido; mas eu sou o Vencedor Perpétuo e Eterno.

— E então?

— Julgam que, sem o meu Evangelho, estariam ali sentadinhos, como dois bons irmãos, um gaulês de olhos azuis e cabelos louros e um africano de cabelos e olhos negros?!

Continuam, é verdade, a dominar o mundo os hipócritas, que eu tanto combati, os teocratas, os escribas e os fariseus; mas todos eles são obrigados a beijar a imagem de Jesus crucificado e a pregar a minha doutrina de paz e de caridade; de liberdade, de igualdade e de fraternidade.

Assim será também, meu querido Taunay, com o nosso Imperador-Mártir; com o nosso Imperador-Jesus.

Os jesuítas o assassinaram; mas, só em Lisboa hipocrizaram no seu funeral dois cardeais e dezessete bispos!!

Escrevi ao amigo Antônio Júlio Machado para ir trabalhar no seu caminho de ferro de Luanda a Ambaca. Destarte terei o prazer de contemplar o Cruzeiro do Sul, sem ter o desgosto de ver o Brasil reduzido à Bolívia, e o horror de sujeitar-me a esses monstros de traição e de ingratidão.

Para nós, meu Taunay, só há hoje um problema: bem morrer. Morrer, como nosso santo mestre o imperador, legando ao mundo uma lição só comparável à de Jesus.

Sempre do coração.

André.

A. E. *Rangel da Costa*
Janeiro 5 1892 (terça-feira). XIX. Cannes.

Meu caro amigo Rangel da Costa.

Foi lida, com o maior interesse, a sua estimada de 31 dezembro. Tive escrúpulos de mandar boas-festas a você e aos muitos amigos na certeza de ir despertar-lhes saudades pelo imperador mártir e dores pelo mísero Brasil.

Escrevi ao amigo Antônio Júlio Machado, pedindo-lhe trabalho de engenharia em Portugal ou na África.

Se tiver ocasião de falar-lhe, explique-lhe que o mais conveniente seria o caminho de ferro de Luanda a Ambaca para distrair-me das saudades pungentes pelo meu santo mestre e imperador e dos horrores da minha desgraçada pátria.

Em Lisboa teria a sua boa companhia e de outros amigos simpáticos; mas ficaria exposto a encontrar Deodoro,

José Avelino e outros monstros, que me horrorizam só pela lembrança.

Se esta hipótese realizar-se, irei daqui a Marselha esperar um vapor da Mala Real, que me leve ao meu novo destino.

Sempre muito do coração.

André Rebouças.

Antônio Júlio Machado
D. D. Diretor da Mala Real Portuguesa
54 Rua do Arsenal
Janeiro 9 1892 (sábado). VI. Marselha.

Meu prezado amigo.

Iniciando a execução do plano, que lhe comuniquei a 27 de-zembro p.p., transportei-me para Marselha, e aqui espero suas instruções para África ou para Portugal.

Terá a bondade de mandar-me apresentação para seus agentes nesta cidade.

Aguardando começar, quanto antes, a ser-lhe útil, assino-me.

Sempre muito grato.

André Rebouças.

Anúncios da companhia de navegação
Mala Real Portuguesa veiculados no *Jornal do Porto*
em outubro de 1890

A. E. *Rangel da Costa*
N.º 29, Rua Estefânia, Lisboa
Janeiro 10 1892 (domingo). xx.

Meu caro amigo Rangel da Costa

Em cumprimento ao plano, exposto na de 3 janeiro, vim para Marselha esperar as instruções do amigo Antônio Júlio Machado.

Reitero-lhe o pedido de entender-se inteiramente com ele, explicando-lhe ser muito contente ir a trabalhar depois de três anos a África a esperar que o Brasil se pacifique.

Escreva-me o resultado dessa "missão diplomática".

Sempre muito do coração.

André Rebouças.

Barão da Estrela (José)
Janeiro 10 1892 (domingo). Marselha.

Meu querido Juca.

Esta é para comunicar-lhe que irei para Marselha, na intenção de ir trabalhar com o Antônio Júlio Machado na África.

Prevenir-lhe-ei da orientação definitiva.

Sempre do coração.

André.

Visconde de Taunay
Janeiro 11 1892 (segunda-feira). xciv. *Marselha.*

Meu querido Taunay.

Suas estimadas de 14 e 16 dezembro encontraram-me já em via de iniciar nova vida, partindo de Marselha para qualquer trabalho na África do amigo Antônio Júlio Machado.

Este projeto nasceu logo que veio a impossibilidade de congregar monarquistas para fazer qualquer obra santa e boa nesse desgraçado Brasil. Peça ao nosso Nabuco para mandar reproduzir no seu jornal os artigos:

_ "Colonização da Argélia" (*Revista de Engenharia* de 11 e 28 julho 1890), e principalmente,

_ "O problema da África" (*Revista de Engenharia* de 14 e 28 janeiro 1891). Que de formarem a minha nova preocupação qual era bem sabida de meu mestre o imperador, que só tinha uma palavra: — Trabalho! Trabalho! Trabalho sempre.

Diga a J. C. Rodrigues, e aos outros amigos que meu endereço é de ora em diante — Mala Real Portuguesa — 54 Rua do Arsenal, Lisboa.

Pedindo ao bom Deus que prezem a vocês todos dos sicários, dos assassinos — Tiradentes — e dos revólveres da estudantada ébria, erótica, assassina e covarde, assino-me,

Sempre do coração.

André.

Conrad Wissmann

Janeiro 12 1892 (terça-feira). 1. [Marselha.]

Meu caro Conrado.

Agradeço-lhe cordialmente suas afetuosas saudações de ano-bom e retribuo-as com a maior espontaneidade.

Estou aqui esperando instruções do amigo Antônio Júlio Machado para ir trabalhar de engenheiro na África.

Os paquetes da Mala Real Portuguesa passam em Marselha entre 24 e 29 de cada mês; de sorte que só depois dessa data deixarei o Terminus Hôtel.

Em todo o caso, será bom consultar sempre o amigo Antônio Júlio Machado sobre meu endereço.

Comunique tudo isso à boa gente do Bragança e receba um abraço do velho amigo.

André Rebouças.

Frederick Youle
Engenheiro.
Janeiro 14 1892 (quinta-feira). 1. Marselha.

Meu caro amigo sr. Frederick Youle.

Creio que o meu prezado amigo estava no Rio de Janeiro quando os sr.ˢ Norton Megaw & Co. aceitaram minha procuração; no entanto, em carta de 12 janeiro 1892, os sr.ˢ Megaw & Norton — 36 Linne Street, London EC, dizem nada saber a este respeito.

Estando eu aqui em Marselha na intenção de partir para África a trabalhar em conexão com o amigo Antônio Júlio Machado, diretor da Mala Real Portuguesa, no caminho de ferro de Luanda a Ambaca desejava regular meu crédito em Londres antes de seguir viagem.

Espero, pois, da sua infinita bondade, provada desde 1862 até hoje — trinta anos — que far-me-á o favor de dar, ainda uma vez, os seus valiosos conselhos a respeito.

Recomendando-me aos seus caros irmãos, ao engenheiro Carlos Neate e aos outros amigos de Londres, assino-me.

Sempre velho amigo muito obrigado.

André Rebouças.

José Américo dos Santos
Janeiro 17 1892 (domingo). xxxiii. Marselha.

Meu caro Santinhos. Saúde.

Agradeço-lhe cordialmente a sua estimada de 23 dezembro com os votos pelo meu 54.º aniversário, que foi passado aqui em Marselha, a esperar emprego no caminho de ferro de Luanda a Ambaca, ou em qualquer empresa na África do amigo Antônio Júlio Machado.

Como preveni na carta de 13 dezembro, compete ao engenheiro José Pereira Rebouças ocupar-se, de ora em diante, do seu irmão Pedro e das duas velhinhas da Bahia. Basta de egoísmo! Já brada aos céus tanta indiferença.

Você terá, pois, a bondade de comunicar-lhe a despesa feita de 480$000 réis para que ele mande pagar-lhe quanto antes.

Retribuindo afetuosamente as saudações de sua excelentíssima família, assino-me.

Sempre velho amigo.

André Rebouças.

José Américo dos Santos
Janeiro 19 1892 (terça-feira). xxxiv. *Marselha.*

Meu caro Santinhos. Saúde.

Em aditamento a de 17 janeiro, lembro-lhe que o irmão Pedro Pereira Rebouças possui duas apólices de conto de réis n.ºs 108412 e 108413, resultantes da liquidação de montepio, e depositadas como as minhas e que as inscrevi em nome do engenheiro José Pereira Rebouças, em casa dos sr.^{s} Norton Megaw & Co.

Prevendo as fatais ocorrências atuais, deixei acumular os juros na Caixa de Amortização e devem logo importar, durante sete anos (1864-91) em $7 \times 2 \times 50\$000 = 700\$000$ réis.

Mande o André Veríssimo Rebouças à Caixa de Amortização verificar tudo isso e saber o que é necessário providenciar para servir esse dinheiro no pagamento da pensão ao dr. Eiras, a quem você comunicará ocorrer para ficarem de sobreaviso no caso do meu falecimento.

Não sabendo quando partirei para a África, terá você a bondade de dirigir tudo ao amigo Antônio Júlio Machado, D. D. diretor da Mala Real Portuguesa — 54 Rua do Arsenal — Lisboa.

Agradecendo-lhe desde já todos esses favores, assino-me.

Sempre velho amigo.

André Rebouças.

A. E. *Rangel da Costa*
Janeiro 20 1892 (quarta-feira). XXI. Marselha.

Meu caro amigo Rangel da Costa.

Tenho a agradecer-lhe as estimadas missivas de 10 e 15 janeiro, com os esforços feitos para obter-me trabalho de engenheiro na África, em conversa com o amigo Antônio Júlio Machado. Esperarei aqui em Marselha que haja vaga, reduzindo incessantemente as despesas para resistir aos *krachs* da Leopoldina e do Banco Iniciador de Melhoramentos.

Ainda não recebi a estimada do amigo Joaquim Nabuco; mas imagino seu desespero vendo baldados todos os seus esforços para chamar nossa mísera pátria a Deus e à moral.

Tenho lido, com o maior pesar, as tristes notícias das fraudes nos caminhos de ferro de Portugal, muito análogas às da

Companhia Leopoldina no Brasil; no entanto há sempre uma vantagem para Portugal: — ter juízes que cumprem a lei em frente a marqueses, ao passo que, no nosso mísero Brasil, ainda não se processou nenhum dos celerados, que desgraçaram em dois anos, o mais rico e próspero país do mundo.

Logo que achar-me emprego, escreva-me porque estou ansioso por trabalhar em floresta com meu teodolito.

Sempre muito de coração.

André Rebouças.

Victor Carlos Sassetti
Proprietário do Hotel Bragança. Lisboa.
Janeiro 21 1892 (*quinta-feira*). II. Marselha.

Meu caro Sassetti.

Mil graças pela sua bela cartinha de 15 janeiro. Claro está que você é, por todos os direitos, o "chefe da boa gente do Hotel Bragança", e que, portanto, lhe compete o primeiro quinhão nos afetos, exarados por intermédio do prestimoso Conrad Wissmann.

Minha expedição para África depende de arranjar o amigo Antônio Júlio Machado uma vaga no caminho de ferro de Luanda a Ambaca, ou em qualquer empresa análoga.

Como ouviu do nosso J. Nabuco, é impossível a vida no Brasil atual, preciso trabalhar: não só porque os agiotas do Rio de Janeiro comprometeram minhas economias no *krach* da Leopoldina e do Banco Iniciador de Melhoramentos, como também porque já lá se vão dois anos a chorar as misérias da pátria.

Trabalhar! Trabalhar sempre! Era o conselho incessante do meu santo mestre e imperador.

É o que desejo fazer na África Ocidental que é quase o Brasil.

Saudades muitas a todos os nossos.

Respeitosos cumprimentos às excelentíssimas senhoras.

Um apertado abraço. Do velho amigo.

André Rebouças.

Frederick Youle
Engenheiro.
N.º 4, Montagne Street, Russell Square.
Janeiro 23 1892 (sábado). 11. Marselha.

Meu caro amigo sr. Frederick Youle.

Muito grato pela sua estimada de 21 com boas notícias dos seus irmãos e meus amigos Stanley e Alfred.

Já escrevi aos amigos Norton Megaw & Co., do Rio de Janeiro, e espero o resultado dos juros das apólices e ações do Banco Iniciador de Melhoramentos, não contando com as debêntures da Leopoldina em *krach*.

Tinha tomado para a velhice duas precauções:

1.ª Minha aposentadoria de lente catedrático da Escola Politécnica;

2.ª Uma reserva em apólices e ações da minha Companhia das Docas de D. Pedro II.

A revolução anulou a primeira precaução; a agiotagem passou as Docas de D. Pedro II, o melhor prédio do Rio de Janeiro, a papéis de jogatina sem seriedade alguma.

Devo, pois, voltar ao trabalho de engenharia na África ou em Londres. Prefiro a África para esquecer as misérias do pobre Brasil, em floresta virgem e em grandes trabalhos de corpo.

Enquanto espero decisão do amigo Antônio Júlio Machado, estou aqui economizando; reduzindo as despesas ao mínimo absoluto, sem ser obrigado ao cerimonial de Lisboa.

Reiterando as saudações ao amigo Charles Neate e aos manos, assino-me.

Sempre velho amigo muito obrigado.

André Rebouças.

(Stanley Peter Youle e Alfred P. Youle — Merchant Banking Co. of London. 112 Cannon Street, London EC).

Antônio Júlio Machado
D. D. Diretor da Mala Real Portuguesa
Janeiro 28 1892 (terça-feira). VII. Marselha.
Remetendo pelo comandante João Nunes da Silva do vapor **Malange** *a partitura do* **Condor** *de Carlos Gomes e dois exemplares do seu Hino ao Ceará Livre.*

Meu prezado amigo.

Mil graças pela sua estimada de 28 do corrente.

Encarregarei ao bravo comandante do *Malange* João Nunes da Silva de levar-lhe um presente de músicas de Carlos Gomes e de explicar-lhe o meu projeto de trabalhar na África.

Sei bem que são muito análogas as circunstâncias financeiras de Portugal e do Brasil; mas o meu desejo é modestíssimo, e principalmente, de higiene para livrar-me da obsessão das desgraças, que estão esfacelando a minha mísera pátria.

Tenho muita paciência e muita resignação; considero tudo como justa expiação dos crimes seculares de escravistas e de reescravização; de monopólio da terra e de rebeldia satânica e pavorosa contra o imperador, que pretendia conduzir o Brasil à moral, ao dever e à justiça.

Estou aqui economizando para poder resistir ao hediondo câmbio de 20$000 réis por libra esterlina, e esperando que o amigo ache oportunidade de dar-me trabalho na África.

Recomendando-me afetuosamente a toda a excelentíssima família, assino-me.

Sempre muito grato.

André Rebouças.

Victor Carlos Sassetti
Proprietário do Hotel Bragança. Lisboa.
Janeiro 30 1892 (sábado). III. Marselha.

Meu caro Sassetti.

Fica registrada, em ângulo especial do meu coração, sua estimada de 27 com o generoso oferecimento de residência em sua boa companhia; mas, neste momento, uma diversão à África é necessidade higiênica.

Estive estudando o problema, durante dois dias, com o amigo João Nunes da Silva, comandante do *Malange*, e meu companheiro em abril 1866, na Guerra do Paraguai, nos trabalhos da passagem do Exército através do rio Paraná.

Depois desses dois tristíssimos anos em trabalhos de ardente polêmica, é indispensável voltar ao teodolito e à floresta. Lisboa é hoje um prolongamento do Rio de Janeiro; a todo o momento estaria em contato com os politicantes e com os agiotas que desgraçaram o Brasil: seria uma verdadeira obsessão, que acabaria com o meu sistema nervoso já tão fatigado.

Tenho paciência e resignação para esperar aqui uma oportunidade de trabalho na África. A época é de expiação: é satânico rebelar-se contra a Justiça Suprema.

Sempre os mais respeitosos cumprimentos às excelentíssimas senhoras e as mais gratas saudades a toda a boa gente do Bragança.

Para você um especial abraço. Do velho amigo.

André Rebouças.

Visconde de Taunay

Janeiro 31 1892 (domingo). xcv. *Marselha.*

Meu querido Taunay.

Recebidas, agora mesmo, suas estimadas de 31 dezembro e 4 janeiro por intermédio do prestimoso Antônio Júlio Machado. Escrevi-lhe, a 3, antes de partir de Cannes, e a 11 pouco depois de chegar aqui. Não tenho amiudado mais a correspondência por falta de outro assunto: sempre a mesma jeremiada sobre os lugares do Brasil.

— *Cur me querelis exanimas tuis?!* [Por que suspiro por suas queixas?!] (Horatius. *Ad Macenam septum.* Livro II. Ode XVII).[24]

E, na dúvida de amolar-te ou acabrunhar-te ainda mais, passo o tempo recordando engenharia prática e imaginando estar já de teodolito em punho nas florestas da África. O pior é que o *krach* de Portugal pôs todo esse plano em suspensão, e deixou-me aqui encalhado a economizar tolstoicamente para reverter ao atroz câmbio de 20$000 réis por libra esterlina.

O nosso caro Joaquim Nabuco escreveu-me do Hotel Bragança em Lisboa, todo desnorteado e sem saber que rumo dar ao batel da vida.

D. Pedro II morto; e todos nós náufragos, a vagar pelo oceano, sem saber mesmo se devemos desejar a vida ou a morte.

Vê, meu Taunay! Lá saía uma lágrima com um soluço espontaneamente pela pena afora.

Recomenda-me sempre a tua heroica mãe e lhe dou saudoso abraço.

Do eterno,

André

A. E. *Rangel da Costa*
Lisboa, N.º 19 Largo do Intendente.
Fevereiro 6 1892 (sábado). XXII. Marselha.

Meu caro amigo Rangel da Costa.

Recebi, ontem à tarde, sua estimada do 1.º fevereiro com o número do *Commercio de Portugal*, contendo o relatório do Oliveira Martins sobre a crise financeira do nosso velho Portugal. Chegaram-me também as duas cartinhas de nosso J. Nabuco e a do amigo Antônio Júlio Machado.

A conclusão a tirar de todas é sempre a mesma: — Estamos num momento de expiações dos velhos erros dos agiotas e politicantes do Brasil e de Portugal. O remédio único é resignação e paciência; muita paciência e muita resignação. Nós, que sabemos a história íntima de tudo, não podemos rebelar-nos contra a justiça de Deus; em rigor Ele é ainda por demais misericordioso.

Ficarei, pois, penando por aqui; economizando para resistir ao feroz câmbio de 20$000 réis por libra esterlina, e livrando-me dos condes e barões republicanos, que saquearam o Brasil, e vêm agora cinicamente usufruir os despojos na crápula do Velho Mundo.

Como se torna urgente uma polícia internacional para os gatunos de milhares de contos de réis?!

Saudades muitas a todos os amigos de Lisboa e um apertado abraço.

Do seu velho.

André.

Norton Megaw & Cia.
Fevereiro 7 1892 (domingo). x. Marselha.
Il.^{mos} sr.^s Norton Megaw & Co. — Rio de Janeiro.

Recebida graciosamente a estimada de vossas senhorias de 5 janeiro p.p. comunicando-me ter em depósito:

23 apólices de 1:000$000 de réis, sendo:

11 que inscrevi em nome do irmão José Pereira Rebouças engenheiro em São Paulo;

2 do montepio do irmão Pedro Pereira Rebouças;

10 inscritas em meu próprio nome;

2 apólices de 500$000 réis em meu próprio nome;

1 apólice de 200$000 réis em meu próprio nome;

220 ações da Cia. Florestal Paranaense;

210 ações do Banco Iniciador de Melhoramentos;

120 debêntures da E. F. Leopoldina;

13 debêntures da E. F. Leopoldina;

6 debêntures das Docas de D. Pedro II.

Em carta de 10 janeiro 1892 participei a vossas senhorias ter vindo para Marselha na intenção de ir trabalhar na África em conexão com o amigo Antônio Júlio Machado, diretor da Mala Real Portuguesa, infelizmente a crise em Portugal obriga-nos a esperar melhores dias para realizar este projeto. No entanto tenho reduzido incessantemente as despesas para poder resistir aos terríveis câmbios de 20$000 réis por libra esterlina; bastante, pois, que vossas senhorias autorizem sua casa de Londres a fornecer-me £ 20 por mês sobre as quantias em seu poder.

Reiterando cordiais agradecimentos por todos esses favores, assino.

Sempre de vossas senhorias com o maior reconhecimento.

André Rebouças.

Antônio Júlio Machado
Fevereiro 8 1892 (segunda-feira). VIII. *Marselha.*

Meu prezado amigo.

Muito bem recebida sua estimada de 4 com as duas inclusas.

Já respondi ao nosso Taunay com o projeto de expedição à África. Eis o que tenho estudado:

1.º Partir daqui no *Malange* com o amigo João Nunes da Silva;

2.º Visitar as escalas da costa oriental e mandar-lhe um relatório com as reformas e os melhoramentos possíveis;

3.º Tomar em Lourenço Marques seu vaporzinho de correspondência para a costa ocidental;

4.º Fixar residência em Ambaca, ou em qualquer ponto alto do caminho de ferro;

5.º Trabalhar para desenvolver-lhe o tráfego introduzindo nas zonas marginais a cultura do café, do cacau e dos mais ricos produtos tropicais;

6.º Prestar incessantemente qualquer outro serviço que ocorrer ao meu amigo em prol da Mala Real ou do seu caminho de ferro.

Não há questão de vencimentos; viverei em Ambaca despendendo menos do que em Marselha. Como já lhe disse a grande questão é de higiene e meu organismo está fatigado por três invernos e mais de dois anos de apatia.

Necessito de floresta virgem e de sol africano.

Esperando que meu bom amigo amplie este projeto e dê suas ordens para fiel execução, assino-me.

Sempre com o maior reconhecimento.

André Rebouças.

Visconde de Taunay
Fevereiro 12 1892 (sexta-feira). xcvi. *Marselha.*

Meu querido Taunay.

Estava preparando uma saudação para o seu 22 fevereiro (sem jeremiadas) quando recebi a sua estimada de 13 janeiro comemorando o meu 54.º aniversário.

Ontem também o caríssimo Antônio Júlio Machado comunicou-me o telegrama da jubilação; mas hoje os jornais anunciam novas crises no nosso mísero Brasil com demissão de três ministros, revolução em Pelotas, etc.

Verifique-se ou não a jubilação, como aconteceu em janeiro 1891, nada posso fazer de melhor do que ir à África: escrever um livro tolstoico — *Em torno d'África* — e esperar por lá que termine a expiação aguda dos seculares pecados do Brasil escravocrata e monopolizador de terra em latifúndios indefinidos.

Fez-me muitas saudades a citação do seu diário em 13 janeiro 1889; no meu, a 14, vem este singular tópico:

— 6 horas. — Na estação com o imperador e com o amigo Taunay conversando sobre a monomania atual dos títulos e condecorações e depois sobre o jesuitismo. O imperador disse: — "O que mais odeio são os jesuítas de casaca."

Seu 46.º aniversário, a 22 fevereiro 1889, tem assim comemorado:

— 6 horas. — Na estação com o imperador e o conde de Mota Maia, discutindo o saneamento do Rio de Janeiro. No capítulo "Cremação" disse eu: ninguém acreditará no futuro que o imperador era mais adiantado do que seu médico e do que todos que o cercavam!!! Depois conversamos sós sobre os refratários, com ele intimamente.

— 7½. Com o príncipe-engenheiro[25] visitando o amigo Taunay pelo seu 46.º aniversário.

A verdade é que somos nós os depositários íntimos do coração de d. Pedro II. Ele sabia-o bem, e, por isso, mandou a primeira cópia da fé de ofício a Taunay e fez questão que o original ficasse com André Rebouças.

Estou vendo ainda o seu gesto, com as duas mãos estendidas a dizer: — "Não. Não. O original é para o Rebouças. Eu guardo a cópia que ele tirou."

Quando ele leu a fé de ofício, eu notei a eliminação forçada do tópico sobre a Abolição. O imperador fez o gesto de enleio que você bem sabe. Eu repliquei: — "Está bem. A Abolição fica por minha conta."

Ele sorriu-se paternalmente e continuou a leitura com o prazer que lhe dava ler alto, com entonações admiravelmente artísticas.

Quando, meu Taunay, poderemos bem juntinhos, rememorar todos esses idílios de progresso e de filantropia?!

Sempre do coração.

André.

A. E. *Rangel da Costa*
Fevereiro 17 1892 (quarta-feira). XXIII.

Meu caro amigo Rangel da Costa.

Recebi ontem sua estimada de 13 com o pacote dos jornais que muito agradeço. Retribuo também cordialmente os afetos do amigo Abreu.

O nosso Antônio Júlio Machado comunicou-me, a 11 fevereiro, um telegrama anunciando a minha jubilação. Há de lembrar-se que, a 17 janeiro 1891, houve igual telegrama, reproduzido por todos os jornais de Lisboa, verificando-se depois que o Deodoro não quis assinar o respectivo decreto.

Pretendo seguir no *Malange* para a África a 25 março. O comandante é o bravo João Nunes da Silva, que foi meu companheiro de trabalhos da passagem do Exército pelo rio Paraná, durante a Guerra do Paraguai. Se realizar-se este projeto, terei o melhor companheiro de viagem, que ir-me-á instruindo sobre o continente desconhecido.

Necessito de novos climas e novas ideias, tenho já o cérebro fatigado de *krachs* e revoluções: — floresta virgem e sol africano para livrar-me da obsessão dos politicantes e dos agiotas. Pena é que os deveres de família lhe impeçam de vir também distrair-se um pouco.

Sempre muito do coração.

André.

José Américo dos Santos
*Fevereiro 17 1892 (**quarta-feira**). xxxv.*

Meu caro Santinhos.

Tenho a agradecer-lhe o telegrama de 10 fevereiro, anunciando minha jubilação, e a carta de 13 janeiro com felicitações pelo 54.º aniversário.

Daqui não sei quem mais interessou-se por esse ato de justiça e reparação, será, pois, você quem por mim distribuirá os devidos agradecimentos. (Hippolyte Tériaux).

Incluo a procuração ao José Alves Marques Jordão para a casa da Bahia, reconhecida pelo chanceler H. Tériaux por não ter ainda exequátur[26] o respectivo cônsul. (Bulcão. Dr. João Fortunato da Silveira Bulcão.)

Como escrevi nas cartas de 17 e 19 janeiro, é tempo do engenheiro José Pereira Rebouças tomar a si a direção dos negócios da família. Vou para a África, onde o Brasil não tem cônsules, e tudo será dificílimo de ora em diante.

Se não houver novo virado em Lisboa, partirei no paquete *Malange*, a 25 março, pelo istmo de Suez. O comandante do *Malange*, o bravo João Nunes da Silva, me é muito simpático; foi meu companheiro de trabalhos na passagem do Exército pelo rio Paraná, na Guerra do Paraguai.

Reiterando os mais cordiais agradecimentos, abraçando-o.

Como velho amigo.

André Rebouças.

Antônio Júlio Machado
Fevereiro 19 1892 (quinta-feira). ix. Marselha.

Meu prezado amigo.

Aos inúmeros favores, que tenho a satisfação de lhe ser devedor, acrescento o telegrama de hoje com um abraço pela jubilação.

A 17 janeiro 1891, veio daí igual telegrama, que foi repetido por todos os jornais de Lisboa; verificou-se depois que o Deodoro se recusara a assinar o respectivo decreto. Em todo o caso, fica de pé o projeto, exposto na carta de 8, para a expedição à África.

Não posso voltar ao Brasil antes de 4 dezembro 1892: é um ano de luto por meu mestre e imperador; o melhor emprego a dar a este ano é uma viagem à África, e escrever o livro — *Em torno d'África* — exatamente como projetado em Lisboa, ao jantar com o amigo no Hotel Bragança.

Restituindo-lhe centuplicadamente o seu abraço, assino-me.

Sempre de todo o coração.

André Rebouças.

Visconde de Taunay
Fevereiro 22 1892 (domingo). xcvii.

Meu querido Taunay.

Não responderei aos tópicos da sua estimada de 21 janeiro para não falar em cousas tristes no dia de teu 49.º aniversário (22 fevereiro 1843 a 1892); também não sendo mais possível fazer idílios sobre o Brasil passo a idealizar a África:

i. *Dans ce bel avenir on aura perdu prime, la mémoire du barbare esclavagisme. On fera le commerce avec d'Afrique, qui nous reste en face; nos arrière-neveux iront au continent de l'or, des diamants et le l'ivoire payer la dette de gratitude du Brésil a la race qui a travaillé, pendant trois siècles, pour la richesse et la prospérité de leurs ancêtres.* "Les zones agricoles du Brésil", p. 294. [Neste belo futuro, teremos perdido a memória da escravidão bárbara. Faremos comércio com a África, que permanece à nossa frente; nossos sobrinhos-netos irão ao continente do ouro, diamantes e marfim para pagar a dívida de gratidão do Brasil à raça que trabalhou, durante três séculos, pela riqueza e prosperidade de seus ancestrais. "Zonas agrícolas do Brasil", p. 294.]

ii. A grande síntese histórica dirá aos vindouros: — A Europa, a Ásia, a América e a Oceania foram para a humanidade cursos preparatórios para a evolução do problema d'África. Foi necessário que o homem atingisse ao mais alto grau de civilização para poder tomar posse e usufruir o continente prodigioso dos lagos equatoriais; do Nilo fertilizador perpétuo e eterno; do Congo, do Níger e do Zambeze; das minas de ouro e diamantes; das florestas infinitas só comparáveis às do Brasil. (*Revista de Engenharia*, 28 janeiro 1891.)

III. No 1.º fevereiro 1892 Zanzibar foi declarado porto franco; em procissão cívica fraternizaram ingleses e portugueses, franceses e alemães. Nesse mesmo dia a Europa estremecia pela aplicação da hedionda tarifa Melina; Paris — a Cidade-Luz — dava o ridículo espetáculo de encerrar em novo sanatório carroceiros austríacos e alemães.

IV. Últimos idílios: encontrar na África belíssima palmeira e dormir a sua sombra o sono eterno.

Enamorar-me da maravilhosa cascata do Zambeze e tomar nela um banho perpétuo.

Mas sempre lembrando-me com saudades do meu belo e louro Taunay e abraçando-o de todo o coração.

André Rebouças.

Antônio Júlio Machado
Fevereiro 28 1892 (domingo). x.

Meu prezado amigo.

Muito bem recebido o pacote de jornais enviado pelo seu paquete *Rei de Portugal*; muito obsequiado pelo comissário Antônio Jardim, dr. João Parras de Castenhada e comandante José do Egito Rodrigues.

Em rigorosa síntese devo dizer que o pessoal da Mala Real Portuguesa reflete a amabilidade do meu prestimoso amigo o diretor Antônio Júlio Machado.

Estou me preparando para seguir no *Malange* com o amigo João Nunes da Silva, que foi meu companheiro na Guerra do Paraguai, nos trabalhos de passagem do Exército pelo rio Paraná.

O nosso caríssimo Taunay insta pela minha volta para Petrópolis, mas é ainda muito cedo: eu estou muito apaixonado e o Brasil muito revolucionário. Cumpre passar um ou dois anos plantando café e cacau em Ambaca para acalmar os nervos em cruel provação nestes míseros tempos.

Recomendando-me a todos os amigos abraça-o com a mais afetuosa gratidão.

André Rebouças.

Octavius Haupt
Março 3 1892 (quinta-feira). 1. Marselha.

Meu caro amigo Haupt.

Foi lida, com muitas saudades, a sua estimada de 28 janeiro e agradeço cordialmente a parte que tomou na minha jubilação. Atribuo a excessiva ternura do amigo e do caríssimo Taunay por mim a desaprovação do projeto de excursão à África.

O dr. Emin,[27] um alemão, está fundando a Equatoria na região mais perigosa da África; os alemães de Camarões estão ensinando a cantar aos negrinhos; como o africano André Rebouças há de recuar por medo do sol e das inclemências do continente de seus pré-avós?!

O caminho de ferro de Luanda a Ambaca tem altitudes de 1 240 metros para completar o símile com o de Petrópolis, há uma velha fábrica de ferro, fundada pelo marquês de Pombal a lembrar a fábrica de pólvora da Estrela. Tenho certeza de achar aí cascatas e palmeiras e reconstituir, com um pouco de imaginação, o paraíso que a revolução destruiu.

Respeitosas saudações à excelentíssima senhora e um apertadíssimo abraço.

Do seu do coração.

André Rebouças.

Visconde de Taunay

Março 3 1892 (quinta-feira). XCVIII. Marselha.

Meu querido Taunay.

Presentes as estimadas de 27 e 30 janeiro e 3 de fevereiro n.ᵒˢ 102, 103 e 104. Aos argumentos, apresentados ao caríssimo Haupt, acrescento: — Fazem-me calafrios e tiram-me o sono suas descrições do Petrópolis esnóbico e plutocrático atual.

Na melhor hipótese, o André Rebouças seria considerado como "nobre vencido", um inválido de Waterloo.

Estou com 54 anos de idade. Estou velho e cansado. Tenho vivido demais. Outrora os homens no meu caso entravam para um convento. Odiando a preguiça e o parasitismo, vou trabalhar na África, no continente-mártir. Vou renovar a doutrina de Jesus e de Tolstói; de trabalho e de humildade; de sacrifício e de abnegação.

Os vencimentos da jubilação livram-me do vexame de receber salário. Posso trabalhar de graça para o bravo Antônio Júlio Machado e para meus pré-avós africanos e portugueses.

Reflete bem, meu querido Taunay, e concluirás que esta solução vale o *Mors Omnia Solvit* [A morte resolve tudo].

Sempre muito de coração.

André.

Norton Megaw & Cia.
Procurações.
1.ª e 2.ª vias.

Engenheiro André Rebouças, bacharel em Ciências Físicas e Matemáticas, lente jubilado da Escola Politécnica, etc. Por esta, por mim feita e assinada, constituo meu procurador bastante aos sr.ˢ Norton Megaw & Co. — 82 Rua Primeiro de Março, Rio de Janeiro — Megaw & Norton — 36 Linne Street London EC — para receberem no Tesouro Nacional os meus ordenados vencidos e por vencer; para passarem os devidos recibos e quitações; para substabelecerem a presente procuração em pauta competente; dando tudo, desde já, por tão valioso e perfeito como se por mim mesmo pessoalmente fosse feita.

Marselha, 4 março 1892.

André Rebouças.

Norton Megaw & Cia.
Março 5 1892 (sábado). 11. Marselha.
Il.ᵐᵒˢ sr.ˢ Megaw & Norton. N.º 36, Lime Street, London EC

Meus caros senhores.

Tendo os jornais do Rio de Janeiro publicado, a 27 janeiro 1892, ter sido eu jubilado como lente da Escola Politécnica, incluo a 1.ª via da procuração à casa de vossas senhorias para recebimento dos respectivos ordenados, vencidos e por vencer.

Na procuração, datada de Cannes, em 1.º setembro 1891, autorizei a tomarem em caução minhas apólices, ações e debêntures, que estão em seus cofres, a fim de abrirem-me conta-corrente na casa matriz em Londres. Em carta de Cannes, em 17 outubro 1891, pedi-lhes que me abrissem um crédito em Londres, pelo menos de £ 100, para ocorrer a qualquer extraordinário de moléstia, viagem, etc.

Desejando partir de Marselha no paquete português *Malange* para a África Oriental, peço a vossas senhorias o favor de enviarem-me £ 100 e a norma do documento que devo assinar para perfeita segurança das casas de Londres e do Rio de Janeiro.

Assino-me sempre de vossas senhorias atento venerador.

André Rebouças.

Norton Megaw & Cia.

Março 12 1892 (sábado). Marselha.

Il.ᵐᵒˢ sr.ˢ Norton Megaw & Co. — Rio de Janeiro.

Meus caros senhores.

Devidamente recebida a estimada de 1.º fevereiro p.p. n.º 203, confirmando o meu endereço na Mala Real Portuguesa — 54 Rua do Arsenal, Lisboa.

Remeti à casa de vossas senhorias em Londres a 1.ª via da procuração para receberem meus ordenados de lente jubilado e agora incluo a 2.ª via.

Pedi-lhes, nessa ocasião, a remessa de £ 100 para poder partir, a 25 março, para África, e fui hoje surpreendido pela resposta de não terem instrução alguma a esse respeito, enviada pela casa do Rio de Janeiro.

Reitero, pois, o pedido, feito na carta de Cannes do 1.º setembro 1891, que acompanhou a procuração na mesma data, para abrir-me um crédito de £ 100 em Londres para ocorrer às despesas de viagem, moléstia, ou qualquer extraordinário.

Reitero também o pedido, feito na carta de 7 fevereiro, para a mensalidade de £ 20 para as despesas ordinárias.

Durante a minha residência na África, todas essas remessas serão feitas por intermédio de meu amigo Antônio Júlio Machado, D. D. diretor da Mala Real Portuguesa.

Prevenindo cordiais agradecimentos por todos esses favores, assino-me.

Sempre de vossas senhorias atento venerador.

André Rebouças.

A. E. *Rangel da Costa*
Março 12 1892 (sábado). xxiv. Marselha.

Meu caro amigo Rangel da Costa.

Estou em dívida de agradecer-lhe a estimada de 23 fevereiro e os jornais que a acompanharam; mas tenho escrúpulo, como já lhe externei de Cannes, de escrever cartas tristes para os amigos. E, no entanto, além dos *krachs* e desgraças financeiras, temos ainda à lembrança os horrores das tempestades em Lisboa e no Porto!!!

Os amigos do Brasil contrariam a minha viagem à África, supondo que ainda estamos no tempo do tráfico de escravos, e esquecendo que eu não posso voltar ao Rio de Janeiro em razão do Paulino e dos mais ferozes escravocratas, meus inimigos pessoais e irreconciliáveis.

Os vencimentos da jubilação permitiram-me prescindir de ordenado e trabalhar gratuitamente em prol dos meus pré-avós portugueses e africanos.

Este cruel inverno tem-me fatigado muito e estou necessitando voltar ao sol e ao ar livre dos climas quentes.

Não tem saudades do chapéu de palha e da alva roupa de brim?!

Explique tudo isso ao amigo Antônio Júlio Machado, com sua prática do Brasil e dos homens equatoriais, para não me deixar perder a bela oportunidade de partir no *Malange*, na próxima viagem de 25 de março.

Saudades muitas aos bons amigos de Lisboa e um apertado abraço.

Do seu velho,

André Rebouças.

Zózimo Barroso
Março 15 1892 (terça-feira). xxi. Marselha.
N.º 13, Avenida da Luz, São Paulo.

Meu caro Zózimo.

Recebida, agora mesmo, sua estimada de 20 fevereiro com o artigo sobre o trissecular conflito das Missões; trissecular porque ele começou na 1.ª divisão da América entre Portugal e Espanha pelo papa Alexandre Bórgia, que, parece, pôs o mesmo na raiz dessa árvore de eternas mentiras e chicanas.

Na carta XVII de Cannes em 20 julho 1891 (vol. III, p. 349) mandei-lhe todos os esclarecimentos sobre esta questão, bem como ao Taunay e ao J. C. Rodrigues. Seria como repisar este assunto: o Tribunal Arbitral adotará infalivelmente a Solução André Rebouças, se quiser fazer obra de paz e de fraternidade; quando não, fará, como o papa, abrirá campo para mais três ou quatro séculos de guerras, de intrigas, de missões diplomáticas, de paz armada e de todas as chicanas do parasitismo oligárquico e militar.

Cumpri o meu dever neste assunto: é o futuro quem me julgará.

A expedição para África tem estado impedida pelo meu bom Portugal; escreva-me sempre com o mesmo endereço — Mala Real Portuguesa — 54 Rua do Arrozal — Lisboa.

E receba em gratidão o abraço,

Do seu velho.

André.

A. E. *Rangel da Costa*
Março 17 1892 (quinta-feira). xxv. Marselha.

Meu caro amigo Rangel da Costa.

Pelos jornais, que me foram enviados pelos bons amigos do Hotel Bragança, soube do projeto de criar um orfanato para as criancinhas vítimas da tristíssima catástrofe de 27 fevereiro; envio-lhe, por isso, quatro exemplares do meu panfleto — *Orfelinato Gonçalves d'Araújo* — no qual demonstrei os graves inconvenientes de tais instituições.

No caso especial do Porto, nada mais simples do que entregar os órfãos a famílias de pescadores ou de lavradores, mediante uma pensão razoável. Claro está que assim a educação de cada órfão custará $\frac{1}{2}$ ou $\frac{1}{3}$ da despesa em orfelinato, o que, ao mesmo tempo, se beneficiará a cem ou duzentas famílias pobres.

Os orfelinatos e todas as instituições análogas só aproveitam aos diretores, que se instalam nos melhores aposentos; comem e bebem do melhor, e deixam os orfãozinhos cobertos de sarnas e de parasitas. O meu caro amigo sabe, melhor do que eu, os escândalos da Misericórdia, da Candelária, etc., que são os mesmos por toda a parte; estando matematicamente demonstrado que o egoísmo parasitário é o único mais persistente na desgraçada raça humana.

Dê um exemplar ao amigo visconde de Melício e a outras pessoas influentes e simpáticas da Comissão de Socorros.

É tempo de acabar com os velhos moldes da caridade ostensiva de bailes, de concertos e touradas; e de restaurar a verdadeira caridade de Jesus; de sacrifício e humildade; de fraternidade e de abnegação.

Tudo quanto fazem no "grande mundo" ou no *high-life* é a mascarada da caridade: não é, por certo, a caridade de Jesus.

Seria necessário escrever um outro folheto de 59 páginas para poder externar todos os aflitivos pensamentos, sugeridos pelos haveres do naufrágio dos míseros pescadores do norte de Portugal. Enfim... Tenho certeza, meu prezado amigo, que, propagando estas ideias, fará obra mais agradável a Deus — a Nosso Pai que está nos Céus — do que enchendo os jornais de Lisboa com as listas das libras esterlinas de soberbas e vaidosas doações.

Receba, como sempre, um apertado abraço. Do seu de coração.

André Rebouças.

André Veríssimo Rebouças
Março 20 1892. Domingo. VI. — Marselha.

Meu caro Andrezinho.

Recebi, agora mesmo, sua cartinha de 15 fevereiro, a qual, no meio de mil cousas tristes, trouxe a certeza de que acabaram as ilusões de casamento e de república.

Estou relendo o registro das cartas de 23 julho 1880, quando doei doze apólices a seu tio José, e de 16, 17 e 23 julho 1882, quando fizeram casamento em piquenique a Santos e Campinas. Resultado final: três órfãos — duas meninas e um menino. O homem será *chair à canon* [bucha de canhão] para os jacobinos; mas as míseras criaturinhas... Que sorte hedionda as espera?!

Mande-me dizer que sorte teve a chácara, que seu tio José comprou em Piracicaba com 3:000$000 de réis, que lhe mandei, em 24 outubro 1884, por intermédio do Brasil. Que fizeram do chalé da Boa Viagem e da casinha de São Domingos, construída e comprada com doações minhas?!

Como lhe disse na carta de 13 dezembro 1891, considerem-me morto e tratem, desde já, de providenciar nessa hipótese.

Estou com 54 anos de idade, cansadíssimo; na certeza de ter vivido demais e só procurando oportunidade para morrer dignamente; sem desmentir uma vida inteira de trabalho e abnegação. É nesse *desideratum* que vou para África.

Peça ao amigo Santinhos para apresentar-lhe à casa Norton Megaw & Co. e leve à Escola e ao Tesouro a pessoa encarregada de receber meus vencimentos, para facilitar os primeiros passos sempre difíceis.

Diga-lhes que estão esgotados os meus recursos aqui na Europa, que é indispensável a abertura do crédito de £100 para extraordinários de viagem, moléstia, etc. Na África a correspondência demorará dois meses, e poderei sofrer necessidades.

É bom registrar que André Rebouças viveu de 15 novembro 1889 até hoje 20 março 1892 sem crédito de um ceitil na Europa!

Mísero Brasil.

Sempre do coração.

André.

A. E. *Rangel da Costa.*
Março 22 1892 (terça-feira). XXVI. Marselha.

Meu caro amigo Rangel da Costa.

Contentou-me muito bem sua estimada de 18 março, e decidiu a partida no *Malange*, que está aqui anunciado para domingo 27 março.

Agora hei de ver suas prezadas letras em Luanda, ao chegar da viagem em torno da África.

No momento de partir, escreverei a você e aos amigos Antônio Júlio Machado e Victor Carlos Sassetti para não haver extravio na correspondência.

Como bem disse o amigo, é preciso voltar à floresta virgem e aos selvagens; já que o tal mundo civilizado perdeu todos os estímulos de honra e de probidade, que, durante séculos, foram características do comércio do Brasil e Portugal; onde os velhos negociantes enviavam, uns aos outros, sacos e maços de dinheiro sem contar e sem exigir recibo.

Sempre e sempre. Toda a gratidão do seu velho.

André.

Norton Megaw & Cia.
Março 22 1892 (terça-feira). Marselha. Terminus Hôtel.
Il.ᵐᵒˢ sr.ˢ Megaw & Norton. — 36 Linne Street, London EC.

Meus caros senhores.

Tem esta por fim participar-lhes que parto para a África, no paquete *Malange*, e pedir-lhes o favor de remeter ao ex.ᵐᵒ sr. Antônio Júlio Machado, D. D. diretor da Mala Real Portuguesa —

54 Rua do Arsenal, Lisboa — tudo quanto receberem para mim e os juros de minhas apólices, e dividendos de ações e os meus ordenados de lente jubilado da Escola Politécnica.

Escrevi à casa do Rio de Janeiro fazendo a mesma recomendação por serem muito longas as comunicações com a África, e muito difícil socorrer a qualquer eventualidade.

Reiterando meus agradecimentos por todos estes favores, assino-me.

Sempre de vossas senhorias atento venerador.

André Rebouças.

Norton Megaw & Cia.
Março 23 1892 (terça-feira). Marselha. Terminus Hôtel.
Procuração (3.ª).

Procuração.

O engenheiro Antônio Rebouças, bacharel em ciências físicas e matemáticas, lente jubilado da Escola Politécnica, etc. Por esta, por mim feita e assinada, constituo meu procurador bastante aos sr.ˢ Norton Megaw & Co. do Rio de Janeiro, rua 1.º de Março n.º 82, e a Megaw & Norton de London EC, 36 Linne Street, para tomarem em caução minhas apólices, ações e debêntures, que se acham em depósito em seus cofres; ou para caucioná-las em banco de sua confiança; ou para tomarem qualquer outra providência, que lhes parecer conveniente, a fim de que me seja aberta conta-corrente nas casas matrizes em Londres, durante minha ausência do Brasil, e, bem assim, para receberem os juros das apólices na Caixa de Amortização e dividendos nas respectivas companhias e para receberem no Tesouro Nacional os meus ordenados vencidos e por vencer; para passarem os devidos recibos e quitações; para substabelecerem a presente procuração na pessoa competente; dando tudo, desde já, por tão valioso e perfeito como se por mim mesmo pessoalmente fosse feito.

Marselha, 23 março 1892.

André Rebouças.

Norton Megaw & Cia.
Março 25 1892 (sexta-feira). Marselha.
Il.ᵐᵒˢ sr.ˢ Norton Megaw & Co. — Rio de Janeiro.

Meus caros senhores.

Ao partir para a África, no paquete *Malange*, incluo nova procuração, visada pelo Consulado do Brasil, que não havia em Cannes, a faltar, por isso, na procuração do 1.º setembro 1891.

Escrevi-lhes, a 12 março, reiterando o pedido de crédito de £ 100 para viagens, moléstias e extraordinários e a mensalidade de £ 20 para despesas ordinárias ou correntes.

Estando esgotados os recursos, que tinha na Europa, terão a bondade de enviar £ 100 ao meu amigo Antônio Júlio Machado, D. D. diretor da Mala Real Portuguesa — 54 Rua do Arsenal, Lisboa — para pagar os extraordinários de viagem.

Sei perfeitamente que tenho de pagar a libra esterlina a 20$000 réis ou mais; no entanto não há outro recurso; porque, como demonstrou a casa matriz de Londres, não há crédito nem para um amigo de 1866, do tempo da firma Stephen Bust & Co. e com ela associado na empresa das Docas de D. Pedro II.

Prevendo os devidos agradecimentos, assino-me.

De vossas senhorias atento venerador.

André Rebouças.

Barão da Estrela (José)
Março 25 1892 (sexta-feira). Marselha.

Meu querido Juca.

Depois de mil contrariedades, no Brasil e em Portugal, parto, enfim, no *Malange* — via Suez. Logo que tiver domicílio na África lhe avisarei. No entanto poderá saber de mim pelo amigo Antônio Júlio Machado, D. D. diretor da Mala Real Portuguesa — 54 — Rua do Arsenal — Lisboa.

Saudades muitas a todos os nossos.

Sempre do coração.

André Rebouças.

José Américo dos Santos
Março 25 1892 (sexta-feira). XXXVI. Marselha. Terminus Hôtel.

Meu caro Santinhos.

Parto pelo *Malange*, como lhe escrevi a 17 fevereiro p.p.

Incluo a 2.ª via da procuração a Norton Megaw & Co., reconhecida pelo Consulado; o que faltou na remetida de Cannes no 1.º setembro 1891. Leve o meu sobrinho André Veríssimo Rebouças à casa Norton Megaw & Co. para que ele guie a pessoa encarregada de receber meus vencimentos, nos passos necessários na Escola e no Tesouro Nacional.

O último dinheiro, recebido do Brasil, foi a letra de £ 100, a 16 de outubro 1891. Foi, à custa de sacrifícios tolstoicos, que pude conseguir ter um restinho para seguir para África, tendo a casa Megaw & Norton de Londres recusado enviar-me £ 100 por falta de instruções. Veja o modo de regularizar as remessas — qualquer que seja o câmbio — porque no Velho Mundo o egoísmo é ainda mais forte do que no Novo, se tal cousa é possível.

Compreenda, meu Santinhos, que estou cansadíssimo do mundo, da vida, e, sobretudo, da tal civilização. Espero que Deus conceda-me o fim na África e que possa ali alcançar o repouso eterno.

Muito do coração.

André Rebouças.

Carlos Lisboa
Março 25 1892 (sexta-feira). XII.

Meu caro amigo Lisboa.

Esta é para participar-lhe que realizo o projeto, indicado na de 27 dezembro 1891, partindo no *Malange* para África.

Logo que lá tiver domicílio, lhe escreverei para continuar nossa correspondência, e, sobretudo, nossa excelente amizade. Saudosos cumprimentos às excelentíssimas senhoras.

Sempre velho amigo.

André Rebouças.

Visconde de Taunay
Março 25 1892 (*sexta-feira*). xcix. *Marselha. Terminus Hôtel.*

Meu querido Taunay.

Nosso excelente amigo Antônio Júlio Machado telegrafou-me duas instâncias para não partir para a África, esquecendo que morreram de tifo, no Rio e em São Paulo, o nosso sempre honrado Wenceslau Guimarães e o engenheiro Antônio Rebouças.

Desde o fatal 5 dezembro 1891, estudo este problema: a conclusão é sempre que nada posso fazer de melhor, para honrar a memória de d. Pedro ii e depois o Brasil, do que ir conservar na África a minha pureza e os meus escrúpulos:

_ De revolucionar províncias, como Silveira Martins;

_ De açular a guerra, com a Argentina, como os barões de Ladário, Capanema e Cabo Frio;

_ De monopolizar terra e escravizar homens, como Paulino, Prado & Cia.;

_ De piratear a minha mísera pátria, com todos os agiotas, que reduziram à bancarrota o mais rico e o mais próspero país do mundo.

Este ano é de luto por meu mestre imperador: considero uma profanação ir ao Brasil antes de 5 dezembro 1892.

Paciência e resignação, meu querido Taunay.

O bom Deus nos reunirá ainda, se tanto merecermos de sua infinita misericórdia.

Sempre do coração.

André Rebouças.

Antônio Júlio Machado
Março 25 1892 (sexta-feira). XI.

Meu querido amigo.

Mil graças pela estimada de 17 e pelo abraço, agora recebido pelo bravo comandante do *Malange*, que vai ter a bondade de levar-me até Lourenço Marques.

Meus procuradores no Rio de Janeiro — Norton Megaw & Co. — 52 Rua Primeiro de Março — com firma em Londres —

Megaw & Norton — 36 Lion Street, London EC — têm instruções para lhe remeterem os juros das minhas apólices, dividendos de bancos e ordenados de lente jubilado; a começar por £ 100 que terá a bondade de enviar a seus agentes em Lourenço Marques.

Na carta de 5 janeiro 1892 Norton Megaw & Co. participaram-me ter em seus cofres estes títulos meus:

23 apólices de 1:000$000 réis.	220 ações Florestal Paranaense.
2 apólices de 500$000 réis.	210 Banco Iniciador de Melhoramentos.
1 apólice de 200$000 réis.	120 debêntures Leopoldina.
6 debêntures Docas D. Pedro II.	13 debêntures Leopoldina.

A última remessa foi de £ 100 em Cannes, a 17 outubro 1891, ficando no Rio um saldo de 1:590$000 réis, que, até hoje não remeteram provavelmente esperando melhor câmbio. Nas cartas que ultimamente lhes tenho escrito, peço a remessa qualquer que seja o câmbio por estarem esgotados os meus recursos no Velho Mundo.

E, agora, um abraço infinito, que vá até Wenceslau Guimarães, que nos legou esta preciosa herança de amizade e de coração.

Sempre, sempre.

André Rebouças.

O paquete *Malange*, vapor que conduziu André Rebouças de Marselha a Lourenço Marques (atual Maputo), Moçambique, entre março e abril de 1892

Victor Carlos Sassetti
Março 26 1892 (sábado). Marselha.

Meu caro Sassetti.

Não seguirei no *Malange* sem enviar o clássico abraço ao chefe e a toda a boa gente do Bragança.

O bravo Conrado continuará a remeter, pelos paquetes ingleses das segundas-feiras os jornais prediletos com endereço a Lourenço Marques, por favor da Mala Real Portuguesa.

Sempre muito do coração.

André Rebouças.

A. E. *Rangel da Costa*
Março 26 1892 (sábado).

Meu caro amigo Rangel da Costa.

Acaba de informar-me o bravo comandante do *Malange* estar suspensa a comunicação entre as costas oriental e ocidental da África. Escreva-me, pois, para Lourenço Marques — na Mala Real Portuguesa — até segundo aviso.

E com ajuda um apertado abraço. Do seu velho amigo.

André Rebouças.

Visconde de Taunay

Março 27 1892 (*domingo*). c. *A bordo do paquete* Malange.

Meu querido Taunay.

O exímio comandante do *Malange*, e meu prezado amigo João Nunes da Silva, foi oficial do *Galgo* durante a Guerra do Paraguai. Esteve comigo nos trabalhos da passagem do Exército pelo Paraná de 17 a 22 abril 1866.

Registra, meu Taunay, como funcionou esplendidamente o nosso Cosmos Moral:

1866 — abril — João Nunes da Silva e André Rebouças trabalhando no rio Paraná durante a Guerra do Paraguai;

1883 — 17 novembro — Inauguração da Sociedade Central de Imigração pelo imperador d. Pedro ii;

1889 — novembro — O diretor tesoureiro Wenceslau Guimarães recomenda o diretor primeiro-secretário André Rebouças a seu cunhado Antônio Júlio Machado, diretor da Mala Real Portuguesa, do caminho de ferro de Luanda a Ambaca, etc.;

1889 — 10 dezembro — Antônio Júlio Machado visita André Rebouças, no Hotel Bragança, em Lisboa e travam fraternal e cordialíssima amizade;

1892 — 26 março — André Rebouças embarca para África no paquete *Malange*, comandado por João Nunes da Silva, e pertencente à companhia fundada por Antônio Júlio Machado para terminar o luto por seu mestre o imperador d. Pedro ii e não perder sua pureza e seus escrúpulos na agiotagem, na guerra e na revolução, que estão esfacelando o mísero Brasil.

Antônio Júlio Machado
Abril 2 1892 (sábado). Port Said. A bordo do Malange.

Meu querido amigo.

Venho só confirmar-lhe ter feito excelente viagem, tratado fraternalmente pelo bravo comandante do *Malange*, e, com o maior carinho, por todo o pessoal da Mala Real Portuguesa.

Continuo no projeto, delineado na carta de 25 de março, de Marselha: — esperar em Lourenço Marques a correspondência do Brasil, e aí ficar algum tempo estudando a África Oriental.

Saudades muitas a todos os amigos.

Sempre muito e muito do coração.

André Rebouças.

João Nunes da Silva
Abril 20 1892 (*segunda-feira*). No paquete Malange.

Grata memória. — Desde 8 fevereiro 1861, viajo pelo oceano em paquetes das mais notáveis companhias: Royal Mail — Managers — White Star Line — Brazil & United States, etc., tenho, pois, 31 anos de experiência de paquetes, e posso afirmar, em consequência, que o serviço da Mala Real Portuguesa rivaliza brilhantemente com os melhores do mundo.

O paquete *Oceanic*, que me levou de Liverpool a Nova York, de 29 maio a 8 junho 1873, acaba de completar, sem acidente algum, o inédito percurso de 1 milhão e 200 mil milhas!! Desejo tão próspera sorte ao belo *Malange*, que tão garbosamente me trouxe de Marselha a Moçambique, através do istmo de Suez, de 27 março a 19 abril 1892.

O exímio comandante do *Malange*, o meu prezado amigo João Nunes da Silva, foi meu companheiro de trabalhos na passagem do Exército brasileiro pelo rio Paraná, em abril 1866, exatamente há 26 anos. Reatamos amizade, em 1890, por intermédio do meu colega e amigo o honrado Wenceslau Guimarães, diretor da Sociedade Central de Imigração, e do seu cunhado o amigo Antônio Júlio Machado, diretor da Mala Real Portuguesa e do caminho de ferro de Luanda a Ambaca, verdadeiramente os mais elevados representantes da nacionalidade lusitana na África Meridional.

Nestes dias de íntima e fraternal convivência no *Malange* reconheci em João Nunes da Silva um verdadeiro *self-made man* de nível moral tão alto quanto o dos mais nobres arquétipos das raças ianque e anglo-saxônica.

É, pois, de todo o coração, que anelo para a Mala Real Portuguesa sinceras prosperidades e para o meu bom amigo João Nunes da Silva as honras, a glória e o sucesso, a que tem direito por suas excepcionais faculdades de moral, de justiça e de equidade.

No *Malange*, fundeado em Moçambique, em 26 de abril de 1892.

André Rebouças.

Dedicatórias.

Vida parlamentar, de meu bom pai (2 volumes).

Agricultura nacional (1 volume).

Orfelinato Gonçalves de Araújo (panfleto) (2 exemplares).

Ao meu prezado amigo João Nunes da Silva.

Exímio comandante do paquete *Malange*.

Em grata recordação de fraternal convivência desde Marselha em 26 março até Moçambique em 20 abril 1892.

André Rebouças.

Recorte de recibo do correio de Lourenço Marques, datado de 15 de maio de 1892 e colado no caderno de registro de correspondência

Antônio Júlio Machado
Maio 7 1892 (sábado). Lourenço Marques.

Meu querido amigo.

Eis, sinopticamente, o que mais interessa à Mala Real:

Vapores. — O *Malange* e seus três irmãos são grandes demais para a África Oriental. Não podem entrar nos portos sem grandes dificuldades, ainda com passageiros e carregam mais carvão de pedra do que mercadorias. Cumpre aproveitá-los nas carreiras do Brasil.

África Ocidental. — Convêm cinco vapores da lotação do *Tungue*; mas construídos higienicamente para climas equatoriais. As viagens serão quinzenais, e andarão sempre abarrotados de carga e passageiros; porque é já importantíssimo o tráfego intermediário.

Cumpre também aquiescer dois vapores carvoeiros para o transporte e comércio do carvão; munidos de sacos e de tudo quanto possa minorar os martírios desse bárbaro serviço.

Urge a aquisição de rebocadores para Moçambique, Lourenço Marques e etc.; farão o serviço da Mala Real, e, nos intervalos, ganharão muito dinheiro em transportes de pessoas e mercadorias para o continente fronteiro e para inúmeras povoações da imensa baía de Lourenço Marques.

Carvão de pedra. — Há muito dinheiro a ganhar no comércio de carvão na costa oriental da África. A Mala Real deve tomar a iniciativa e montar o seu serviço quanto antes. Os novos paquetes terão escotilhas ou dalas, a bombordo e estibordo, para receberem carvão ao nível do mar, sem estragar os dourados, o verniz e martirizar a tripulação e os viajantes.

Marés. — A costa oriental é muito difícil. Sem a rara devotação dos comandantes, a Mala Real já teria sofrido naufrágios, como os alemães e ingleses, que estão, a todo o momento, encalhando ou sondando em escaleres, antes de encontrarem o canal da entrada!!

Os comandantes da Mala Real passam as noites de binóculos em punho; foi a primeira vez que vi usar de binóculo em noite escura!!

Por toda a parte é preciso esperar marés; as cargas e descargas são violentas; feitas, dia e noite; lutando com a falta de saveiros e de rebocadores.

Higiene. — Em climas equatoriais esta é a condição primordial. Nos novos paquetes suprimir-se-á a madeira, adotando os novos produtos industriais — *agathe iron* — *majolica* — *papier-maché creosuté* — mármores — porcelanas — vidros temperados.

As baratas, o cupim, etc., tornam os paquetes infestos e nauseabundos depois de alguns anos de serviço. Cumpre também melhorar, tendo os banheiros munidos de água em superabundância; aumentar a ventilação com largas escotilhas por todas as partes. Como nos paquetes do Amazonas, deve haver disposições para redes ou macas para os passageiros, que atualmente estragam tudo dormindo por toda a parte.

Lavagem de roupa. — Não há quem lave roupa desde Moçambique até Lourenço Marques!! As belíssimas toalhas da Mala Real estão negras e rotas por falta de quem saiba lavar. Enviar do Porto duas famílias de lavadeiras e engomadeiras, com todos os maquinismos e utensílios modernos, e estabelecê-las no continente fronteiro a Moçambique ou em Lourenço Marques. Com esta providência economizar-se-ão contos de réis e ganhar-se-á dinheiro lavando roupa de passageiros e residentes, que vierem cobertos de suja roupa de lá.

Acelerar o fornecimento de água e construção de esgotos. — Em tudo e por tudo, cumpre ter sempre no primeiro plano a higiene, para que os portos da África não fiquem, como Santos e Rio de Janeiro, reduzidos a cloacas; focos de tifo, de febre amarela, de bexigas e de todas as pestes classificadas e por classificar.

Saudades muitas, muitas a todos os nossos.

Sempre muito do coração.

André Rebouças.

Visconde de Taunay
Maio 8 1892 (domingo). c. Lourenço Marques.

Continuo a narrar o Cosmos Moral.

Foi o português visconde Alves Machado, residente no Porto, enriquecendo no Brasil pela alta das apólices depois da vitória sobre o Paraguai, quem emprestou dinheiro ao imperador d. Pedro II para os funerais de sua majestade a imperatriz, para a viagem a Cannes, etc.

Foi também o português Wenceslau Guimarães o único a mandar-me uma recomendação para a Europa!!! Mercê de Deus, essa recomendação vale mais do que 3 mil cartas jesuíticas e dúbias; farisaicas e hipócritas.

Em maio de 1873, o ianque Harrah, carpinteiro dos túneis de D. Pedro II; enriquecido nos bondes de Botafogo, encontrou-me em Londres; a despeito das maiores instâncias, deu-me duas cartas de crédito de 5 mil dólares para seus banqueiros, dizendo:

— "Seria uma desonra para Harrah se André Rebouças desembarcasse nos Estados Unidos sem cartas de crédito para seus banqueiros."

O Brasil tem 15 milhões de habitantes. Pelo menos 10 mil foram meus discípulos, meus empregados e meus protegidos nas Docas de D. Pedro II e da Alfândega; nos caminhos de ferro do Conde d'Eu e de D. Isabel, na Florestal Paranaense e em mil empresas, que iniciamos desde 1864 até 1889. Pois bem: não houve um só Harrah desde 15 novembro 1889 até 25 março 1892.

Muito pelo contrário: o Banco do Brasil, meu devedor em conta-corrente; meu cliente desde 1870; negou-se cinicamente a ser meu procurador. Não esquecer que diretores e gerentes me abraçavam e se diziam "amigos do André".

A casa Norton Megaw & Co., outrora Stephen Bank & Co., minha associada, desde 1867, nas Docas de D. Pedro ii; depositava as minhas apólices, desde 1882, negou-me um crédito de £ 100 para esta viagem à África.

Ah! Meu Taunay! É preciso que eu lave todas essas feridas do meu coração africano nas águas do Nilo, do Níger, do Congo, do Zambeze e dos lagos equatoriais; e, se for necessário, no Mediterrâneo e nos oceanos Atlântico e Índico.

Ninguém sabe melhor do que Taunay quanto o Brasil foi injusto e iníquo para os Rebouças, desde o pai até os últimos filhos: é a você que agora cumpre repetir meu gesto de dor de 1874:

— Vós sois injustos!!! Vós sois iníquos!!!

Sempre do coração.

André.

Antônio Júlio Machado
Maio 9 1892 (segunda-feira).

P.S. Chegou um paquete da Castle Line sem trazer mala de Lisboa!! A última data na Mala Real é 24 março; o que significa 46 dias sem notícias de Lisboa.

Fico aqui à espera das malas do Brasil e das £ 100 dos meus procuradores Norton Megaw & Co. (duplicata registrada por temer fraude do Correio).

Ah! Meu querido amigo!

Quanto temos a trabalhar para fazer de Portugal e do Brasil nacionalidades dignas da misericórdia de Deus e do respeito da humanidade?!!

Sempre muito e muito seu.

André Rebouças.

Norton Megaw & Cia.
Maio 12 1892 (sexta-feira). Marselha.
Il.ᵐᵒˢ sr.ˢ Norton Megaw & Co. — Rio de Janeiro.

Meus caros senhores.

Tenho a agradecer-lhes a estimada de 7 março p.p., comunicando remeter-me 2:300$640 réis ao câmbio de 115/8 = £ 111 — 8 — 9 e ter ordenado a mensalidade de £ 20, que debitarão na minha conta-corrente.

Ficarei em Lourenço Marques até setembro 1892; mas tudo continuará a ser dirigido ao meu muito prezado amigo o ex.ᵐᵒ sr. Antônio Júlio Machado, diretor da Mala Real Portuguesa, em Lisboa.

Reiterando as devidas expressões de reconhecimento, assino-me.

Sempre de vossas senhorias atento venerador.

André Rebouças.

Antônio Júlio Machado
Maio 14 1892 (sábado).

Meu querido amigo.

Graças à santa herança de Wenceslau Guimarães, tem tudo se realizado segundo os meus desejos.

Estou em clima do Brasil, sem sofrer os horrores dos combates nas ruas do Rio de Janeiro entre os janízaros de Deodoro & Co.

Chegou sua carta de 4 abril com o crédito de £ 100 e a nota de Norton Megaw sobre a letra de £ 111 — 8 — 9. Escrevo-lhes para continuarem a enviar-lhe a mensalidade de £ 20.

Passarei este belo inverno em Lourenço Marques até setembro; então resolverei onde passar o verão, aqui perigoso pelos pântanos e crassa desobediência a todos os preceitos da higiene.

Estou trabalhando incessantemente para pagar minha dívida de gratidão a Portugal e à África. Se em Lisboa tiverem ciúmes, diga-lhes que os pré-avós de André Rebouças são originários do Minho e da África, e que, portanto, ninguém tem mais direito do que ele para interessar-se pelo progresso da África portuguesa.

Incluo cartas a Norton Megaw & Co. e ao nosso mísero Taunay, amarrado ao Brasil por duas cadeias de família.

Saudades muitas a todos os nossos.

Sempre de coração.

André Rebouças.

P.S. Incluindo também o memorando — Lourenço Marques — Projetos e Melhoramentos (*mutatis mutandis* para todos os portos da África Oriental). Vide Enciclopédia Rebouças [provavelmente a Enciclopédia Socionômica].

Carlos Lisboa
Maio 15 1892 (domingo). XIII.

Meu caro amigo Lisboa.

Cumpro a promessa de comunicar-lhe que ficarei aqui até setembro, quando começa a época das febres.

Peça ao amigo Antônio Júlio Machado que lhe comunique as notas, que lhe [tenho] enviado, e ajuste ao seu critério o que irá ou não ser publicado.

Multiplique os escândalos de Lisboa pela largura do oceano Índico, e farás ideia o que vai pela costa oriental da África. Somos obrigados até a registrar todas as cartas; porque os empregados do Correio nem guardam reserva sobre as fraudes que cometem.

No entanto cada burocrata daqui tem advogado em Lisboa, pago largamente, para jurar que isto é um céu aberto.

Ah! Meu caro amigo. É desesperador o nível a que desceram o Brasil e Portugal.

Saudades muitas, às excelentíssimas senhoras.

Sempre amigo do coração.
André Rebouças.

Visconde de Taunay
Maio 14 1892 (sábado). CI. *Registrada na carta ao amigo*
A. J. *Machado.*

Meu querido Taunay.

Recebida, agora mesmo, sua estimada de 9 março; única de amigo do Brasil. Está, pois, perfeitamente demonstrado o empenho que só Taunay amava de coração a André Rebouças, entre quinze, ou mais brasileiros, espalhados por um imenso latifúndio.

Também por minha parte, estou em delicioso banho de panteísmo e de cosmopolitismo; adorando a Deus no esplêndido sol africano; animando-me com a natureza no céu azul, nas estrelas lindas e nas majestosas palmeiras; confraternizando com todas as raças humanas; só tendo por inimigos os monopolizadores de terra e escravizadores de homens.

Uma estatística do Consulado inglês dá 62 nacionalidades em Lourenço Marques: abundam aqui budistas, brâmanes, pársis, etc., desconhecidos no nosso continente americano.

Rigorosamente a África é o Josafá dos vivos. Por exemplo, neste hotel, o dono é suíço, o primeiro-caixeiro é alemão; os criados são russos e franceses; e os pretos de serviço falam ora holandês dos boers, ora inglês de Capetown; mais raramente francês ou português.

Na carta de 8 maio esqueci recomendar-te que requeresse certidão do Tesouro Nacional para demonstrares que ninguém trabalhava mais e por menor salário do que os Rebouças pai e filhos; desde a Independência até a Abolição; desde a época de d. Pedro I até a de d. Pedro II.

Coragem e resignação! Meu querido Taunay.

Quando tiveres saudades de mim, olha para o Cruzeiro do Sul, na certeza de que eu também estou contemplando.

Sempre do coração.

André.

Victor Carlos Sassetti
Maio 14 1892 (sábado). Lourenço Marques.

Meu caro Sassetti.

Esta é para certificar-lhes a residência em Lourenço Marques até setembro 1892 e agradecer o correio da manhã enviado pelo prestimoso Conrado.

Sabe que sinto não poder enviar-lhe, aqui mesmo, uma linda palmeira para sua quinta em Sintra, a fim de avivar as lembranças do seu querido emigrado.

Saudades muitas e muitas a toda a boa gente do Bragança.

Sempre do coração.

André Rebouças.

Barão da Estrela (José)
Maio 16 1892 (segunda-feira). Lourenço Marques.

Meu querido Juca.

Aqui estou na eterna e perpétua luta contra os monopolizadores de terra e escravizadores de homens.

Tal qual como no Brasil!!!

Praguejam contra o benemérito Sá da Bandeira como contra o hércules Eusébio e o belo Paranhos, visconde do Rio Branco.[28]

É preciso vir à África Oriental para bem conhecer os pecados da família luso-brasileira, e ganhar a convicção da imensa misericórdia de Deus definitivamente justo e bondoso.

Fosse Ele o Jeová de Moisés e haveria chuva de raios e dilúvios de asfalto incandescente sem intervalo de uma só vez.

No Rio de Janeiro venceu o hediondo escravocrata e supino traidor Paulino, presidente do Senado a 15 novembro 1889.

Estão confirmados meus quarenta artigos na *Gazeta de Portugal*: — República de traição e de ingratidão, feita circunstancialmente para vingança dos *landlords* [proprietários de terra], escravizadores de africanos e de italianos, e usurpadores do território nacional.

Saudades muitas a todos os nossos.

Sempre com todo o coração.

André Rebouças.

Norton Megaw & Cia.

Maio 16 1892 (segunda-feira). Lourenço Marques. Registrado.

Il.ᵐᵒˢ sr.ˢ Megaw & Norton. — 36 Linne Street, London EC.

Meus caros senhores.

Desejando iniciar a reforma sanitária desta cidade, sou a pedir-lhes: (Inadourless e Earth System. J. W. Carrlestones — Patent).

_ Catálogos de Earth Clorest, de Water Clorest, etc.

_ Catálogos de tubos e de todo o material para Water Supply Drainage-Remage, etc.

Esperando o favor de dirigir tudo com a maior urgência à Mala Real Portuguesa, assino-me.

Sempre de vossas senhorias atento venerador.

André Rebouças.

Antônio Júlio Machado

Maio 17 1892 (terça-feira). Lourenço Marques.

Meu querido amigo.

Em continuação à carta de 7 maio 1892:

Vapores. — Nos novos vapores exigir-se-ia uma cabine envidraçada para homem do leme e oficial de quarto, como têm os vapores ianques. Na Europa cometem a barbaria de deixar expostos a todas as intempéries os maquinistas das locomotivas e os homens de leme. Mais de 90% das catástrofes de inverno são devidas a essa iniquidade. Em tempestade de chuva, neve e granizo, os olhos fecham-se instantaneamente. O egoísmo animal grita mais alto do que o dever. O frio ameniza o cérebro e reduz o paciente a um imbecil. É com álcool que maquinistas e marinheiros combatem o frio. Resultado final: — *la bête humaine* [a besta humana].

_ Exigir mais luz e mais ar. A própria câmara do comandante do *Malange* é escura e quente;

_ Exigir leitos de ferro e estrados de arame trançado (*yankee-patent*) [patente ianque];

_ Suprimir lãs, sedas, veludos, etc.; ninhos de baratas e cupins nos climas equatoriais;

_ Abolir radicalmente o luxo e os requintes de ornamentação; cada filete é um depósito de pó e de micróbios;

_ É indispensável que todos os recantos do vapor precisam ser lavados, todos os dias, com água quente de soda e de potassa.

Subdivisão dos serviços. — Como referi, na carta de 7 maio, os comandantes e oficiais estão sobrecarregados de vigílias e de trabalhos pelos perigos da costa chata, escura, sem sinalização de espécie alguma; quando não com boias garradas, produzindo aos naufrágios em lugar de evitá-los. É doloroso ver os oficiais, maldormidos, ao chegar aos portos, logo trabalhando no terrível serviço do carvão de pedra e de carga e descarga de mercadorias, dia e noite, à luz elétrica.

Em singular antítese, passam os comissários vida folgada, tendo a sua disposição os alcoólicos e os acepipes da despensa para abusar de gula e escândalos de erotismo, sobredito com os míseros emigrantes.

Não será melhor substituir os comissários por oficiais de descarga, encarregados especialmente do carvão de pedra, das mercadorias e das bagagens, tendo habilitações naturais, de modo a aliviarem o serviço da navegação nos impedimentos de moléstia, etc.!! Em regra geral, cumpre exigir habilitações técnicas. Neste fim de século, saber ler e escrever é tão comum como ver e ouvir. Não esquecer que ficaria a Mala Real livre da praga dos empenhos para todos os *fruits secs* [frutos secos] da oligarquia.

Economia de roupa. — No Terminus Hôtel de Marselha só os quartos da primeira classe tinham *Turkish towels* [toalhas turcas] e muito inferiores às da Mala Real, por demais ricas para o semibárbaro serviço da África Oriental. Boas toalhas de linho de Braga ou do Porto são as mais convenientes; tanto mais quanto não há na África lavadeiras ou pares de alvejar toalhas felpudas. Antes uma toalha de linho bem seca e bem lavada do que rica *Turkish towel* encardida e fedendo a mofo.

Liberdade de comércio. — Nas íntimas discussões do Hotel Bragança jamais pude chamar o atual ministro da Fazenda Oliveira Martins à santa liberdade de comércio.

Aqui na África Oriental é outra toda a discussão: estamos esmagados entre Zanzibar, porto franco desde 1.º fevereiro 1892, e o *zollverein* da África do Sul, dirigido com a maior energia por Cecil Rhodes.[29]

Lourenço Marques parece uma cidade bloqueada. — Parou o movimento comercial. Em frente a meu Hotel Royal, na rua principal, há um enorme terreno servindo de quaradouro às bugigangas de torpe café cantante... Pouco adiante há uma casa em ruínas obstruindo o passeio.

O Jardim Botânico, depois de gasto superior a doze contos de réis, está quase em abandono... Ontem quase fui mordido por uma cobra, ao sair de visitá-lo.

Em Zanzibar o tabaco vende-se pela décima parte do preço em Lisboa. Aqui as mercadorias, mercadas em francos, são avaliadas à razão de franco por mil réis. Em certa loja de inúmeras portas foi impossível achar água-de-colônia: — desarrolhado um vidro de cristal de essências, verificou-se estar reduzida à água-cheia.

Importou-se caracteres pelo Marinoni para um jornal; faliu depois de poucos meses e o prelo só trabalha para avulsos oficiais ou do comércio. Não esquecer que esses jornais, nos moldes ianques, estão em todas as cidades da South Africa!!!

Comerciantes e até majores portugueses já pregam:
— desapropriação das colônias por utilidade pública. Por utilidade humanitária, por utilidade universal. Para bem de todos, a começar pelos próprios portugueses, como muitas outras vítimas da hedionda e atroz política herdada de Ustaritz e de Filipe II.[30]

Para convencer os mais refratários protecionistas, bastava exibir os algarismos da Mala Real e mostrar que a maioria do tráfego se realiza entre Marselha e Zanzibar e vice-versa.

Comércio significa benefícios mútuos; paz; moralidade; boa-fé; justiça e boa vontade internacional. Querer só vender e jamais comprar; reduzir o comércio à arma de guerra; viver perpetuamente nas chicanas e nas intrigas das lutas de tarifas aduaneiras é simultaneamente uma estultice e uma iniquidade; um crime contra a humanidade e uma força contra o Deus de paz, de amor e de justiça para todos os "filhos do Nosso Pai que está nos Céus".

André Rebouças.

Oswald Hoffmann
Lourenço Marques — Representante Álvaro Tristão da Câmara.
Maio 21 1892 (sábado).
Krokodil Port — (Station). (Aberta a 18 abril 1892).

Meu caro amigo Câmara (Álvaro Tristão da Câmara).

Pretendo seguir para Barberton na segunda-feira 20 maio. Escrever-lhe-ei, logo que lá chegue, sobre a conjuntura do Brasil e Lisboa.

Reiterando os mais cordiais testemunhos de gratidão, assino.

Sempre muito obrigado.

André Rebouças.

Oswald Hoffmann
Maio 25 1892 (quarta-feira). Barberton. Granville Hotel.

Meu caro amigo Câmara.

Peço-lhe o favor de enviar-me cartas, jornais, etc., para este endereço e também de abrir-me aqui um crédito de £ 50 (ouro) em banco ou casa de sua confiança.

Do Royal Hotel mandará receber a roupa, que ficou lavando-me, e mandar-me-á empacotada em papel onerado.

Prevenindo cordiais agradecimentos, assino-me.

Sempre muito obrigado.

André Rebouças.

Visconde de Taunay

Maio 26 1892 (quinta-feira). CIII. *Barberton.*

Granville Hotel — Barberton — P.O. *Box 105.*

Desta vez consigo africanizar o meu belo e louro Taunay. Jamais conseguiria que Joaquim Nabuco amasse o imigrante, nem que Taunay amasse o negro; agora há de, por força, abrir o mapa d'África para ir saber donde o André contempla o Cruzeiro do Sul para matar saudades do Brasil.

Incluo a primeira cópia da nova propaganda — "Vestir 300 milhões de negros africanos" — (vide Enciclopédia na palavra "África"), que farás publicar nos jornais abolicionistas do Rio e províncias.

O aspecto de Barberton é o de Ipanema sem florestas de peroba e sem cascatas. Como eu disse nas "Zones agricoles" [Zonas agrícolas] o Brasil é sempre superior a qualquer parte do mundo com a qual entre em competência. No entanto tem montanhas, belo sol, céu azul e todas as luzes do polo do Sul.

Ainda não recebi a mala do Brasil, atrasada pelos míseros conflitos anglo-lusos.[31] Escrevo-te esta diretamente para ensaiar a via Capetown e Londres.

Conserve invariavelmente o endereço à Mala Real Portuguesa e africanize-se bem para amar cada vez mais o seu velho,

André.

Antônio Júlio Machado
Maio 27 1892 (sexta-feira). Barberton. Registrada com a de 21 junho.

Meu querido amigo.

Em continuação às missivas de 7 e 17 maio:

Escravidão. — No frontispício do livro *The ruin of Zululand* [A ruína da terra zulu] vem o retrato de *bishop* [bispo] Colenso com estas mencionadas palavras: "*It has been terrible to see this great wave of wickedness rolling one and to be powerless to help it — to be debarred all possibility of showing the injustice of the war until it was too late — too late to prevent the shedding of innocent blood, and the ravaging of a whole country — too late to save the lives of 2000 our own soldiers and natives, and of 10000 patriotic Zulus; — too late to prevent the name of Englishman from becoming, to the Native mind, the synonyms of duplicity, treachery and violence, instead of, in the days gone by, for truth and justice and righteousness*" [Tem sido terrível ver esta grande onda de maldade se desenrolando e ser impotente para ajudá-la — ser impedido de mostrar a injustiça da guerra até que fosse tarde demais — tarde demais para impedir o derramamento de sangue inocente, e a devastação de um país inteiro — tarde demais para salvar a vida de 2 mil dos nossos próprios soldados e nativos, e de 10 mil zulus patriotas; — tarde demais para evitar que o nome do homem inglês se tornasse, para o mundo nativo, sinônimos de duplicidade, traição e violência, em vez de, como antigamente, verdade e justiça e retidão].

Passando estas palavras para português, substituindo (por) Zambésia a Zululândia, ter-se-ia síntese da hedionda exploração de escravagismo, de monopólio territorial e de landlordismo, que agora põem em crise toda a África Oriental portuguesa, desde Moçambique até Lourenço Marques.

A escravidão existe real, prática e efetivamente.

1.º Na denegação sistemática do salário; na redução forçada ao mínimo absoluto; na fraude constante dos vales e das moedas; na substituição do salário pela violência; pelo chicote de cavalo miserável;

2.º Na nudez em que sempre mantém o negro africano. O famigerado escravocrata Manuel Antônio de Souza fuzilava os africanos que encontrava vestidos de calças!! O espírito satânico da escravidão tem horror ao negro vestido à europeia; quer o mísero nu ou seminu; envolvido em trapos de algodão de Manchester ou de Hamburgo; para depois tirar disso mesmo argumentos e pretextos para os sofismas de inferioridade de raça e de incapacidade de evoluir para a civilização cristã e igualitária.

Escrevi ao amigo Taunay, para publicar nos jornais abolicionistas do Brasil proposta da nova propaganda — "Vestir 300 milhões de negros africanos".

A Mala Real, que é, positivamente, o único elemento civilizador que Portugal envia à África Oriental, deve proibir o embarque dos árabes com seus escravos seminus e o transporte de mulheres nuas, para não se repetirem torpezas, que fariam corar ao próprio Emílio Zola: ordenar terminantemente: não admitir, sob a bandeira da Mala Real, homem, mulher ou criança qualquer que seja sua cor, se não decentemente vestido.

Na África do Sul e nos protetorados ingleses, está se acabando com essa torpeza, eminentemente escravocrata; porque a crápula é infalível ao escravagismo. Para terminar, uma observação. Encontrei os africanos do Transvaal vestidos com as fardas e os capotes da infeliz expedição de 1891.[32] Chamar-se-á isso, em socionomia, uma prova de Cosmos Moral;

3.º Na permanência do atroz Mossuco, barbaria que escapou aos escravocratas do Brasil; parasitismo satânico, que parece ter vindo da Índia; forjado por algum cérebro de infernal sacerdote de Buda ou de Shiva. O Mossuco participa da cousa feudal, da capitação turca e do dízimo teocrático. É um desses horrores que se vê e não se descreve. Sobre o mísero negro africano, a trabalhar na terra, erguem enorme pirâmide de fraudes, de peculatos, de correntes e de extorsões. Tudo isso para não estabelecer o africano sobre um pedaço de terra sua; para não dividir a terra por imigrantes proprietários nos novos moldes de Allotment, Homestead, Preemption Torren's Act, Free Trade in Land,[33] etc.

Como está fazendo Cecil Rhodes na Mashonalândia.[34]

Se não houver estadista em Portugal capaz de quebrar os velhos moldes feudais escravocratas, um belo dia, reconheceremos que na África Oriental só possuímos as praias, e dessas mesmas será necessário deduzir os portos de mar que passaram aos *pioneers* [pioneiros] do comércio justo e moralizador, sem chicanas e sem parasitismos aduaneiros;

4.º Num sistema geral de deprimir a África e o africano e de impedir todo o progresso material e moral, vivem e morrem praguejando contra o abolicionista Sá da Bandeira, e parecem não ter outro propósito senão demonstrar e provar que a África só serve para alcance de piratas de carne humana.

Ora basta atravessar a fronteira do Transvaal para reconhecer os efeitos de uma orientação absolutamente diversa. Aqui, e em toda a África do Sul, trata-se de fundar uma pátria nova e de dá-la instantaneamente tudo quanto de melhor produzir a civilização europeia. Já referi que não foi possível sustentar um jornal em Lourenço Marques; na África do Sul toda cidadezinha tem dois ou três jornais, discutindo higiene e moral, como os melhores da França e da Inglaterra. O jornal de Barberton de 19 maio 1892 estampou artigo de fundo: — "The Sanitary Department" [O Departamento Sanitário] e "The Amendments of the Gambling Law" [As emendas da Lei dos Jogos de Azar].

Em Lourenço Marques, como em toda a África Oriental, não há um legume; não há uma xícara de leite!! Vivem de bacalhau e de conservas, como se estivessem em perpétua viagem oceânica. Na África do Sul há todos os legumes da Europa; alcançando o leite e a laticínios. Escrevo estes belos pensamentos com uma latada de passifloras, de lindas flores e de saborosos frutos. Em frente um inglês tem seu *cottage* [cabana], que parece um *bouquet*; trabalhado por ele mesmo e por um negro africano. Ensinar ao negro africano a ajardinar e se agasalhar: isto é o principal. Ler e escrever virão depois, tanto mais quanto há o perigo de empurrarem-no para a politicagem, a servir de massa bruta nas fraudes eleitorais.

É preciso que fique bem claro que só se pede para o africano a mais elementar justiça; equidade no pagamento dos salários; e um pedaço de terra para permitir-lhe evoluir para a prosperidade e para a família. Negar isso é maldade diabólica;

é perversidade satânica; é rebelar-se contra Deus e contra a humanidade.

Sempre muito do coração.

André Rebouças.

Oswald Hoffmann
*Lourenço Marques — **Representante Álvaro Tristão da Câmara.***
Maio 31 1892 (sábado). Barberton. Registrada.

Meu caro amigo Câmara.

Escrevi-lhe a 21 de Krokodil Port, participando partir a 23 maio para Barberton, onde efetivamente cheguei a 24, escrevendo-lhe a 25, pedindo a correspondência e um crédito de £ 50 (ouro) para banco ou casa de sua confiança.

Até este momento nada tendo resolvido, escrevo-lhe esta registrada, restando um piedoso favor de telegrafar-me, ao receber este para a minha tranquilidade.

Terá também a bondade de enviar-me todos os jornais registrados, não merecendo confiança alguma o agente do Correio de Lourenço Marques.

Agradecendo tantos incômodos, assino-me.

Sempre muito obrigado.

André Rebouças.

Oswald Hoffmann

*Junho 2 1892 (**quinta-feira**).*

Recado no mesmo sentido enviado para um engenheiro de minas, nascido nas Minas d'Ouro de Morro Velho.

Oswald Hoffmann

*Junho 4 1892 (**sábado**).*

Meu caro amigo Câmara.

Chegou agora o Correio, onde não encontrei resposta às cartas de 21, 25 e 31 maio, sendo esta última registrada e pedindo-lhe para telegrafar sua recepção.

Estão esgotados os meus recursos pelas despesas da viagem e peço-lhe que mande-me, com a maior urgência, o crédito pedido de £ 50, ou qualquer outra providência, que me habilite a pagar o hotel e seguir viagem.

Pedindo-lhe desculpa por estes incômodos, assino-me.

Atento venerador.

André Rebouças.

L. Cohen & Co.
Lourenço Marques
Junho 4 1892 (sábado).

Meu caro Cohen.

Depois de sair de Lourenço Marques escrevi três cartas ao amigo Câmara, da Casa Hoffmann, onde, como sabe, tenho um crédito de £ 100, por depósito, feito em Lisboa de £ 111 — 8 — 9 por meus procuradores Norton Megaw & Co. no Rio de Janeiro e em Londres.

Não sei a que atribuir não ter recebido até hoje a menor resposta, e peço-lhe, por isso, o favor de informar-me do que houver para poder providenciar, estando esgotados os recursos que trouxe nas despesas de viagem e necessitando de £ 50 para pagar hotel e seguir avante. (Jamais respondeu-me.)

Esperando do seu reconhecido préstimo as providências, que o caso pede, assino-me.

Sempre amigo obrigado.

André Rebouças.

Oswald Hoffmann
Lourenço Marques — Representante Álvaro Tristão da
Câmara.
Junho 13 1892 (segunda-feira). Lourenço Marques. Registrada.

Meu caro amigo Câmara.

O terrível Correio de Lourenço Marques mandou sua estimada de 2 junho "via Natal"; de sorte que só a recebi na sexta-feira p.p. (10 junho) à noite. O seu correspondente Carlos Bimberg diz não poder pagar as £ 50 por estar sua casa em falta por umas caixas de charuto e de espingardas.

Foi, por isso, indispensável recorrer ao préstimo do Bank of Africa sacando as £ 50.

Avisou-me o Correio não ter até hoje correspondência do Brasil e da Europa; nem resposta às cartas, que lhe escrevi de Krokodil Port e daqui em datas de 21, 25, 31 maio e 2 junho, sendo registrada a de 31 maio.

Peço-lhe também o favor de mandar-me a conta-corrente para regular os saques de ora em diante.

A casa Norton Megaw & Co. deve remeter £ 20 todos os meses; desejo saber se a Mala Real Portuguesa lhe as tem transmitido.

Desde 20 maio não tenho uma carta ou um jornal de Lisboa; far-me-á grande favor remetendo o que tiver para cessar o tristíssimo bloqueio em que tenho estado.

Prevenindo os devidos agradecimentos por todos esses incômodos, assino-me.

Sempre muito obrigado.

André Rebouças.

A. E. *Rangel da Costa*
Junho 14 1892 (terça-feira). Granville Hotel, Barberton.

Meu caro amigo Rangel da Costa.

Apresso-me em retribuir-lhe o imenso prazer, que proporcionou-me sua estimada de 20 abril, recebida agora mesmo, com as maiores provas de sincera e simpática amizade.

Barberton, donde lhe escrevo, é um Petrópolis africano, com montanhas de mil metros de altura; apenas inferior ao Éden criado pelo imperador d. Pedro ii; porque Deus só fez um Brasil.

Se não houver caso de força maior — se Deus não mandar o contrário diziam melhor nossos avós, esperarei aqui, na África do Sul, o termo da cruel expiação dos soberbos, que desgraçaram nossa mísera pátria. Não querem crer em Deus justo e infalível; no entanto jamais Ele foi mais vilipendiado que a partir do hediondo 15 novembro 1889.

Quando o desgraçado Patrocínio despedia-se, em Lisboa, no Hotel Bragança, disse arrependido: — "Sr. compadre! Abrace-me. Eu vou para o Brasil de Deodoro." Porque ele vivia assombrado pelos sicários dos fazendeiros e dos sargentões...

Não é menos justa a prisão do celerado Barreto. Principiou furtando o Caminho de Ferro da "Meia-Pataca", primeiro nome da Leopoldina, a um pobre mineiro; viveu sempre maliciosamente e morre desonrando o nome do marechal Mello Barreto.[35]

Na África Oriental ainda estão muito vivos os estigmas do hediondo escravagismo: o africano é sempre um escravo pelo próprio europeu e é tratado como raça conquistada.

Aqui, na África do Sul, o negro já está evoluindo para a democracia rural; já tem casa, plantação e vagão ou grande carro, puxado por sete a dez juntas de bois.

Não há dúvidas! Brasil e Portugal estão hoje expiando quatro séculos de tráfico de escravos e de exploração iníqua dos míseros africanos.

Saudades muitas a todos os amigos.

Sempre de coração.

André Rebouças.

Augusto Dias Cura

Comandante do paquete Tungue.

Junho 15 1892 (quarta-feira). Registrada com uma carta de 20 junho a Oswald Hoffman.

Meu caro comandante.

O incluso extrato lhe provará que não me esqueci da sua boa amizade, nem da recomendação sobre o English Bank. Efetivamente foi convertido em [Bank] of South America, e, se o seu procurador procedeu finalmente, devem estar salvos os seus cinco contos de réis de tão trabalhosas economias.

Barberton, onde me acho estudando a África do Sul, encontra-se sobre montanhas de mil metros de altura, e lembra Petrópolis tanto quanto a África pode lembrar o Brasil. Felizmente o céu é o mesmo; sol esplêndido; lindas estrelas; o Cruzeiro do Sul e todas as maravilhas do hemisfério meridional. O que falta vou suprindo com a imaginação, a esperar melhores dias para o mísero Brasil.

Queira-me sempre bem e receba saudoso abraço.

Do amigo obrigado.

André Rebouças.

Visconde de Taunay
Junho 17 1892 (sexta-feira). CIII. *Barberton. Registrada.*

Meu querido Taunay.

Satisfaço às instâncias de sua bela alma galega, comunicativa e expansiva por excelência, respondendo imediatamente a CVII de Petrópolis no 1.º abril.

Inquirido pelo estado da minha alma; já o deves saber pela C, enviada ao chegar a Lourenço Marques pela CI de 14 maio e CII já de Barberton, em 26 maio, com a nova propaganda — "Vestir 300 milhões de negros africanos."

Tenho um sem-número de idílios, escritos e por escrever; esta manhã foi toda consagrada à botânica. Descobri uma *Euphorbia caetiforma*, que os profanos chamam *cactus*, com o aspecto de colossal candelabro, colorido por algum gigante: nas cumeadas das montanhas dioríticas desta curiosa região ferrífera.

No mais, vida absolutamente tolstoica; fazendo todo o meu serviço doméstico e economizando até os limites do possível.

Os meus procuradores Norton Megaw & Co., escreveram-me sobre as dificuldades postas pelos empregados do Tesouro; já as tinha previsto e escrito ao José Américo dos Santos e ao sobrinho André Veríssimo Rebouças para saná-las na Escola Politécnica e no Ministério das Finanças. Terá você a bondade de inspecionar tudo isso para não cair nos fatais exercícios findos.

Não direi palavra sobre as misérias do Brasil. Cobrir a cabeça de cinzas, como faziam os primitivos hebreus, e dizer contrito a Jeová: — *Fiat Justitia! Fiat Justitia!* [Faça-se a justiça!]

Sempre muito e muito do coração.

André.

Norton Megaw & Cia.
Junho 17 1892 (sexta-feira). Barberton. Registrada.
Il.^{mos} sr.^s Norton Megaw & Co. — Rio de Janeiro.

Meus caros senhores.

Recebi, agora mesmo, sua estimada de 13 abril, participando ter enviado, a 10 março, à casa de Londres para enviar-me a mensalidade de £ 20. Vou escrever-lhe a fim de realizar esse pagamento durante minha residência na África do Sul.

Já enviei ao engenheiro José Américo dos Santos, que tem todos os meus documentos, e ao meu sobrinho André Veríssimo Rebouças, também engenheiro, para auxiliarem vossas senhorias na Escola Politécnica e no Tesouro Nacional.

Em caso de dificuldade, recorrerão ao visconde de Taunay, meu excelente amigo, ex-senador do Império, que conhece, melhor do que ninguém, o Brasil e os brasileiros.

Terão a bondade de enviar-me a conta-corrente, a fim de que possa governar-me perante os terríveis câmbios de onze a doze pence por mil-réis.

Reiterando os devidos agradecimentos por todos esses favores, assino-me.

De vossas senhorias atento venerador, obrigado.

André Rebouças.

Norton Megaw & Cia.
Junho 20 1892 (segunda-feira). Barberton. Registrado.
Il.ᵐᵒˢ sr.ˢ Megaw & Norton. — 36 Linne Street, London EC.

Meus caros senhores.

Os meus procuradores, os sr.ˢ Norton Megaw & Co. Rio de Janeiro, participaram-me em sua carta n.º 550 de 13 abril p.p., que em 10 março, lhes pediram enviar-me a mensalidade de £ 20. Devendo demorar-me em Barberton e na África do Sul, peço-lhes o favor de entregar essas mensalidades ao Head Office of the Bank of the Africa, Limited — 113 Cannon Street.

Esperando o favor de incluírem cópia da minha conta-corrente na resposta a este, que dirigirão para o endereço apenso, assino-me.

Sempre de vossas senhorias atento venerador.
André Rebouças.

Oswald Hoffmann
Lourenço Marques — Representante Álvaro Tristão
da Câmara.
*Registrada com a carta ao comandante do **Tungue**.*
Junho 20 1892 (segunda-feira).

Meu caro amigo Câmara.

The Bank of Africa, Limited, pôs em conta-corrente £ 49 — 3 — 6 do saque de £ 50, que sua casa pagou pelo crédito, aberto pela Mala Real Portuguesa, sobre depósito de £ 111 — 8 — 9 dos meus procuradores Norton Megaw & Co.

Reitero o pedido da conta-corrente para saber da mensalidade de £ 20 e do meu saldo em seu poder.

Fui educado por um pai, eminentemente rigoroso e severo [em] assuntos financeiros, e desejo não sair da linha absoluta por ele traçada.

Assim tenho escrúpulos em saber se foi recebido o pagamento da roupa lavada no Royal Hotel e os cinco shillings ao Restaurante Petit, que não pôde achar troco para uma nota de 5$000 réis.

Agradeço as cartas e os jornais recebidos, e peço-lhe mande remeter a inclusa ao prestimoso comandante do paquete *Tungue*.

Antecipando cordiais agradecimentos, assino-me.

Sempre muito obrigado.

André Rebouças.

Antônio Júlio Machado
Junho 21 1892 (terça-feira). Granville Hotel. Barberton.

Meu querido amigo.

Descobri aqui em Barberton um Petrópolis africano, sobre montanhas de mil metros de altura, e com igual elevação moral sobre o mísero Lourenço Marques, de residência impossível; não tanto pela malária, como pela embriaguez e pela crápula.

Esperarei por estas altitudes a evolução dos acontecimentos em minha triste pátria, contentando-me em contemplar o mesmo céu, o mesmo sol e as mesmas estrelas. Infelizmente a Casa Hoffmann não tem comparável na África do Sul: foram precisos trinta dias de correspondência, estropiada pelo horrível câmbio de Lourenço Marques, para obter £ 50 em Barberton.

Escrevi, por isso, a Megaw & Norton, meus procuradores em Londres, para entregarem as mensalidades de £ 20 ao Head Office of the Bank of Africa — 13 Cannon Street London EC — para recebê-las em Barberton, ou em qualquer outra cidade da África do Sul.

Além da instante reforma do Correio, não se compreendendo um porto de comércio sem correio, ou, o que é pior, com uma repartição postal montada para a fraude, e que blasfema da sua incúria e de sua irresponsabilidade, cumpre providências sobre o sistema monetário. A África Oriental é um pandemônio de todas as moedas possíveis e impossíveis; é um agiotar perfeito com as oscilações de papel, de prata e de ouro até os limites de 10% a 50%. O governo de Moçambique teve a triste ideia de carimbar as rúpias, e reduzi-las a uma espécie de Cham Cham da Bahia de escravocrata e caviloso manejo.[36] Essas rúpias, apesar de carimbadas, não correm em Lourenço Marques, onde exigem shillings até no Correio!! Na estação do Caminho de Ferro não havia troco para nota do banco de 5$000 réis. Não há outro remédio senão adotar a moeda inglesa; pois que Portugal não pode impor seu padrão na África Oriental, a fim de acabar com todas essas fraudes! Seria excelente reconhecer a ideia de Mariano de Carvalho de entrar Portugal na União Latina; projeto em que também trabalhava com o imperador para o Brasil. Na África, o franco, de cotação conhecida com a libra esterlina, facilitaria muito as transações comerciais e poria termo às piratarias da agiotagem atual.

Em tudo e por tudo, cumpre convencer aos governantes que a África Oriental, como qualquer outro país do mundo, só pode progredir pelos princípios imutáveis e incoercíveis da moral, da justiça e da equidade.

Saudades muitas a todos os amigos. E um apertadíssimo abraço.

Do seu muito do coração.

André Rebouças.

w. & c. Growve. Seed and Plant Merchants
(Comerciante de Sementes e Plantas) — Grahamstown.[37]
Cape Colony.
July 8 (Friday), Grahamstown.

Misters w. & c. Growve.
I could next find, in your excellent Catalogue the prices of seed and plant of Coffee; It will gonna be so kind to send to

the address supra the prices of 1 lb. of seed and of 10 plants of Coffee, in foot hight?

I am a Brazilian Civil Engineer very requirements [sic] with Coffee plantation. Here, at the Kaap Valley, the land has exactly the same red soil, called Terra Roxa in Brazil, produced by the decomposition of diorites and diabases, the best for Coffee growing. The climate is very similar to that of the province of S. Paulo, the most productive of Coffee in the world.

Wishing to introduce that ride culture in this fertile country, I expect to get by your good intervention the necessary seeds and plants.

With precious thanks.
Yours truly.

André Rebouças.

[Acabei de descobrir seu excelente catálogo de preços de sementes e plantas de café; poderia, por favor, fazer a gentileza de enviar para o endereço acima os preços de uma libra e dez mudas de café, em pé de altura?

Sou um engenheiro civil brasileiro muito interessado no cultivo comercial do café. Aqui, no vale do Cabo, a terra tem exatamente o mesmo solo vermelho, chamado terra roxa no Brasil, produzido pela decomposição de dioritos e diábases, o melhor para o desenvolvimento do café. O clima é muito semelhante ao da província de São Paulo, a maior produtora de café do mundo.

Desejando introduzir essa cultura extensiva neste fértil país, espero conseguir com sua boa intervenção as sementes e plantas necessárias.

Com preciosos agradecimentos.
Cordialmente,

André Rebouças.]

Oswald Hoffmann
Lourenço Marques — Representante Álvaro Tristão da Câmara.
Julho 9 1892 (quinta-feira). Barberton. Granville Hotel.

Meu caro amigo Câmara.

Recebi, agora mesmo, sua estimada de 4, contando a minha conta-corrente até 22 junho p.p. com saldo de 200$695 réis a receber do sr. Carlos Bimberg aqui em Barberton.

Vieram também os jornais, enviados pelo amigo Conrad Wissmann, gerente do Hotel Bragança, em Lisboa.

Agradecendo todos esses favores, assino-me.

Sempre muito obrigado.

André Rebouças.

Nogueira Pinto, representante da Mala Real Portuguesa

Visconde de Taunay
Julho 14 1892 (*quinta-feira*). CIV. *Barberton* (*Registrada*).

Meu querido Taunay.

Chegaram, agora mesmo, as simpáticas de 23 abril de Caxambu e 28 ao voltar de Petrópolis. Compreendeu você perfeitamente meus escrúpulos tolstoicos na questão do *Jornal do Commercio*.

Eu contava com J. C. Rodrigues como com Taunay & Nabuco. O nefando 15 novembro precipitou-o nos braços de Rui Barbosa e Antônio Prado. Na secular questão argentina, ele preferiu a rotina escravocrata de Cotegipe aos ideais humanitários de André Rebouças.

Que papel faz hoje o *Jornal do Commercio*, que não queria dar uma polegada das Missões, obrigado a mendigar passagem pelo rio da Prata para ir avassalar Mato Grosso?!

Deus não perdoa a soberba e o orgulho; o castigo veio logo. Não queriam tratar os argentinos como vizinhos;

agora estão na humilhação de dependentes, de rivais e de inimigos.

Mostre tudo isso ao J. C. Rodrigues e que ele envie diretamente o jornal para não abusar do exímio amigo Antônio Júlio Machado.

Ocioso é dizer-lhe que quero sempre e sempre e sempre as suas cartas. Foi preciso a crise de 25 março 1892. A deportação do mísero José do Patrocínio veio confirmar que seria o maior dos erros a volta de André Rebouças para o Brasil em revolução.

Estou aqui tolstorizando, como verás no idílio — "Por que o negro africano ri, canta e dança sempre?!" E trabalhando pela democracia rural na África do Sul, enriquecida pelos mais altos produtos agrícolas: café, cacau, baunilha, etc.

Quanto a você mesmo, recomendo queimar essa maldita *Sonata a Kreutzer*[38] e conservar sua preciosíssima saúde para poder ver, abraçar e filosofar por longos anos.

Como o seu velho,

André.

Norton Megaw & Cia.

Julho 15 1892 (sexta-feira). Barberton. Registrada.

Il.ᵐᵒˢ sr.ˢ Norton Megaw & Co. — Rio de Janeiro.

Meus caros senhores.

Recebi, ontem, a estimada de n.º 578 e data de 19 abril p.p. participando-me estar de posse da procuração, visada pelo Consulado de Marselha, ter recebido 315$000 réis de dividendo do Banco Iniciador, ter despendido 25$000 réis com a procuração, e enviado à casa de Londres o saldo de £ 13 — 14 — 11 ao câmbio de 113/8; favores todos que muito especialmente agradeço.

Já escrevi aos sr.ˢ Megaw & Norton, de Londres, para entregarem ao Head Office of the Bank of Africa as quantias, a mim destinadas, enquanto demorar-me nesta cidadezinha de Barberton e na África do Sul.

Salvo ocorrências imprevistas por aqui terminarei o ano de 1892, em rigorosa economia, para resistir aos terríveis câmbios de mais de 20$000 réis por libra esterlina!!

Reiterando as expressões de meu reconhecimento, assino-me.

Sempre atento venerador.

André Rebouças.

Norton Megaw & Cia.
Julho 15 1892 (sexta-feira). Barberton. Registrada.
Il.ᵐᵒˢ sr.ˢ Megaw & Norton. — London EC

Meus caros senhores.

Na carta n.º 578 de 19 abril p.p., sua casa do Rio de Janeiro participa-me ter enviado £ 13 — 14 — 11 para me serem transmitidas. Confirmei o pedido, feito na carta de 20 junho p.p. de entregar ao Head Office of the Bank of Africa, Limited — 113 Cannon Street, as somas, a mim destinadas, e a intenção de demorar-me nesta cidadezinha e na África do Sul por todo este ano.

Prevenindo cordiais agradecimentos por todos esses favores, assino-me.

Com a maior consideração,

André Rebouças.

Barão da Estrela (José)
Julho 29 1892 (sexta-feira). Barberton.

Meu querido Juca.

Recebi, agora mesmo, com o maior estremecimento, sua prezada de 21 junho com saudades dos amigos Nabuco e Penedo, as quais retribuo de todo o coração.

Escrevo esmagado pelos horrores da revolução no Rio Grande do Sul. Tenho diante dos olhos o meu diário de 1890 com os baldados esforços que fizemos, de 15 a 17 janeiro, para converter o caudilho Silveira Martins ao nosso "mito unificador do Império do Brasil".

A "Interview", publicada no *Times* de 23 janeiro, que você traduziu e publicou na *Gazeta de Portugal* de 28 janeiro e, depois, em avulsos.

Tudo em pura perda!! Porque os tais politicantes tinham a estulta pretensão de serem ainda ministros de Deodoro e seus herdeiros na República de agiotagem e espoliação.

Foi uma santa inspiração vir para África. Tenho aqui o céu, o sol e as estrelas do Brasil. Estou livre de assistir aos canibalismos das revoluções e dos bombardeamentos.

Recebo, pelo mínimo, a minha quota de expiação nos crimes de escravização e de monopólio da terra; de traição e de ingratidão da raça brasileira. Curvo contrito a cabeça perante o Juiz Supremo, mal podendo balbuciar — *Fiat Justitia! Fiat Justitia!* [Faça-se a justiça!]

Saudades muitas e muitas a todos os nossos, a começar pela mamãe.

Sempre muito do coração.

André.

Norton Megaw & Cia.
Agosto 4 1892 (quinta-feira). Barberton.
Il.ᵐᵒˢ sr.ˢ Megaw & Norton. — London EC.

Meus caros senhores.

Recebi, ontem, a estimada de 18 julho, comunicando-me que todas as somas, recebidas em meu endereço, serão entregues ao Head Office of the Bank of Africa, Limited, e ter enviado ao meu amigo Antônio Júlio Machado, D. D. diretor da Mala Real Portuguesa, £ 111 — 8 — 9 em 28 março e £ 13 — 14 — 11 em 18 maio.

Só tenho, neste momento, a agradecer todos esses favores, confirmando as cartas de 18 julho e 4 agosto na intenção de continuar a residir na África do Sul.

Assino-me sempre com a maior consideração.

André Rebouças.

Antônio Júlio Machado
Agosto 20 1892 (sábado). Barberton.

Dedicatória na partitura e no *libretto* de *Colombo* de Carlos Gomes.

Ao meu prezadíssimo amigo Antônio Júlio Machado.

Com as mais gratas saudades.
André Rebouças.

Joaquim Nabuco
Agosto 25 1892 (quinta-feira). xxx. Barberton. Granville Hotel.
Em resposta a de Paris em 30 junho.

Meu querido Nabuco.

No tristíssimo período entre o passamento do meu santo mestre o imperador d. Pedro II e a partida para a África, eu tinha escrúpulos de escrever aos amigos; de derramar sobre eles o excesso da minha dor.

Agora sim: já criei um Petrópolis na África; e já estou em plena propaganda de democracia rural.

Remeto de Barberton, a 26 maio, ao nosso Taunay, o projeto da nova propaganda — "Vestir 300 milhões de negros africanos" — e, a 14 julho, o 6.º idílio africano: — "Por que o negro africano ri, canta e dança sempre?"

Agora incluo o décimo artigo da propaganda na língua de Cobden e Gladstone — (*Barberton Herald* — 23 agosto 1892).

Registrar a bela frase abolicionista do homérico discurso de Edimburgo: *The bad and abominable institution of Slavery* [A má e abominável instituição da escravidão].

No meu ardente entusiasmo por esse Santo Velho, eu peço sempre a Deus que também o meu Joaquim Nabuco, aos 42 anos de idade, percorra o Brasil, de norte a sul, pregando a moral, a justiça e a equidade, combatendo os *landlords* [proprietários de terra] e os escravocratas, o monopólio da terra, o protecionismo e a escravidão.

Escreva-me sempre por intermédio do prestimoso amigo Rangel da Costa e mande-me tudo quanto publicares.

E o mais saudoso abraço do coração.

André Rebouças.

A. E. *Rangel da Costa*
N.º 16, Rua da Alfândega, Rio de Janeiro.
Agosto 25 1892 (quinta-feira). Barberton.

Meu caro amigo Rangel da Costa.

Devo-lhe o prazer de receber ontem sua estimada de Lisboa, em 21 julho, com a do caríssimo Nabuco e o pacote dos últimos números de *O Paiz*.

Esta o encontrará no nosso mísero Brasil. O Brasil sem d. Pedro II. Eu ainda não posso compreender isso. Parece-me o vácuo, a venialidade.

E essa pobre gente? Ainda não compreendendo em que foram conquistados por militares ambiciosos e por politicantes e agiotas sem o mínimo exemplo?

Se o Brasil pudesse ser república, desde muito o presidente seria d. Pedro II e o secretário André Rebouças.

Sair da senzala da escravidão e embarafundar pelo quartel da soldadesca sanguinária e bárbara, sem remorsos de fuzilar e bombardear, não é fazer república, é baixar ao último degrau da barbárie.

Leia a inclusa e transmita-a ao nosso Nabuco e bem assim o extrato do *Barberton Herald* de 23 agosto 1892. Mostre esta ao caríssimo Taunay para servir-lhe de base a nossa comum amizade.

Deus o proteja do sanguinarismo dos jacobinismos e da pirataria dos agiotas.

Eu continuarei na África do Sul a esperar o termo da expiação do nosso mísero Brasil.

Sempre muito amigo.

André Rebouças.

Joaquim Nabuco
Setembro 1.º 1892 (quinta-feira). xxxi. *Barberton.*

Meu querido Nabuco.

Recebi ontem, ao anoitecer, em caminho para contemplar o nosso Cruzeiro do Sul, sua cartinha de 29 de julho, em Paris, anunciando partir para o Brasil, a 25 agosto.

Nesse mesmo dia lhe escrevi a xxx para receber no Rio de Janeiro do amigo Rangel da Costa. Vide Enciclopédia A. Rebouças.

Incluo uma interpretação do p. b. f. e., Rebouças moto da *Garantia de juros e da agricultura nacional*, em homenagem ao meu santo mestre e imperador; mestre sublime de abnegação, de paciência e de resignação; de caridade e do perdão.

Tudo quanto se tem passado, a partir do nefando 15 novembro 1889, veio provar, à última evidência:

Que era d. Pedro ii quem diferenciava o Brasil da Bolívia e das repúblicas hispano-americanas;

Que os brasileiros não estavam preparados para o parlamentarismo constitucional, e, muito menos, para a República federal;

Que todos os pretensiosos estadistas do tempo do Império se fundiram em três tipos:

(a) Tipo barão de Lucena, conservador de baraço e cutelo revolucionado em jacobinismo batoteiro, sem escrúpulo algum;

(B) Tipo Silveira Martins, liberal energúmeno, evolucionado retrogradamente para caudilho sanguinário;

(C) Tipo comum de advogados ao serviço da plutocracia; chicanistas defensores de todos os batoteiros; agiotas cínicos de peita, suborno, peculato e concussão.

Que a decepção produzida pelo militarismo foi tão profunda que o próprio Benjamin Constant despiu a farda para ir, pela última vez, ao Clube Militar. Fuzilam e bombardeiam com a mesma iniquidade que os chilenos; negociam e fazem contrabando na Cooperativa; teriam monopolizado e vendido a Estrada de Ferro de D. Pedro II, se houvesse continuado a crapulosa ditadura Lucena, Deodoro, Mayrink & cia.

Que os republicanos, mais ou menos histéricos, ainda não passaram do maquiavelismo intrigante de Bocaiúva, do jacobinismo feroz de Aristides Lobo e da verborragia fatal e contraproducente de Rui Barbosa.

Tudo tristíssimo. Tudo humilhantíssimo para a mísera raça brasileira. Dura expiação dos crimes trisseculares de escravização de homens e de monopólio da terra.

Deus te conforte e te guarde no meio de tantos horrores.

Sempre muito do coração.

André.

Nogueira Pinto
D. D. *Agente da Mala Real Portuguesa. —*
Lourenço Marques.
Setembro 1.º 1892 (terça-feira). I. Barberton. Granville Hotel.
P.O.B. *105.*
Il.ᵐᵒ sr. Nogueira Pinto.

Meu caro senhor.

Informou-me o sr. Carlos Bimberg, correspondente do sr. Oswald Hoffmann, que era vossa senhoria o novo agente da Mala Real Portuguesa, a qual vim recomendado pelo meu amigo o diretor Antônio Júlio Machado.

O meu procurador em Londres os sr.ˢ Megan & Norton, 36 Linie Street, London EC, participaram-me ter enviado ao ex.ᵐᵒ diretor Antônio Júlio Machado £ 111 — 8 — 9 em 28 março e £ 13 — 14 — 11 em 18 maio 1892.

Até esta data o sr. Oswald Hoffmann, ex-agente da Mala Real Portuguesa, pagou-me £ 50 por intermédio do Bank of Africa e £ 30, em duas prestações de £ 15, por intermédio do sr. Carlos Bimberg, e tem feito pequenas despesas, que devem constar da minha conta-corrente.

Achando-se em atraso a minha correspondência de Lisboa e do Brasil, incluso uma autorização para vossa senhoria ter a bondade de receber no Correio e de enviar-me registradas para maior segurança.

Esperando o favor de uma resposta, com o que constar a meu respeito na Mala Real Portuguesa, assino-me.

De vossa senhoria com a maior consideração.

André Rebouças.

Nogueira Pinto
Autorização. Setembro 6 1892 (terça-feira).

Autorizo ao il.ᵐᵒ sr. Nogueira Pinto, D. D. agente da Mala Real Portuguesa, a receber no Correio de Lourenço Marques a minha correspondência simples e registrada, e a passar os competentes recibos, a fim de transmitirem-me a registrada para Barberton — Granville Hotel.

André Rebouças.

Norton Megaw & Cia.
Setembro 8 1892 (quinta-feira).
Il.^{mos} sr.^s Megaw & Norton. — London EC.

Meus caros senhores.

Recebi ontem sua estimada de 11 agosto, comunicando que, por instrução da Casa do Rio de Janeiro, entregaram £ 40 — 16 — 5 ao Bank of Africa. Efetivamente o Barberton Office creditou-me £ 40 — 10 — 5, tomando 6 shillings para a comissão bancária de estilo.

Esperando que vossas senhorias continuem na mesma prática, durante minha residência na África do Sul, reitero os meus cordiais agradecimentos e assino-me com a maior consideração.

André Rebouças.

Visconde de Taunay
Setembro 13 1892 (terça-feira). CV. *Barberton* (*Registrada*).

Meu querido Taunay.

O mês de agosto passou tristemente sem carta sua, e estou a temer pelo atual setembro; as últimas recebidas, datadas de 23 e 28 abril foram respondidas a 14 julho na carta CIV.

Incluo nesta:

_ Uma carta para o nosso Carlos Gomes;

_ Outra para o nosso Joaquim Nabuco, levando nova interpretação do P. B. F. E. Vide Enciclopédia A. Rebouças;

_ Cópia da carta de 7 setembro 1891 que tanto prazer deu ao nosso bom imperador.

Agora acrescento: — Nós — Nabuco, Taunay e André Rebouças — fomos, durante os últimos anos do reinado de d. Pedro II, de 1880 a 1889, os propagandistas de todas as ideias nobres, progressistas e liberais nas sociedades de Abolição e de Imigração. Não podemos fazer maior benefício à posteridade brasileira do que legar-lhe um livro, que será o "Evangelho de d. Pedro II"; evangelho de amor sincero ao Brasil; de trabalho e de abnegação em prol da pátria e da humanidade. Terá por título

O imperador d. Pedro II.

Documentos oficiais, públicos e íntimos para sua biografia e história do seu reinado (1840-89).

Por Alfredo d'Escragnolle Taunay (visconde de Taunay), deputado por Goiás e Santa Catarina; presidente das províncias de Santa Catarina e do Paraná; senador por Santa Catarina; filiado ao Partido Conservador.

Por Joaquim Nabuco, deputado por Pernambuco, filiado ao Partido Liberal.

Por André Rebouças, engenheiro militar e engenheiro civil; empresário e professor, democrata independente jamais filiado a partido algum político.

Discuta tudo isso com o nosso Nabuco e comuniquem nestas ideias o tristíssimo aniversário do passamento do primeiro dos brasileiros.

Sempre muito do coração.

André Rebouças.

Visconde de Taunay
Setembro 16 1892 (*sexta-feira*). **CVI**. **Barberton** (**Registrada**).

Meu querido Taunay.

Muito triste suas cartinhas de 14 e 16 julho, recebidas ontem ao anoitecer, as quais apresso-me em responder para confortar-te.

Vejo que sua vida necessita de um golpe africano. Desce de Petrópolis e vá para Tijuca, para casa paterna, ou para Vassouras, para cura de sua mulher.

Petrópolis sem d. Pedro II é um absurdo: é um pandemônio de traição e de ingratidão, irritantíssimo pelo tripúdio plutocrático.

É grande erro biológico expelir violentamente a Iduia, produto de condições orgânicas especiais *"Omnis creatura erigemiscit"* [Cada criatura se levanta]. É preciso suportar mais essa miséria humana. O parasitismo nos cerca e nos oprime por dentro e por fora; pública e intimamente. A Iduia é um representante simbólico do parasitismo onímodo.

Ainda não chegou *Le Travail et l'argent* [O trabalho e o dinheiro] do nosso Tolstói, provavelmente pela crise em que está a Mala Real, com o cólera na Europa e dificuldades financeiras por toda a parte.

Incluo uma cartinha para o nosso transviado Santinhos. Mostrarás esta ao nosso Nabuco, em condições muito análogas a sua. Confortem-se mutuamente e tenham esperança em dias melhores para o Brasil e para todos nós. Eram mui grandes nossos pecados: indispensável em expiações, esse dilúvio hediondo de sangue e lama. Força sempre; em barca santa, a nossa amizade e tudo estará salvo.

Coragem, meu Taunay! Estamos chegando aos limites.

Sempre muito do coração.

André Rebouças.

José Américo dos Santos
Setembro 16 1892 (sexta-feira). XXXVII. *Barberton.*
Granville Hotel.

Meu caro Santinhos.

Ainda não recebi resposta a de 25 março, ao Porto de Marselha, e estou ainda por saber se foi ou não real a minha jubilação, que não figura na conta-corrente de Norton Megaw & Co., fechada a 16 julho 1892.

Passaram eles os meus títulos para The British Bank of South America, Limited, aos quais mandei procuração para transmitirem as somas, a mim destinadas, ao Head Office of the Bank of Africa, Limited, 113 Cannon Street, London EC que tem filial aqui em Barberton.

Reitero, pois, o pedido feito na carta XXVI, de apresentar a esse banco o meu sobrinho André Veríssimo Rebouças para acompanhar à Escola e ao Tesouro a pessoa que tiver de receber meus vencimentos, e facilitar-lhe os seus diferentes passos.

Responda-me para poder guiar a vida nos horrores da libra esterlina de 20 a 24$000 réis; o que obriga-me a ficar em Barberton fazendo prodígios de economia e de abstenção.

Gastam as cartas dois meses do Rio a Barberton e são necessários quatro para uma resposta. Cumpre, pois, providenciar logo se ocorrer alguma crise imprevista.

Pedindo ao bom Deus que o proteja no meio de tantas desgraças, assino-me.

Sempre velho amigo.

André Rebouças.

Norton Megaw & Cia.
Setembro 16 1892 (sexta-feira).
Il.^{mos} *sr.*^{s} *Norton Megaw & Co. — Rio de Janeiro.*

Meus caros senhores.

Recebi ontem sua estimada de 16 julho, participando-me que, por moléstia do empregado brasileiro, não podiam continuar a tratar dos meus interesses e os confiaram ao British Bank of South America, Limited.

Inclusa vinha a minha conta-corrente até 16 julho 1892 com um saldo de £ 40 — 16 — 5, que efetivamente a casa de Londres entregou ao Head Office of the Bank of Africa.

Escrevo ao British Bank para continuar na mesma prática, e, sentindo perder tão prestimosos correspondentes, reitero os mais cordiais agradecimentos, assinando-me.

Com a maior consideração.

André Rebouças.

The British Bank of South America, Limited.
Setembro 16 1892 (sexta-feira). Barberton. (Registrada).

Procuração.

O engenheiro André Rebouças, bacharel em ciências físicas e matemáticas, lente jubilado da Escola Politécnica, etc. Por esta, por mim feita e assinada, constituo meu procurador bastante ao The British Bank of South America, Limited, com plenos poderes para tomarem em caução as apólices, ações e debêntures, que lhes forem entregues pelos sr.s Norton Megaw & Co., a fim de ser-me aberta conta-corrente na caixa matriz em Londres, durante minha ausência do Brasil, e, bem assim, para receberem os juros das apólices na Caixa de Amortização, os dividendos nas respectivas companhias e nos bancos, os meus ordenados, vencidos e por vencer, no Tesouro Nacional; para passarem os devidos recibos e quitações; para substabelecerem a presente procuração em pessoa competente, dando tudo, desde já, por tão valioso e perfeito, como se por mim mesmo pessoalmente fosse feito.

Barberton (África do Sul), 16 setembro 1892.

André Rebouças.

The British Bank of South America, Limited.
Setembro 16 1892 (sexta-feira). Barberton. (Registrada).
Il.^{mo} sr. gerente do The British Bank of South America, Limited.
Rio de Janeiro.

Meu caro senhor.

Em carta de 16 julho, os meus procuradores os sr.^s Norton Megaw & Co. participaram-me ter entregue ao seu banco as apólices e mais títulos, que lhes confiara desde 1882; incluo, por isso, procuração para o banco abrir-me um crédito de £ 100 na caixa matriz para extraordinários, enviar-me juros, dividendos e ordenados à proporção que os for recebendo.

Não havendo cônsul brasileiro aqui minha firma será reconhecida pelo Ministério dos Estrangeiros, pela secretaria da Escola Politécnica ou pelos tabeliães, que a têm em seus livros.

As somas, a mim destinadas, devem ser entregues ao Head Office of the Bank of Africa, Limited, 13 Lennon Street, London EC, que as passará à filial de Barberton.

Na conta-corrente dos sr.^s Norton Megaw & Co. não vêm mencionados os ordenados de lente jubilado da Escola Politécnica. Se aparecer dificuldade, queira vossa senhoria recorrer ao dr. José Américo dos Santos, diretor do Banco Iniciador, ao dr. J. C. Rodrigues, diretor do *Jornal do Commercio* e ao secretário da Escola Politécnica.

Esperando resposta para meu governo, antecipo os devidos agradecimentos e assino-me.

De vossa senhoria atento venerador.

André Rebouças.

Antônio Júlio Machado
Setembro 17 1892 (sábado).

Meu querido amigo.

Na última carta, que teve a bondade de remeter-me, Norton Megaw & Co. participaram-me que, tendo adoecido o empregado brasileiro, entregaram minhas apólices e etc., ao The British Bank of South America, Limited, 32 — Rua da Alfândega, Rio de Janeiro — Head Office 2.^{d} Moorgate Street, London EC — A casa de Londres comunicou-me ter-lhe enviado £ 111 — 8 — 9 em 28 março e £ 13 — 14 — 11 em 18 maio 1892.

Com as dificuldades, descritas na carta de 21 junho, Oswald Hoffmann pagou-me £ 50 por intermédio do Bank of Africa e duas prestações de £ 15 por intermédio de Carlos Bimberg, seu companheiro em Barberton, ficando o crédito de £ 10 incompleto por quererem liquidá-lo em moeda-papel!!!

Já mandei procuração ao British Bank e instituições para entregar as somas, a mim destinadas ao Head Office of the Bank of Africa — 113 Cannon Street — London EC.

As últimas cartas do nosso Taunay já tocam ao desespero. Escrevi-lhe confortando-o. Parece que aprouve ao Juiz Supremo condenar-nos a pagar os crimes de três séculos de conquista, de monopólio da terra e de escravidão a ferro e fogo.

Não devemos acovardar.

Coragem para combater e reformar os erros do passado.

Resignação para sofrer as misérias atuais.

Recomende-me muito ao prezado amigo João Nunes da Silva, o bravo comandante do *Malange*; saudades a todos os nossos, e o mais cordial abraço.

Do seu grato amigo.

André Rebouças.

Nogueira Pinto

D. D. *agente da Mala Real Portuguesa. — Lourenço Marques.*
Setembro 18 1892 (domingo). II.

Il.ᵐᵒ sr. Nogueira Pinto.

Tenho agradecer-lhe seu favor de 12 corrente e o maço de jornais enviado pelos amigos do Hotel Bragança, em Lisboa.

Deixei na casa Hoffmann a seguinte bagagem:

1 grande mala de couro com roupa;

2 baús com roupa e livros;

2 caixões de livros;

2 latas com manuscritos;

1 caixa de couro com 1 chapéu inglês, que terá a bondade de receber, apresentando esta, e guardar em sítio livre de umidade, cupim, etc. (João Nunes da Silva)

Peço-lhe também o favor de recomendar-me aos meus amigos João Nunes da Silva, D. D. comandante do *Malange*, e Augusto Dias Cura, DD. comandante do *Tungue*, que muito me obsequiaram na viagem para Lourenço Marques.

Antecipando os mais cordiais agradecimentos, assino-me.

De vossa senhoria atento venerador, obrigado.

André Rebouças.

Norton Megaw & Cia.
Setembro 18 1892 (domingo).
Il.^{mos} sr.^s Megaw & Norton. — London EC.

Meus caros senhores.

Comunicou-me a sua casa do Rio de Janeiro, em data de 16 julho p.p., que por moléstia do empregado brasileiro, havia entregue minhas apólices e mais títulos do British Bank of South America, Limited, ao qual já enviei procuração.

Peço a vossas senhorias o favor de recomendar-me ao Head Office do British Bank e dar-lhe as devidas instruções para a remessa das somas a mim destinadas, por intermédio do Bank of Africa.

Despedindo-me de tão prestimosos correspondentes, reitero os meus sinceros agradecimentos e assino-me.

Com a maior consideração.

André Rebouças.

The British Bank of South America, Limited
Setembro 18 1892 (domingo).
Il.^{mo} sr. gerente do The British Bank of South America, Limited.
London EC.

Meu caro senhor.

Meus procuradores os sr.^s Norton Megaw & Co., do Rio de Janeiro, Megaw & Norton, 36 Linnie Street, London EC, comunicaram-me, em data de 16 julho p.p., que por moléstia do empregado brasileiro, entregaram minhas apólices e mais títulos a sua caixa no Rio de Janeiro.

Já enviei ao gerente a devida procuração para o banco tomar em caução esses títulos, abrir-me um crédito de £ 100 em Londres, para qualquer recorrência extraordinária, e enviar-me os ordenados de lente jubilado da Escola Politécnica, os juros das apólices e os dividendos das ações à proporção que os for recebendo.

Cumpre agora o dever de levar ao seu conhecimento tudo isso, e de pedir-lhe para que transmita esse crédito de £ 100 e todas as somas, que me foram enviadas do Brasil ao Head Office of the Bank of Africa, Limited — 113 Cannon Street, a fim de serem-me pagas em Barberton, ou em qualquer outra cidade da África do Sul.

Esperando o favor de uma resposta, que inicie nossa regular correspondência, assino-me.

De vossa senhoria

Com a maior consideração.

André Rebouças.

A. E. *Rangel da Costa*

Setembro 19 1892 (segunda-feira). Barberton.

Meu caro amigo Rangel da Costa.

Recorro ao seu excelente préstimo para uma nova crise com os meus procuradores.

Em carta de 16 julho p.p., os sr.ˢ Norton Megaw & Co. comunicam-me que, por moléstia do empregado brasileiro, entregaram todos os meus títulos do British Bank of South America, Limited.

Já lhes enviei procuração direta e incluo segunda via para que o meu caro amigo entenda-se pessoalmente com o gerente para resolver qualquer dificuldade; lembrando que aqui não há cônsul brasileiro; que a procuração deve ser reconhecida pelo Ministério dos Estrangeiros, pela Escola Politécnica ou por tabelião que tenha minha firma em seus livros.

Do amigo José Américo dos Santos saberá por que não recebi ainda vencimentos da jubilação, tendo ele todos os meus títulos e diplomas para os trâmites no Tesouro Nacional.

Se houver dificuldade, recorra ao dr. J. C. Rodrigues, que tem toda a preponderância no *Jornal do Commercio*. Lembre a todos que são muitos dias, dois meses para uma carta de Barberton ao Rio de Janeiro, e, portanto, quatro para haver uma resposta.

Escrevia-lhe, a 25 agosto, respondendo a sua de Lisboa em 21 julho.

Recebi uma carta e um extrato do *Barberton Herald* do nosso grande Nabuco. Terá a bondade de comunicar-lhe esta e de aceitar os meus agradecimentos por todos seus favores.

Como velho amigo muito obrigado.

André Rebouças.

P.S. Recomendo que as somas, a mim destinadas, sejam dirigidas ao The Bank of Africa Limited, 443 Cameron Street — London EC.

Joaquim Nabuco
Setembro 29 1892 (quinta-feira). XXXII. Barberton.
Granville Hotel.

Meu querido Nabuco.

A bela Aurora da Abolição (28 setembro 1871) foi ontem simpaticamente celebrada pela sua terníssima carta de Lisboa, em 28 agosto, despedindo-se do aposento do Hotel Bragança, onde escrevi os quarenta artigos, em defesa do meu bom mestre e imperador, e os catorze artigos da propaganda para a *Revista de Engenharia*.

Agora que você vai encetar vida nova de trabalho, peça ao José Américo dos Santos a coleção completa, sem esquecer o 15.º, escrito em Cannes e datado de 13 maio 1891, com o título "Beklem-Regt. (Democracia rural na Holanda)".

No 12.º artigo — "Instrução técnica" — vem a nova Lei do Sincronismo no Cosmos Moral, que lhe explicará a coincidência do nascimento do seu filho Maurício e dos seus trabalhos abolicionistas, e um sem-número de sincronismos da sua vida íntima e pública; esotérica e exotérica.

Cumpre reatar nossa intimidade intelectual de 1880 a 1888; prepararmo-nos para nova propaganda abolicionista, luso-brasileira, que erga pais e filhos dos abismos da bancarrota moral e financeira, em que, tão tristemente, ora se debatem.

Para nós mesmos tudo se resume em rigorosa higiene física e moral; higiene do corpo e higiene da alma.

Necessitamos de oitenta anos de trabalho em prol da humanidade, da moral e da justiça para termos a autoridade de Gladstone. É preciso que não haja a menor suspeita, nem sombra de desconfiança no nosso desinteresse e na nossa devotação. Nesse belo futuro, ainda os mais cínicos serão obrigados a acreditar em céus. "Jamais quisemos outra cousa, senão salvar-vos dos horrores da escravidão e do monopólio da terra; da guerra e da revolução."

Mostra esta ao nosso Taunay.

Escreva-me sempre. *Sursum Corda! Sursum Corda!* [Levantem seus corações!]

Sempre amigo-irmão,

André Rebouças.

Note bem: Com duas folhas — "Sincronismo abolicionista" de 28 setembro — extraído da *Eféméride socionômica*.

Norton Megaw & Cia.

Outubro 11 1892 (terça-feira). Barberton. Granville Hotel.

Il.^{mos} sr.^s Megaw & Norton. — London EC.

Meus caros senhores.

Muito bem recebida a estimada de vossas senhorias de 9 setembro, comunicando-me haver a sua casa do Rio de Janeiro transmitido meus títulos ao British Bank of South America.

Já lhe escrevi a 18 setembro, logo que tive notícia, e agora reitero o pedido de recomendar ao Head Office of the British Bank of South America a remessa das quantias a mim destinadas por intermédio do Bank of Africa e de sua filial aqui em Barberton.

Antecipando cordiais agradecimentos por mais esse favor, assino-me. Com a maior consideração.

André Rebouças.

Norton Megaw & Cia.

Outubro 13 1892 (quinta-feira). Barberton. Granville Hotel.

Il.ᵐᵒˢ sr.ˢ Megaw & Norton. — London EC

Meus caros senhores.

Satisfazendo a sua estimada de 16 setembro p.p., sou a comunicar-lhes que o Barberton Office of the Bank of Africa efetivamente creditou-me £ 12 — 1 — 0, descontados ⅖ de comissão bancária, provenientes dos juros de onze apólices que não foram recebidas pela sua casa no Rio de Janeiro em tempo de serem incluídas na última conta-corrente.

Nas cartas de 18 setembro e 11 outubro repeti o pedido a vossas senhorias de recomendar ao Head Office of the British Bank of South America a favor de enviarem as quantias a mim destinadas por intermédio do Bank of Africa e de sua filial em Barberton. Só tenho, pois, a reiterar expressões de íntimo agradecimento, assinando-me.

De vossas senhorias atento venerador, obrigado.

André Rebouças.

Norton Megaw & Cia.

Outubro 21 1892 (sexta-feira).

Il.ᵐᵒˢ sr.ˢ Norton Megaw & Co. — Rio de Janeiro.

Meus caros senhores.

Ontem recebi sua estimada de 20 agosto, participando a remessa de £ 12 — 3 — 6, juros atrasados de apólices, que efetivamente me foram enviados por intermédio do Bank of Africa.

Este ser-lhes-á entregue por meu grande amigo o visconde de Taunay, que os visitará para agradecer-lhes dez anos de bons serviços — 1882 a 1892 — prestados nas circunstâncias mais críticas de minha vida.

No entanto reitero as mais cordiais expressões de reconhecimento, assinando-me.

De vossas senhorias atento venerador, obrigado.

André Rebouças

Visconde de Taunay

Outubro 21 1892 (sexta-feira). CVII. *Barberton* (**Registrada**).

Meu querido Taunay.

Chegaram ontem suas afetuosas de 10 e 21 agosto e uma de 20 dos procuradores Norton Megaw & Co., em despedida. Farás o serviço de amigo-irmão visitando-os e entregando-lhes o incluso agradecimento. Terás também ocasião de saber do British Bank of South America e de informar-me sobre diretores e condições financeiras. Temo, como você, o fastidioso 1893, que será de liquidação dos horrores antieconômicos de Rui Barbosa & cia. Cumpre, pois, estar de sobreaviso e providenciar, em qualquer crise, lembrando-o que são necessários quatro meses para qualquer providência.

A inclusa para o nosso querido Nabuco estava esperando a confirmação do endereço do amigo Antônio Ernesto Rangel da Costa — (n.º 16 Rua da Alfândega). Em carta de 25 agosto, pedi-lhe que travasse amizade com você na intenção de congregar almas boas e prestativas, tão raras neste baixo mundo de egoísmo feroz e de ganância insaciável e sem entranhas. Rangel da Costa pertence à série Wenceslau Guimarães e Antônio Júlio Machado; prestou excelentes serviços ao nosso santo imperador e a todos os brasileiros que o acompanharam.

Diga ao Antônio Jannuzzi que, a 17 novembro, comemora-se o extraordinário benefício, que me fez, a 17 novembro

1889, livrando-me do martírio do mar no *Alagoas*, com roupa branca.

Nestas efusões de reconhecimento já se sabe que imensa parte pertence ao meu fiel e constante Taunay.

Sempre e sempre. Muito do coração.

André Rebouças.

Visconde de Taunay
Novembro 15 1892 (terça-feira). CVIII. Barberton.
Granville Hotel.

Meus queridos Taunay e Nabuco.

Considerando vocês meus testamenteiros morais e intelectuais, envio-lhes, neste tristíssimo aniversário, o seguinte índice dos meus trabalhos desde 15 novembro 1889 até 15 novembro 1892, nos três anos mais extraordinários da minha vida:

1. Defesa do meu mestre imperador em quarenta artigos publicados na *Gazeta de Portugal*, a partir de 11 dezembro 1889:

1.ª série. — A questão do Brasil. — Cunho escravocrata do atentado contra a família imperial (24 artigos tirados depois em avulsos).

2.ª série. — As finanças do Brasil. — Erros e sofismas da Exposição Rui Barbosa (quatro artigos).

3.ª série. — A questão do Brasil. — Os erros e os crimes da revolução, publicados de 21 fevereiro 1890 a 10 abril 1890 (doze artigos).

II. Propaganda socionômica. — Quinze artigos publicados na *Revista de Engenharia* de 14 maio 1890 até 14 setembro 1891.

III. Contribuições para o J. C. Rodrigues de 17 janeiro 1891 a 15 novembro 1891 (raras publicadas no *Jornal do Commercio*).

IV. Correspondência com o imperador e mais amigos (107 cartas a Taunay). Trinta e duas cartas a Nabuco.

V. Arbitragem suprema (inédito). Solução filantrópica ao interminável conflito das Missões.

VI. Comentários à *Odisseia* de Homero (inédito).

VII. Enciclopédia Socionômica. — Estudos cotidianos de moral, de história, de economia política, finanças, estatística, agricultura, imigração, etc.

VIII. Índice biográfico. — Extratos das vidas dos homens célebres.

IX. Efeméride socionômica. — Sinopse dos fatos mais notáveis em cada dia do ano.

X. Exercícios matemáticos (alguns teoremas novos).

XI. Exercícios astronômicos (esquemas das composições de Vênus, Marte e Júpiter).

XII. Exercícios botânicos (descoberta da evoluta africana, planta de transição das gramíneas e liláceas).

XIII. Projetos diversos (engenharia) de docas, entrepostos para o Tejo, de colonização marginal para o caminho de ferro de Luanda a Ambaca, de melhoramentos higiênicos para a cidade de Lourenço Marques, de aclimação do café e de outras plantas ricas na África do Sul.

Atribuo ao bom Deus, a meu santo pai e ao exemplo vivo do meu sublime mestre imperador, a divina inspiração de partir do Brasil a 17 novembro 1889, no *Alagoas*, com a família imperial.

Desde então, a cada telegrama de minha mísera pátria, exclamo: — Que horror?! — Que seria de mim se lá estivesse?!

Um hediondo escravocrata disse a Taunay ter ficado muito contente "porque a Princesa Redentora chorou a valer". Esse canibal e todos os celerados, que reduziram o Brasil ao horror atual, devem estar também muito contentes de estar André Rebouças na "costa d'África", e, há três anos, sem receber um ceitil do Tesouro Nacional.

No entanto cumpre repetir com Jesus:

— Perdoai-lhes, meu Santo Pai. Não têm consciência do que estão fazendo. São maus por estúpidos; são estúpidos por excesso de maldade.

Sempre muito do coração.

André Rebouças.

Visconde de Taunay
Novembro 25 1892 (sexta-feira). CIX. *Barberton.*

Meu querido Taunay.

Nas saudosas cartinhas de 14 e 24 setembro, ontem recebidas, pedes as seguintes explicações:

Parti de Cannes, a 8 janeiro 1892, na intenção de ir trabalhar no caminho de ferro de Luanda a Ambaca do amigo Antônio Júlio Machado. Sobreveio a crise em Portugal e, só a 27 de março, pude partir no *Malange* para Lourenço Marques. Aí encontrei o hediondo escravagismo em pleno tripúdio crapuloso. Depois de vinte dias de esforços hercúleos, tive de procurar abrigo para a higiene física e moral nas montanhas de Barberton de mil metros de altura. Aqui estou nesta colônia mais escocesa do que inglesa, em pleno tolstoísmo, reduzindo as despesas a um terço de Lisboa e lutando com os horrores da libra esterlina a 24$000 réis.

Aqui esperarei que Deus se compadeça do Brasil e do velho pai Portugal.

Na campanha contra a escravidão dos míseros chins cumpre empregar:

I. Uma carta do amigo J. Nabuco a Anti-Slavery Society;

II. Uma representação aos embaixadores da China e do Japão, em Londres, pela Sociedade Central de Imigração;

III. Combate incessante ao nativismo dos monopolizadores da terra e dos escravizadores de chins. Dizer-lhes que a

República escravocrata reduziu o Brasil a Egito que só pode ser governado por uma comissão internacional. É agora que o filho começa a sair da escravidão e a ter propriedade territorial. Os "patriotas do Egito", como os nossos fazendeiros, chamam "patriotismo" ao conjunto de abusos por meio dos quais conseguem escravizar seus compatriotas e monopolizar todo o território nacional. E, ao mesmo tempo, sobrecarregar a nação de empréstimos para construírem palácios no Cairo e em Alexandria e viverem nas orgias cotidianas do crapuloso orientalismo.

IV. Reproduzir na cidade do Rio e nos jornais abolicionistas estes meus artigos da *Revista de Engenharia*:

"Renda da terra" — "Colonização da Argélia" — "Gênese da sesmaria" — "O problema da Irlanda" — "O problema do assalariado" — Beklem-Regt. (Democracia rural na Holanda).

V. Recomeçar as propagandas para imposto territorial. — Cadastro. — Divisão da terra e todos os elementos de democracia rural.

VI. Lembrar que esta é a terceira experiência da escravidão asiática:

1.ª De Luiz Pedreira que contou em 12 mil contos de réis e encheu a cidade do Rio de Janeiro de mendigos e vagabundos;

2.ª De Sinimbu que custou 5 mil contos e não deu um só chin aos fazendeiros.

VII. Não esquecer a escravidão branca de Antônio Prado, que importou de 100 a 200 mil contos de réis, e deixou a província de São Paulo na mesma miséria pelo êxodo de italianos com todo o capital obtido em salários.

VIII. Restaurar o nosso sistema de propaganda na Sociedade Central de Imigração, de pequenos tópicos, incisivos, cotidianos, espalhados por todos os jornais amigos.

IX. Demonstrar que a escravidão asiática só tem por fim a riqueza dos capitalistas do Rio, de Minas e de São Paulo, à custa do empobrecimento e da infâmia do Brasil inteiro.

X. Ressuscitar a Sociedade Central de Imigração com todos os abolicionistas e com todos os homens de coração, que não tiverem a covardia de deixar o Brasil ser reduzido, no fim do século XIX à Irlanda do Novo Mundo.

Deus te inspire, te ajude e te conforte, meu querido Taunay, nesta nova campanha.

Sempre do coração.

André Rebouças.

The British Bank of South America, Limited
Dezembro 11 1892 (domingo). A bordo do African, fundeado em
Lourenço Marques.

Meu caro senhor. (Gerente em London EC).

O incêndio do principal hotel de Barberton determinou minha mudança para Queenstown, onde também o Bank of Africa tem caixa filial. As extraordinárias despesas de viagem esgotaram meus recursos na África do Sul; peço-lhes pois, com a maior urgência, o crédito de £ 100 a quaisquer remessas vindas do Brasil. Incluo 3.ª via da procuração, pedindo-lhe o favor de dirigir-se aos sr.ˢ Norton Megaw & Co. para qualquer explicação, pois todos os meus títulos estiveram em meu poder desde 1882 (1.º setembro) até 1892, quando foram entregues a sua casa no Rio de Janeiro.

Pela sua estimada de 18 outubro 1892, seguida de Press Company, fico-lhe muito grato e assino-me.

Sempre atento venerador.

André Rebouças.

Antônio Júlio Machado
Dezembro 11 1892 (domingo).

Meu querido amigo.

Incendiou-se o Royal Hotel, em Barberton, despojando sobre o meu Granville Hotel toda a horda de jogadores em ouro e de bêbados e tornando-o inabitável para um velho filósofo pitagórico e tolstoico.

Vou pois em viagem, no paquete *African*, para Queenstown, Cape Colony.

O Câmara, gerente da Casa Hoffmann, pediu-me o incluso recibo declarativo de todas as prestações, a mim feitas por conta do crédito de £ 100.

Incluo também o prospecto do Índia — Air-Pacific, que cruzara sem odor algum os w.c. deste belo paquete muito semelhante ao *Malange*.

O seu *Ibo* está anunciando para partir amanhã (12) para Moçambique.

Pedindo ao bom Deus que lhe conceda um feliz 1893 para compensar-lhe as atribulações do terrível 1892, assino-me.

Sempre amigo do coração muito grato.

André Rebouças.

Cópia.

Recebi do il.ᵐᵒ sr. Oswald Hoffmann, por conta de um crédito de £ 100, aberto pela Mala Real Portuguesa, em virtude de duas remessas na importância de £ 125 — 3 — 8, feitas por meus procuradores Norton Megaw & Co. do Rio de Janeiro e de Londres, a quantia de £ 94 — 15 — 0, em quatro prestações, sendo uma de £ 50 por intermédio do Bank of Africa Limited e três de £ 15, £ 15 e £ 9 — 7, por intermédio de Carlos Bimberg, de Barberton, além de £ 5 — 8 — 0 de despesas miúdas feitas em Lourenço Marques, somando tudo £ 94 — 15 — 0 e ficando £ 30 — 8 — 8 de saldo a meu favor.

André Rebouças.

A bordo do African, fundeado em Lourenço Marques, 11 dezembro 1892.

Visconde de Taunay
Dezembro 12 1892 (*segunda-feira*) / *dezembro 13 1892*
(*terça-feira*). cx. No African *em viagem para Queenstown*.
Cape Colony.

Meus queridos Taunay e Nabuco.

O incêndio do Royal Hotel, em Barberton, incessantes conflitos com os escravocratas, determinaram a mudança para

Cape Colony, sede do *minimum de esclavagismo* no mísero continente africano.

Os republicanos-escravocratas do Transvaal dizem:

To make money is necessary slavery.

Ah... Sim... Para fazer dinheiro é necessário escravidão. Mas esse dinheiro é cunhado com sangue e lágrimas de africanos, no estertor das vítimas e com o anátema de Jeová sobre os filhos dos filhos dos monstruosos algozes "até a terceira e quarta geração".

No Brasil, despeitados escravocratas chamavam "os negrinhos" — "filhos do Paranhos", "filhos do visconde do Rio Branco"; aqui na África esses monstros dizem "os filhos da rainha Vitória", em desabafo de satânica raiva.

Sem Wilberforce, sem Cobden, sem Gladstone e seus beneméritos êmulos, haveria, ainda hoje, tráfico e pirataria de escravos desde Alexandria até Capetown; desde Zanzibar até o Congo; de norte a sul, de leste a oeste do continente-mártir.

Agora mesmo, o belíssimo cruzador *Blanche* aprisiona escravos em vapor de propriedade do sultão de Zanzibar. O enérgico Portal, representante da Grã-Bretanha, está de viagem para África Equatorial; cometimento de Hércules, para limpar a terra dos mais ferozes monstros.

Digam ao Patrocínio que os republicanos-escravocratas do Transvaal fazem dos tâmiles carrascos dos míseros africanos. A raça tâmil é a mais forte do sul da Índia; muito antes de Vasco da Gama, esmagou os anímicos cingaleses, reduzindo-os [...], obrigada a [...] suas terras. E como escrevi no prospecto abolicionista — "Vestir 300 milhões de negros africanos" — na África e na Ásia, a nudez é o símbolo característico da escravidão, sem pejo, sem pudor, e sem sentimento algum nobre e são.

Em nome de Deus, ressuscitem a Sociedade Central de Imigração. Edifiquem com todos os corações, que não foram queimados pela revolução e pela agiotagem, uma muralha que sirva contra a nefanda imigração asiática. Repitam Leônidas. Como então, está purgando a civilização helênica democrática;[39] [...] sofredora pela incômoda horda teocrática e aristocrática, escravagista e castista da Índia e da China.

Até hoje estou por saber se foi real ou não a jubilação, telegrafado pelo José Américo dos Santos, a 10 fevereiro 1892.

O British Bank do Rio de Janeiro recebeu meus títulos em julho 1892, até agora, nem ao menos mandou aviso à casa matriz em Londres [...] crédito de £ 100 para extraordinários, dando caução de todos os meus títulos, inclusive [...] apólices [...].

Ah! Santo Deus!

Repúblicas escravocratas e plutocráticas de megalômanos e agiotas bancarroteiros. Parece que o próprio Satanás tem nojo delas.

O escravagismo está no primeiro plano: o militarismo no segundo. Míseros inconvenientes são os "mercenários" dos sufetas[40] de Cartago; são os *"bravi"* dos doges de Veneza. Fazem revoluções por conta e ordem de condes e barões em bancarrota!!

Sempre muito do coração.

André Rebouças.

c. h. *Poppe*
Dezembro 18 1892 (domingo). i.

Il.mo ex.mo sr. cônsul do Brasil em Cape Colony.

O abaixo assinado engenheiro André Rebouças, bacharel em ciências físicas e matemáticas, ex-primeiro-tenente do Corpo de Engenheiros, condecorado por serviços militares, em 1863, em Santa Catarina e da campanha no Paraguai, com os hábitos da Rosa e de Cristo, vem por qualquer desses títulos, e, principalmente como lente jubilado da Escola Politécnica do Rio de Janeiro, direito de passar procurações de seu próprio punho, reconhecer a sua firma no respectivo consulado.

Projetando passar o ano de 1893 em Cape Colony, peço a vossa excelência o favor de indicar o processo a seguir para o reconhecimento de minha firma, aqui em Queenstown, ou em qualquer outra cidade da jurisdição de vossa excelência.

Antecipo com meus agradecimentos por uma urgente resposta, assinando-me.

De vossa excelência atento venerador.

André Rebouças.

P.S. Poppe é sócio de uma firma alemã, trabalha num gabinete de um armazém sem bandeira, escudo ou sinalização alguma de consulado. Nem o Correio, nem o Telégrafo, nem pessoa alguma conhece o seu endereço!!! Só fala alemão e inglês. Não respondeu à carta por ignorar português e por soberba. Não tem bandeira, nem armas brasileiras! Nem almanaque nem jornal algum do Brasil! Não recebeu emolumentos da procuração, feita na quarta-feira 28 dezembro, por só ter a velha tarifa do tempo do Império e essa mesma perdida entre os papéis velhos.

Eis a fotografia do Ministério dos Estrangeiros e do seu visconde de Cabo Quente, como lhe chamava o crápula do Cotegipe. Não cumpre o mais elementar dos deveres; mas vai intrigar com Ladário e Capanema contra argentinos e introduzir no protocolo da arbitragem dos Estados Unidos a atroz e belíssima cláusula: — Ou tudo ou nada!!

Glória eterna a meu santo mestre o imperador do Brasil que, no *Alagoas*, na noite de 5 de dezembro 1889, sustentava, contra todos, a urgente necessidade de acabar com o nefando parasitismo diplomático e consular!!

Capetown, quarta-feira, 28 dezembro 1892. (terceiro aniversário de † de s. m. a imperatriz do Brasil).

André Rebouças.

Meinart le Cady era cônsul do Brasil antes de c. h. Poppe. Morreu de alcoolismo.

Nogueira Pinto
d. d. agente da Mala Real Portuguesa. — Lourenço Marques.
Dezembro 18 1892 (domingo). ii. Queenstown.
Il.ᵐᵒ sr. Nogueira Pinto.

Meu caro senhor.

Tem esta por fim confirmar as [...], deixadas em Lourenço Marques, a 10 p.p., e o projeto de passar alguns meses aqui em Queenstown.

Tenho presente o registro da carta n.º 1 de 6 de setembro 1892, urgindo pelo saldo de £ 30 — 8 — 8 do depósito, feito em Lisboa por meus procuradores Norton Megaw & Co. de Londres e do Rio de Janeiro. Essa urgência é hoje crítica; pois gastei £ 34 — 5 — 8 viagem de Barberton até Queenstown.

Reitero também a recomendação de enviar registrados cartas, jornais e tudo quanto obter em Lourenço Marques.

Prevenindo agradecimentos por urgente resposta, assi-no-me.

De vossa senhoria atento venerador.

André Rebouças.

The Bank of Africa
Dezembro 19 1892 (segunda-feira). 1. Royal Hotel.
Richard Deane Eng. Manager at Barberton.

My dear Sir.

Many thousand thanks by your's kind letter of introduc-tions, that make my key in Cape Colony.

I confirm the plans of staying some months here, and I aim you will be kind to send immediately to Queenstown any money, coming from London, and letters and papers, retained in the Post Office or in the Granville Hotel.

My compliment to Mr. Peter Corsair Blake.

I remain, My Dear Sir,
Yours lovely.

André Rebouças.

[Meu prezado senhor.

Milhares de agradecimentos pela sua gentil carta de apresentação, que foi minha chave na Colônia do Cabo.

Confirmo os planos de ficar alguns meses aqui, e peço que me faça a gentileza de enviar imediatamente para Queenstown qualquer dinheiro, vindo de Londres, e cartas e papéis, retidos nos Correios ou no Granville Hotel.

Meus cumprimentos ao sr. Peter Corsair Blake.

Permaneço, meu prezado senhor,
Gentilmente a seu dispor.

André Rebouças.]

The Bank of Africa

Dezembro 19 1892 (segunda-feira). II. Royal Hotel.

A. J. Thomson, Eng. (Manager at East London).

N.º 113, Cannon Street, London EC.

My dear Sir.

Your telegrams produced the most desirable effect in KW town and in Q town.

I which repeat, once more, that without the kindness of the Managers of the Bank of Africa, my anti-slavery and scientific mission in South Africa should be quite impossible.

It was Mr. Richard Deane, at Barberton, that has issued me from the burglars of Lourenço Marques; it was yourself to save me from the brutalities, introduced in Cape Colony, by the abominable Yankee slaveholders.

I will take a rest of some months here always at your disposal as Very Grateful.

André Rebouças.

[Meu prezado senhor.

Seus telegramas produziram o mais desejável efeito em kw town e q town.

Eu gostaria de repetir, uma vez mais, que sem a gentileza dos gerentes do Bank of Africa, minha missão científica e antiescravista na África do Sul seria praticamente impossível.

Foi o sr. Richard Deane, em Barberton, que me libertou dos assaltantes de Lourenço Marques; foi o senhor a salvar-me das brutalidades, introduzidas na Colônia do Cabo, pelos abomináveis escravistas ianques.

Vou tirar um descanso de mais alguns meses aqui sempre a sua disposição e muito grato.

André Rebouças.]

The Bank of Africa
Dezembro 19 1892 (segunda-feira). II. Royal Hotel.
A. Morrison Eng. Manager at KW town.

My dear Sir.

Once more, many millions of thanks by all your kindness.

I confirm the plan of a station here of some months. My best compliments to Mr. R. Smith, Manager of the African Banking Corporation, and to Mr. J. S. Linter, Comowntor of the faucets of Cape Colony.

I will everywhere repeat that it was the Bank of Africa by his admirable Managers in South Africa that made possible my anti-slavery and scientific mission in this unhappy Continent of slave-traffic, gambling, smuggling and drunkenness.

I remain, My Dear Sir
Yours lovely.

André Rebouças.

[Meu prezado senhor.

Mais uma vez, muitos milhões de agradecimentos por toda a sua gentileza.

Confirmo o plano de uma estada por aqui de alguns meses. Meus melhores cumprimentos para o sr. R. Smith, gerente da

African Banking Corporation, e para o sr. J. S. Linter, conselheiro das Águas da Colônia do Cabo.

Repetirei para sempre que foi o Bank of Africa, por seus admiráveis administradores, que tornaram possível minha missão científica e antiescravista neste infeliz continente de tráfico de escravos, jogos de azar, contrabando e embriaguez.

Permaneço, meu prezado senhor
Gentilmente a seu dispor.

André Rebouças.]

Antônio Júlio Machado
Dezembro 20 1892 (terça-feira). Queenstown.

Meu querido amigo.

Confirmo a de 11, escrita no *African*, fundeado em Lourenço Marques, e a intenção de encetar após a publicação do nosso livro — *Em torno da África = Round Africa = Au tour de l'Afrique*.

Incluo segunda via do recibo pedido pelo tal gerente do Hoffmann português, o novo agente pareceu-me ainda pior do que o primeiro!! Decididamente está escrito: dissolução e desaparecimento da raça luso-brasileira.

Hoje, um ano apenas depois do seu passamento já parece impossível reconstruir o império de d. Pedro II.

Lá vai o Rio Grande do Sul para a saturnal hispano-americana. Há quase um século, desde 1815, que esses miseráveis se debatem em repúblicas de jesuítas e coronéis, e, ultimamente, de megalômanos e agiotas bancarrotários!!

Sempre muito do coração.

André Rebouças.

Barão da Estrela (José)
Dezembro 20 1892 (terça-feira). Queenstown.
Care of The Bank of Africa.

Meu querido Juca.

Em grata fantasia abolicionista, delicio-me escrevendo-lhe em papel da Sociedade Brasileira contra a Escravidão. Vou aqui encetar a publicação do livro — *Em torno d'África = Round Africa = Au tour de l'Afrique*. Dedicado à sacrossanta memória do meu bom mestre o imperador d. Pedro II.

Na introdução vem um índice cronológico da "nossa vida", como disse o santo velho, quando acabou de ler a saudação de 2 dezembro 1889, a bordo do *Alagoas*.

Mostrarás estas ao Paranhos e dir-lhe-ás que serão as publicações, por ele feitas, os principais elementos para a cronologia biográfica do imperador. Cumpre, pois, mandar-me, quanto antes, qualquer acréscimo ou correção.

Somos nós, com Taunay e Nabuco, os sacerdotes, consagrados a guardar e honrar a memória do Imperador-Mártir, do Imperador Jesus.

Com a atual revolução do Rio Grande do Sul perdemos a última esperança de reconstituir o Império de d. Pedro II. Lá se vai nossa mísera pátria para a secular saturnal hispano-americana de repúblicas de jesuítas e de coronéis, e, nestes últimos anos, de megalômanos e agiotas bancarrotários.

Já considero o Brasil uma nação do passado, como a Grécia antiga. É preciso que só trabalhe para a memória de d. Pedro II, que foi, simultaneamente, nosso Pitágoras e nosso Sócrates; nosso Leônidas, na invasão paraguaia; e nosso Péricles, no belo e longo período de perfeita paz, desde 1.º março 1870 até o nefando 15 novembro 1889.

Sempre muito do coração.

André Rebouças.

Agência do Bank of
Africa em Barberton
(c. 1892)

Visconde de Taunay

Dezembro 21 1892 (quarta-feira). CXI. *Queenstown*.

Meus queridos Taunay e Nabuco.

Apraz-me em confirmar o novo endereço: Queenstown — South Africa. Care of the Bank of Africa.

Por aqui ficarei até que os incêndios, para liquidação de hotéis em bancarrota, e os conflitos com escravocratas ferozes, e com bárbaros tâmiles, carrascos dos míseros africanos obriguem a este Ulisses-Eumeu a continuar sua eterna odisseia.

Eu também estou predestinado a percorrer indefinidamente o mundo atual, cem vezes, maior do que o mundo do divino Homero, "com o meu remo às costas, até encontrar um povo tão rude e tão simplório que confunda remos de navegação com pau de joeirar trigo!"

Encetei ontem a preparação para a imprensa do livro *Em torno d'África — Round Africa — Au tour de l'Afrique — 1889 a 1893 — Propaganda abolicionista — Socionomia — Antropologia — Botânica — Flora comparada do Brasil e da África, Astronomia, Meteorologia*, etc.

Com esta dedicatória:

À sacrossanta memória do meu bom mestre
O Imperador do Brasil.
André Rebouças.

África do Sul, 2 dezembro 1892. 67.º aniversário de seu auspicioso nascimento.

Claro é que Taunay e Nabuco estão em todas as páginas, e que devem, portanto, mandar-me, quanto antes, documentos íntimos e sugestões; tudo para honrar o Sólon brasileiro, que foi semelhante a nosso Pitágoras e nosso Sócrates; nosso Leônidas na invasão paraguaia, e nosso Péricles, no belo e longo prado de paz perfeita, desde 1.º março 1870 até o nefando, atroz e hediondo 15 novembro 1889.

Sempre muito e muito do coração.

André Rebouças.

Antônio Júlio Machado
Dezembro 23 1892 (sexta-feira).

Meu querido amigo.

Mui bem recebida, ontem à tarde, sua estimada de 2 novembro com o aviso para liquidação do crédito de £ 100 e o saldo de £ 25 — 3 — 8. O gerente Câmara é um seu [...], que há feito, desde maio até hoje, como se estivesse a fartar [...] em batalhão de província!!

Como ficou explicado, nas cartas de 11 e 20 dezembro 1892 meu saldo é de £ 30 — 8 — 8. Escrevo ao Bank of Africa, em Lourenço Marques, para cobrar £ 5 — 5 — 0 da Casa Hoffmann, e £ 25 — 3 — 8 de Nogueira Pinto, conforme suas instruções.

Queenstown tem belo clima e alimentação como Londres; mas os hotéis são muito pequeninos. Parto amanhã para Capetown, para ali imprimir o nosso livro: *Em torno d'África = Round Africa = Autour de l'Afrique*.

Terá a bondade de dar aos amigos Sassetti e Conrado do Hotel Bragança o endereço — Capetown Care of The Bank of Africa.

Receba o mais fraternal abraço. Do seu muito muito grato.
André Rebouças.

A. E. *Rangel da Costa*
Dezembro 23 1892 (sexta-feira). Queenstown.

Meu caro amigo Rangel da Costa.

Chegou-me, ontem à tarde, sua prezada de 30 outubro com a tristíssima narração da chegada ao Rio de Janeiro. Outrora chegar à capital do Império era [...] entrada num paraíso de magistral esplendor; na metrópole de um "continente fértil e tranquilo"; onde não havia nem pena de morte, nem masmorras, nem bárbaros açoites, como, por miséria, ainda há na África para os míseros negros; onde jamais se soube o que era bombardear cidades, sem respeitar sequer os mais suntuosos templos; onde um imperador, filósofo e santo, defendia os africanos escravizados contra a sanha dos fazendeiros e senhores de engenho, monopolizadores e usurpadores do território nacional, surradores, estaqueadores, linchadores e cremadores de negros; capazes de todas as iniquidades como cortar as orelhas dos juízes de direito que não obedeceram às suas sentenças de morte e crueldade contra os africanos, ou de roubo de terras de viúvas, de órfãos, de foreiros, posseiros, meeiros, caboclos; brasileiros todos nas benesses e na miséria do proletariado rural. Num baile do crapuloso Haritoff,[41] disse camarada dos Breves, meio imbecilmente — Meu tio é muito boa pessoa; mas é muito assassino!!

O mais curioso era que os Breves, os Moraes, os Roxos,[42] etc., divertiram-se, como os Bórgias, os Pazzis e os Médicis da Itália medieval; em furtar escravos e terras uns dos outros, armando conflitos de capangas a fazer [cossevar] de bandidos e exercícios de salteadores, os quais terminavam infalivelmente por assassinatos e envenenamentos.

O imperador d. Pedro II terminou com tudo isso, e morreu satisfeito; porque morreu trabalhando pelo Brasil, e dando à humanidade exemplo sublime, só parecido pelos de Pitágoras, Sócrates e Jesus.

Agora seu prezado netinho. Eu fui um tuberculoso, escarrei sangue desde a aula de química até à primeira viagem à Europa (1861-1862) só terminando "com a vida em barraca" durante a campanha do Paraguai. Sei, portanto, prática e teoricamente, ressuscitar os tuberculosos; melhor do que todos os médicos das cinco partes do mundo. Eis o tratamento duro, trabalhoso, mas infalível:

I. A criança residirá em montanhas de mil a 3 mil metros de altura (Campos do Jordão, Itatiaia, etc.).

II. Será amamentado pela mais bela vaca de raça. A alimentação da vaca será a dieta da criancinha, isto é, ao farelo de trigo, favas, feijões e a maior qualidade de sal pardo, não refinado para cortar todo o iodo da água do mar, e, nos momentos outros, será o sal misturado com ioduretos de ferro e de potássio.

III. A criança dormirá numa grande sala; o berço em um extremo, e, no outro, a cama da ama-seca, mulher sadia, de belíssimos dentes, sem traço algum tuberculoso ou escrupuloso. Passará o dia em varanda ou em passeio em floresta de pinheiros.

IV. Terminada a amamentação o regime da criança será então feito em al filé da melhor vaca; ou de galinhas alimentadas com grãos de trigo; o creme dessas galinhas; vários vegetais:

agriões, rabanetes, cenouras e espinafres; jamais vinagres, limões, nem fruta alguma verde ou ácida, leite da ama da amamentação, ou de outras criadas no mesmo regime.

v. A instrução começará depois dos 10 anos, ou mais tarde. Não ter pressa. Nas biografias dos [...] encontrará muitos que aprenderam a ler depois de 25 anos. Para divertir o netinho, exercício de jardim da infância. (Kinder Gasteno de [...] Geografia [...]: lições de cousas; principalmente sobre plantas e animais.)

vi. O melhor de tudo: a ternura, o carinho e o desvelo do vovô; do meu bom amigo Rangel da Costa.

Sempre muito e muito do coração.

André Rebouças.

p.s. (Última hora). O cônsul não cobrou emolumentos por não ter tarefa!! Não tem armas, nem bandeira, nem órgão algum de consulado. Só tem o selo.

Só fala inglês e alemão. Nem ao menos francês!!

Até hoje nem um ceitil, nem uma linha dos meus novos procuradores. (1.ª via da procuração ao B. Bank).

Sempre do coração.

André Rebouças.

The Bank of Africa
Dezembro 23 1892 (sexta-feira).
Il.^{mo} sr. gerente do Bank of Africa em Lourenço Marques.

Meu caro senhor.

Recebi, ontem, carta de 2 novembro 1892 do meu prezado amigo Antônio Júlio Machado, diretor da Mala Real Portuguesa, avisando-me que ordenara ao seu agente Nogueira Pinto a pagar-me £ 25 — 3 — 8 e a Casa Hoffmann o meu saldo, que, pela cópia inclusa é de £ 5 — 5 — 0.

Terá, pois, vossa senhoria de remeter-me £ 30 — 8 — 8 pelo Bank of Africa, em Capetown, para abrir-me conta-corrente, esperando eu de Londres um crédito de £ 100, além de juros de apólices, dividendos de bancos, etc. e ordenados de lente jubilado da Escola Politécnica.

Meu endereço será Capetown, Care of the Bank of Africa, para onde parto amanhã.

Prevenindo cordiais agradecimentos por urgente resposta para meu governo,

assino-me.

André Rebouças.

Visconde de Taunay
Dezembro 23 1892 (sexta-feira). CXII. / Dezembro 27 1892
(terça-feira). CXII. Queenstown / Capetown.

Meus queridos Taunay e Nabuco.

Inexpiabile bellium. Inexpiabile crimes. [Guerra imperdoável. Crimes imperdoáveis.]

Não é somente a guerra dos "mercenários" contra os sufetas de Cartago que deve ser "crime inexpiável"; crime sem perdão possível perante Deus; perante o Juiz Supremo.

Disse Pitágoras: Não matarás;

Disse Moisés: Não matarás;

Disse Buda: Não matarás;

Disse Jesus: Não matarás.

Disse mais, combater, matar; em paz ou em guerra; matar na ofensiva ou matar na defensiva; matar sob o sofisma de legítima defesa; é sempre o mesmo "crime inexpiável". É inútil e ocioso chicanas com Deus perpétuo e com a humanidade eterna.

Nada mais tolo e insensato do que acumular Constituição e leis para garantir a liberdade e a propriedade; quando, por qualquer escandaloso sofisma, um celerado tirano pode achar-se investido do direito de matar. Imaginem um coronel qualquer, [...] assassino de Apulchro de Castro, apoderando-se do Rio de Janeiro e [...] Taunay e Nabuco!![43]

Todos os [...] daquém e dalém do oceano Atlântico dirão logo: — "Perfeitamente. O doutor Sólon estava em seu direito. Matou em legítima defesa (sic)."

Taunay e Nabuco eram monarquistas; Taunay e Nabuco eram conspiradores! Depois do crime de matar, não há maior crime do que escravizar aborígenes do Brasil e africanos; portugueses e italianos, *coolies*, hindus ou quaisquer proletários asiáticos. É também "crime inexpiável"; sem perdão possível, nem do Céu, nem na terra, nem nos infernos.

Venho combatendo o monstro da escravidão desde Port Said, até Cape Colony. Aqui, Deus abençoe Wilberforce e a toda a família abolicionista! O escravagismo está reduzido ao "mínimo absoluto"; escaparia a qualquer outro que não fosse mulato e abolicionista, como André Rebouças.

O africano, em Cape Colony, já evoluiu até ser pólis-urbano; não estupidamente armado de azagaia, como no crapuloso Lourenço Marques, ou como na feroz República escravista do Transvaal; mas sim rigorosamente vestido como a polícia de Londres, e, em outras armas, além do simbólico *boton* ou *staff*, pendente da cintura em estojo de couro [...].

Aos africanos rindo, cantando, dançando [...] à inglesa, ou à francesa, como lhe dá a fantasia. É muito comum o faceiro *foulard* [cachecol] das damas raparigas de Bordeaux. Curiosíssimo o costume, introduzido pelas irmãs de caridade, de trazer as africanas severas capas de [caldeol] branco, algumas vezes azul ou vermelho, do mesmo molde usado pelas crianças no campo e nos passeios matutinos.

Mas o comércio da [...] vinga-se atrozmente nesse tempo.

i. Em recusar propriedade territorial ao africano. Que horror?! O africano não pode ser proprietário territorial no seu próprio continente africano!!!

ii. Em recusar ao africano direitos eleitorais; em sujeitá-lo a leis bárbaras; a julgá-lo em tribunais *ad hoc*; usando e abusando da atroz pena de açoites!!!

iii. Em dar curso à brutalidade ianque de recusar negros e mulatos nos hotéis e até fazer dificuldade em vender-lhes nas lojas de modas e perfumarias!!!

Na hedionda República do Transvaal, boers ou holandeses canibalizados, fugidos de Cape Colony porque o Governo inglês não lhes pagou "indenização" (indenização: maldita palavra), tão quantiosa, quanto haviam calculado em seus cérebros tão estúpidos quão gananciosos; na escandalosa República do Transvaal, hipotecada e re-hipotecada a Rothschild, exatamente como as "fazendas cansadas" do Paraíba do Sul ao Banco do Brasil, rigorosamente pelos mesmos processos de peita, suborno, peculato e concussão (*bribes = pots-de-vin = douceurs*, etc.), nessa fétida República de escravocratas, de agiotas, de monopolizadores e envenenadores com alcoóis tóxicos, o horrendo monstro escravocrata tripudia.

Furtando ao africano o salário pelo *true system*, ou sistema do armazém, da cantina, ou venda rural para retalho de alcoólicos, aos *natives* ou negros africanos.

Despedindo turmas inteiras de africanos a cacete, a pedradas, a tiros de revólver; depois de terem trabalhado meses nas minas de ouro, ou nas obras dos caminhos de ferro; sem outro alimento que angu, ou polenta de farinha de milho!!

Empregando os sórdidos e anímicos *coolies* para fazer baixar os salários, ou então, tâmiles possantes para levar os africanos a chicote ou espancá-los até fazer sangue!! (Exatamente o horrendo caso, que resolveu minha partida do Granville Hotel, de Barberton.) (O tâmil Dickcadre, Four Pence, meu criado.)

Empregando legalmente (!!!) pena de açoites em tribunais ou linchando nas estradas os africanos; repetindo os canibais ianques do Ohio, do Mississipi e do Missouri.

Conservando os africanos em completa nudez, no interior das famílias; entre as mulheres e as próprias filhas solteiras sem vergonha e sem fundos algum. No *Graphic*, de Londres, vem representado um africano seminu, servindo de ama-seca, em Barberton; carregando ao colo uma criancinha e levando pela mão a irmã mais velha!!!

Não ensinando ao africano nem inglês, nem holandês, nem língua alguma europeia; empregando, no trato doméstico, uma algaravia de cafre, holandês, português, etc. Neste capítulo, a maior culpa cabe aos nefandos missionários, intrigantes e belicosos, que trazem a África em contínua luta de maometanos, católicos e protestantes de todos os coloridos possíveis e impossíveis. O missionário, como todo teocrata, é eminentemente castista, aristocrata e separatista. O molde incrível foi fundido por Brahma, na Índia antiga. A reforma democrática de Buda não pôde desarraigar suas barbarias; o pária continua a ter menos direitos do que um cão!!

É por isso que os missionários da África ensinam língua zulu, em lugar do inglês, ou de qualquer outra língua civilizada.

Imaginem, meus queridos Taunay e Nabuco, a horrenda algaravia, que os missionários ingleses chamam *zulunk inbeao*, que não pronuncia uma palavra em francês, português, espanhol ou italiano, e que blasonam ter vertido a Bíblia em todos os idiomas bárbaros da África do Sul!!

Os africanos metem a ridículo essas baboseiras, e falam sempre que podem inglês, português e francês, graças ao seu organismo, eminentemente musical. Era de Zanzibar o africano que me serviu em Lourenço Marques; falava francês e tinha todas as manhas dos "garçons de Paris".

Estou agora, em Capetown, só separado de vocês pelo oceano Atlântico; em rigor podia ter cartas em dez dias diretamente, ou em trinta via Londres.

Sempre muito do coração.

André Rebouças.

The Bank of Africa
Dezembro 27 1892. 3.ª feira.
Il.^{mo} sr. gerente do Bank of Africa em Lourenço Marques.

Meu caro senhor.

Tem esta por fim confirmar a de Queenstown de 23 dezembro, urgindo para receber £ 30 — 8 — 8 sendo £ 5 — 5 — 0 de Hoffmann, ex-agente da Mala Real Portuguesa e £ 25 — 3 — 8 de Nogueira Pinto, atual agente dessa empresa, e bem assim, para remeter esta soma ao Bank of Africa, aqui em Capetown.

Tanto Hoffmann como Nogueira Pinto têm o hediondo costume de não responder às cartas e de não ter cuidado algum com a minha correspondência, dirigida a Lourenço Marques na Mala Real Portuguesa.

Far-me-á, pois, grande favor, mandando ao Correio receber meus jornais do Brasil e de Lisboa e enviando-os a Capetown, carregando as despesas na minha conta-corrente, como é de estilo bancário.

Prevenindo os devidos agradecimentos, assino-me.

De vossa senhoria atento venerador,

André Rebouças.

The Bank of Africa

O engenheiro André Rebouças, bacharel em ciências físicas e matemáticas, lente jubilado da Escola Politécnica, etc.

Por esta, por mim feita e assinada, constituo meus procuradores bastantes, no Rio de Janeiro, em Londres e na África do Sul, The British Bank of South America, Limited, e The Bank of Africa, Londres, com plenos poderes para tomarem em caução as apólices, ações e debêntures, que forem entregues a The British Bank of South America, Limited, no Rio de Janeiro, pelos sr.ˢ Norton, Megaw & Co., meus procuradores desde 1882 até 1892, a fim de ser-me aberta conta-corrente, com um crédito de £ 100 — 0 — 0, durante minha ausência do Brasil, e, bem assim, para receberem os juros das minhas apólices na Caixa de Amortização; os dividendos nas respectivas companhias e nos bancos; os meus ordenados de lente jubilado, vencidos e por vencer, no Tesouro Nacional; para passarem os devidos recibos e quitações; para substabelecerem a presente procuração em pessoa competente; dando tudo, desde já, por tão valioso e perfeito, como se por mim mesmo pessoalmente fosse feito.

No Consulado Brasil, em Capetown, 28 dezembro 1892.

André Rebouças.

Antônio Júlio Machado
Dezembro 28 1892 (quarta-feira). Capetown.
Chegou a Londres a 15 janeiro 1893.

Meu querido amigo.

Tem esta por fim confirmar a de 23 e o endereço Capetown — Care of The Bank of Africa.

Reitero também cordiais votos para o novo ano, pedindo ao bom Deus que lhe conceda justa compensação dos naufrágios que sofreu em 1892.

No entanto, vencedor ou vencido, combata sempre os horrendos vícios, implantados na mísera África pela pirataria em escravos; pelo monopólio territorial; pela escravidão e servidão feudal; e pelo sistema colonial, militar e feroz; monopolizador e protecionista; cinicamente propende para o contrabando e para a rapina; para o peito, para o suborno, para o peculato e para a concussão.

Acrescentarei ainda que, nos abrimos a perpétuos combates em prol da verdade, do progresso e do bem-estar da família humana, é melhor ser vencido como Pitágoras, como Sócrates envenenado e como Jesus crucificado.

São como divinos vencidos os faróis da humanidade; sem eles, seríamos ainda antropófagos e canibais; trespassadores de crânios e chupadores de miolos, como os trogloditas, os tristes habitantes de cavernas nas nefandas épocas da pedra lascada.

Com os protestos de bom ano à excelentíssima família e a todos os nossos amigos.

Nós outros abraçamo-nos sempre com o nosso Wenceslau Guimarães.

Muito fraternalmente.

André Rebouças.

Visconde de Taunay
Dezembro 29 1892 (terça-feira). CXIII.

Meus queridos Taunay e Nabuco.

Não perdurará, sem veemente apóstrofe africana, a atroz recusa do Banco do Brasil ao meu Taunay, outrora ídolo de todos os sicofantas do Rio de Janeiro. Estão agora aplicando a Taunay e Nabuco o processo de "redução pela fome" empregado, desde 1870 até 1889, contra André Rebouças, abolicionista e "republicano, inimigo do imperador e das instituições ginadas (sic)!!!".

Na tristíssima crise de traição e de ingratidão de agosto 1882, Taunay escreveu-me esta frase: — "Certamente você não mereceu a sorte que lhe fazem." Porque Taunay testemunhou, no gabinete do presidente de ministros viscondes do Brasil, as intrigas e as malevolências dos plutocratas de então (1871-1872) (Mariano Procópio, Mesquita, filho do marquês de Bonfim, Lima e Silva, depois visconde de Tocantins, etc.), fortemente secundados por todos os contrabandistas e patoteiros da Alfândega e do Tesouro Nacional. Sem a alma angélica de Paranhos, sem dúvida alguma, esses sindicateiros de café teriam ido muito mais longe do que a demissão e substituição pelo meu mais rancoroso inimigo (Borja Castro).

Não esquecer meu perpétuo combate contra o monopólio do café, obsessão fatal de todos os jogadores do Rio, de Minas e de São Paulo, que já produziu (1884-1885) a escandalosa bancarrota Belisário;[44] e que, agora mesmo, sob a crapulosa direção do imundo conde de Figueiredo, ameaça o Brasil de bancarrota e revolução por desespero.

Foi o Antônio Prado, o cínico inventivo do tráfico de escravos brancos, quem levou mais longe o processo de "redução pela fome", quando ministro da Agricultura do escravocrata Cotegipe (1885-1888). Proibiu representantes de companhias inglesas, no Rio de Janeiro, para privar-me de £ 200 anuais, único extra, que consegui nesses anos de cruel ostracismo.

Mas, o Cosmos Moral não dorme. Logo depois a minha companhia — The Conde d'Eu Railway Co. Limited — foi obrigada a mandar ao Rio de Janeiro, para uma reclamação, um engenheiro inglês com a mulher tuberculosa moribunda.

Só essa dramática viagem custou à companhia dois ou três anos de meus ordenados.

Agora, cumpre dar severa lição a esse nefando Banco do Brasil:

I. Reproduzir, no Rio de Janeiro e nas províncias, o meu artigo xix da Série 1.ª — Cunho escravocrata do atentado contra a família imperial;

II. Demonstrar que houve duas mentiras a 15 de novembro:

1.ª Nem uma só gota de sangue.

2.ª Câmbio inalterável a 27½ dinheiros por 1$000 réis.

III. Esta segunda mentira foi forjada pelo Banco do Brasil, e enviada em telegrama a Rothschild e a todos os capitalistas da Europa;

IV. Que essa mentira, inventada para iludir a Europa, era ultrarrevoltante; porque o Banco do Brasil sabia perfeitamente que não houve câmbio de 15 a 18 novembro, e que, daí em diante, o ministro da Fazenda Rui Barbosa encarregou o conde de Figueiredo de fazer câmbio à custa do Tesouro Nacional, donde proveio a reclamação de 7 mil contos de réis por Figueiredo e ruptura de relações com o monstruoso Rui Barbosa;

V. Sem essa impudente mentira do Banco do Brasil, representante do rancor dos comissários de café e dos fazendeiros contra a Princesa Redentora e contra o imperador d. Pedro II, que, no próprio paquete *Congo*, antes de desembarcar no Rio de Janeiro, a 22 de agosto de 1888, disse logo: — Indenização?!

— Indenização?! — Que tolice é essa?! Sem essa nefanda e cavilosa mentira, o levante de 15 novembro ficaria limitado a uma bernarda de quartel, e acabaria, a 18 dezembro 1889, por uma luta de batalhões, uns contra os outros, e pelo flagrante cisma da Marinha contra o Exército. (Revolta de 1893 a 1894.)

Este crime do Banco do Brasil é gravíssimo; premeditado e sem atenuante algum.

VI. Que o Banco do Brasil foi sempre, desde sua fundação, o escandaloso patrono do escravagismo e do monopólio territorial, que resiste criminosamente a todas as investidas da Sociedade Central de Imigração para guiá-lo a nossas ideias de trabalho livre e de democracia rural;

VII. Que esse atroz banco foi sempre caixa aberta para os mais cínicos jogadores do Rio de Janeiro, e que lhe compete a maior responsabilidade no Sindicato Belisário de 1884-1885;

VIII. Que, na orgia bancária de 1890 e 1891, o Banco do Brasil funcionou como se fosse o mais imundo dos judeus parasitas e sórdidos; ganhando sempre, pela certa, como benefício dessa colossal mesa de tavolagem;

IX. Que, na inaudita perda das companhias Leopoldina e Geral, o Banco do Brasil prestou cinicamente o seu nome para iludir o público; verdadeiro crime de estelionato, ou de abuso de confiança, contra toda a nacionalidade brasileira.

Imaginem agora, meus queridos Taunay e Nabuco, ser obrigado Montesquieu a voltar ao mundo para corrigir a falsa noção que nos deixou de república. Esbarrar-se o mísero com a Terceira República da sua mísera França, apodrecendo num lamaçal de ouro; com apólices de 3% *au pur*; mas com a vergonha e sem o poder; com a honra e com o brio a rebate de 100%. Tristíssimo desapontamento para o ingênuo Montesquieu. Terceiro ensaio de república, pior do que todos os outros; sem os soldados de Condorcet na primeira; pois os poemas de Lamartine na Segunda República mandam que Jules Simon desespere de poder lavar e ter água pura e sã para balas!![45]

Depois Montesquieu redivivo atravessara o oceano Atlântico para visitar a criatura de William Penn, a pupila de Benjamin Franklin, a liberta de Abraham Lincoln. Encontrará a protestante agonia dos Mackay, dos Mckinlay e dos [...].[46]

A Cartago hodierna, onde, em alguns anos, pode se acumular milhões e milhões, monopolizando o pão e a carne; os telégrafos e os caminhos de ferro; o ouro, a prata, o petróleo, o carvão de pedra e tudo quanto o bom Deus criou para o conforto e bem-estar da família humana.

Montesquieu pediria a Deus que o dispense do horror de ver ao vivo as repúblicas do centro e do sul da América. Jamais o mísero curou de repúblicas de jesuítas e de coronéis; de megalômanos e de agiotas bancarroteiros, sem pudor, nem escrúpulo algum.

Ele corrige: — "Não é a República o governo dos bons pelos melhores." Atualmente república é atroz combate de piratas, de corsários, de flibusteiros e de bucaneiros; que escravizando, corpo e alma, para apoderar-se não dos galeões carregados de ouro e prata do México ou do Peru; mas sim do Tesouro Nacional e de todas as sinecuras teocráticas e aristocráticas; militares, diplomáticas e burocráticas.

Perdoai-me, santo Deus, como todos os filantropos, eu também fui utopista. Julguei melhor o homem; o triste neto dos trogloditas antropológicos, trepanadores de crânios e chupadores de miolos e de tutano.

Sempre muito e muito do coração.

André Rebouças.

Visconde de Taunay
*Janeiro 4 1893 (**quarta-feira**). **cxiv**. **Capetown** (**Madeira** **House**). **Care of the Bank of Africa, Limited**.*

Meu querido Taunay.

A canibal recusa do Banco do Brasil descobriu o plano da "redução pela fome". É por isso que, há três longos anos sofro o martírio de estar sempre em crise, apesar de multiplicar procurações sobre procurações, desde a primeira enviada de São Vicente, no 1.º dezembro 1889, ao engenheiro José

Américo dos Santos, com plenos poderes até para vender as apólices!!

Terás a bondade de levar a inclusa procuração ao British Bank, que recebeu meus títulos em julho de 1892, de Norton Megaw & Co., e que, até hoje, não enviou-me uma linha escrita, nem um ceitil.

Evidentemente é tão canibal como o Banco do Brasil.

O cônsul do Brasil aqui, em Capetown, é um troglodita, que só fala alemão e inglês. Não cobrou emolumentos por só ter a tarifa do Império, e essa mesma perdida entre os papéis velhos!!

A Mala Real Portuguesa está em liquidação, e o nosso caro Antônio Júlio Machado nada pode fazer, apesar de sua boa vontade. Também os agentes em Lourenço Marques eram perfeitamente gatunos e analfabetos.

Mostrará esta ao amigo A. E. Rangel da Costa, e tomará com ele as providências necessárias para ter sempre £ 100 para viagens, incêndios, etc., a despeito dos conjurados nos matarem a fome Taunay, Nabuco e André Rebouças.

Que sociopatas?!

Parece que nem Jeová nem Satanás os pode perdoar.

Sempre do coração.

André Rebouças.

The British Bank of South America, Limited
Janeiro 4 1893 (quarta-feira). Capetown (Madeira House).
Care of the Bank of Africa.
Il.ᵐᵒ sr. gerente do British Bank of South America, Limited.
London EC.

Meu caro senhor.

Incluo 3.ª via da procuração, feita perante o Consulado brasileiro, compreendendo The Bank of Africa, Limited, para maior urgência na remessa de fundos.

Reitero a recomendação da carta de 11 dezembro e peço-lhe o favor de obter do Bank of Africa um telegrama cifrado, abrindo-me o crédito de £ 100, tantas vezes pedido.

Até hoje, 4 janeiro 1893, nem uma só palavra do British Bank, no Rio de Janeiro, que recebeu meus títulos de Norton Megaw & Co., em julho de 1892, e ao qual mandei procuração de Barberton, em 16 setembro 1892.

Agradecendo, desde já, enérgicas providências para prevenir, no futuro, crises como a atual, assino-me.

Sempre de vossa senhoria atento venerador.

André Rebouças.

Visconde de Taunay
Janeiro 10 1893 (terça-feira). cxv. Capetown.
Madeira House.

Meu querido Taunay.

Atribuo a você e ao amigo Rangel da Costa ter afinal hoje aqui chegado £ 98 — 5 — 8 dos 2:210$000 réis, recebidos pelo British Bank no Tesouro Nacional.

Bem-vindas também as de 3 e 6 de novembro do amigo Taunay. A de 3 veio direta pelo Correio; mas a "santa prudência" exige usar de dois envelopes: o primeiro sendo para The Manager of the Bank of Africa — Capetown (via Londres).

A honra gaulesa do meu querido Taunay insta por novo tópico sobre o *Jornal do Commercio*. Foi lição de meu santo pai referir, o menos possível, assuntos tristes.

E nada é mais triste para André Rebouças do que registrar que José Carlos Rodrigues, redator proprietário do *Jornal do Commercio*, preferiu Rui Barbosa e Antônio Prado ao velho amigo de Nova York, desde 9 junho de 1873; ao colaborador do *Novo Mundo* e da *Revista Industrial* até sua desaparição; ao companheiro do "romance de um moço pobre", em Londres, desde 14 outubro 1882 até 9 fevereiro 1883!! Em três anos, J. C. Rodrigues, só me escreveu 2 (duas!!) cartas; é, portanto, um mistério pensar em *Jornal do Commercio*, máquina de fazer dinheiro de costas [para a] própria alma!!!

Um troglodita, escravocrata parasita de Petrópolis, disse-me: — Se eu fosse imperador, jamais o faria lente da Escola Politécnica.

É pois, do meu dever empregar o primeiro ordenado da Escola Politécnica na impressão do livro — *Em torno d'África* — para glorificação do Imperador da Anistia e do Perdão; do Imperador Sublime, que jamais soube o que fosse despeito, vingança ou retaliação; do Imperador Sobre-humano, que se fez engenheiro e foi sondar, em escaler, o porto de Antonina para demonstrar a André Rebouças que ele estava usando de boa-fé no tristíssimo conflito do Caminho de Ferro do Paraná!!

Taunay, presidente da província do Paraná, sabe, talvez melhor do que André Rebouças, essa hedionda história, na qual o próprio senador Correia foi apenas instrumento dos piratas de escravos de Paranaguá, dos celerados, que ousaram fazer fogo sem artilharia das fortalezas nos cruzadores ingleses!!

Lembra-se do meu condor na introdução do *Itatiaia*? Eu agora indico o mesmo condor para ir arrancar do mísero Brasil meu Taunay e meu Nabuco, para transportar-nos todos juntos ao Prometeu do Adamastor;[47] para aí vivermos e morrermos cantando, como velhos bardos dos tempos heroicos

[...] um hino perpétuo de apoteose ao imperador da bondade e do amor; da paz e da caridade; da humildade e do perdão.

Sempre muito e muito do coração.

André Rebouças.

The British Bank of South America, Limited
N.º 2, Moorgate Street, London
Janeiro 10 1893 (terça-feira).
Il.ᵐᵒ sr. gerente do The B. Bank of S. America, Limited.
London EC.

Meu caro senhor.

Mil graças pela sua estimada de 29 novembro, recebida agora mesmo, com o *statement* dos 2:210$000 réis cobrados do Tesouro Nacional e transmitidos ao Bank of Africa, que efetivamente abriu-me conta-corrente por £ 98 — 5 — 8.

O crédito de £ 100, a que me tenho sempre referido, continua a ser indispensável para casos de incêndios, como o de Barberton, moléstias, viagens, etc.

Reiterando cordiais agradecimentos, assino-me.

Sempre atento venerador.

André Rebouças.

The British Bank of South America, Limited
Janeiro 17 1893 (terça-feira). Capetown (Madeira House).
Il.ᵐᵒ sr. gerente do The British Bank of South America, Limited.
Rio de Janeiro.

Meu caro senhor.

O meu prezado amigo o ex.ᵐᵒ sr. comendador A. E. Rangel da Costa, a quem pedi o favor de transmitir-lhe a 1.ª via da procuração com data de 28 dezembro 1892, apresentar-lhe-á esta para agradecer-lhe a sua estimada de 14 novembro com a conta dos vencimentos da Escola Politécnica de 23 janeiro a 30 setembro 1892.

O meu amigo lhe explicará que estou, há mais de três anos, ausente do Brasil, tendo partido a 17 novembro 1889 com sua majestade o imperador d. Pedro II.

Já deve saber que o incêndio do Royal Hotel e deveres abolicionistas produziram minha súbita retirada de Barberton chegando a Capetown com os últimos recursos.

É, por isso, indispensável o crédito de £ 100 há três anos pedido a todos os meus procuradores.

Foi meu banqueiro o Banco do Brasil, desde dezembro 1869, em que ali fiz a primeira entrada da Companhia da Doca da Alfândega; aí organizei as companhias das Docas de D. Pedro II, Florestal Paranaense, etc., estando sempre minha conta-corrente em saldo a meu favor a 17 novembro 1889, de cerca de quatro contos de réis em letras na caderneta.

Recordo tudo isso porque parece-me ter já o Brasil, em três anos, perdido a lembrança de André Rebouças.

Reiterando agradecimentos pelo seu favor, assino-me.

Sempre atento venerador.

André Rebouças.

The Bank of Africa
Janeiro 11 1893 (quarta-feira). Capetown.
Mr. Ernest E. Galpar, Manager of the B. of Africa. Queenstown.

My dear Sir.

Received just now your kind letter of 9th, saying that the sum of £ 98 — 5 — 8 was received from the British Bank of South America, my Power of Attorney at Rio de Janeiro.

Repeating my thanks to Madams and to your gracious Accountant, I remain, my dear Sir,

Yours faithfully,

André Rebouças.

[Meu prezado senhor.

Recebi há pouco sua gentil carta do dia 9, dizendo que a quantia de £ 98 — 5 — 8 foi recebida do British Bank of South America, meu procurador no Rio de Janeiro.

Repetindo meus agradecimentos às senhoras e ao seu gentil contador, permaneço, meu caro senhor,

A seu serviço, fielmente,

André Rebouças.]

Visconde de Taunay
Janeiro 17 1893 (terça-feira). cxvi. Capetown. Madeira House.

Meu querido Taunay.

Presente a estimada de 13 novembro, cheia de queixumes de miséria fisiológica, de final de *Sonata a Kreutzer*, etc.

O grande remédio para tudo isso é reinventar a Sociedade Central de Imigração e só pensar nos grandes problemas da humanidade. Gladstone estava moribundo, ansiando para cumprir a grande missão em prol da Irlanda.

O nosso d. Pedro ii, moribundo em Milão, com o cérebro envolvido em gelo, ungido e sacramentado, ressuscitou pela santa alegria de estar o Brasil livre da abominável escravidão.

Aqui, em Capetown, tenho um novo estímulo de amor e de eterna gratidão à família imperial do Brasil, que foi a mais nobre combatente contra os hediondos prejuízos de cor. Foi d. João VI quem iniciou a nobre cruzada, na efusão de reconhecimento aos brasileiros, que o receberam em 1808 com o maior carinho. Foi ele quem preferiu o maestro mulato José Maurício (vide *Revista Brasileira* 15 novembro 1895. Estudo por Taunay) ao seu compatriota Marcos Portugal. Foi ele quem se apaixonou da voz de baixo-profundo do mulato mineiro João dos Reis, o primeiro intérprete do Moisés de Rossini, no Rio de Janeiro; foi ele quem se constituiu o amigo e o protetor das famílias Reis e Meirelles que deram três médicos distintos ao Brasil.

Foi d. Pedro I quem tomou para seu médico particular o mulato dr. Chalaça, que o acompanhou no exílio e no sítio do Porto.

Foi d. Pedro II quem fez médico privado de sua majestade a imperatriz o dr. Joaquim Soares de Meireles, o maior de todos os descendentes dos protegidos de d. João VI.

Segundo ocorreu no Brasil com André Rebouças, o mais injustiçado Taunay sabe melhor do que eu mesmo; no livro *Em torno d'África* você lerá e verá provas extraordinárias da "mais sincera amizade" na própria frase de d. Pedro II.

Beijando as mãos de sua heroica mãe, dir-lhe-ás que d. Gabrielle d'Escragnolle Taunay já abrilhanta as páginas do meu livro africano.

Mostra esta ao nosso Nabuco e excite-lhe os ciúmes para outras no nosso centenário epistolar.

Sempre do coração.

André Rebouças.

Nogueira Pinto
D. D. *agente da Mala Real Portuguesa. — Lourenço Marques.*
Janeiro 17 1893 (terça-feira). IV. Capetown (Madeira House).
Care of the Bank of Africa.

Il.^{mo} sr. Nogueira Pinto.

Recebi, agora mesmo, sua estimada de 30 dezembro 1892, contendo uma letra de £ 25 — 1 — 2 para pagamento de um saldo da Mala Real Portuguesa.

O Standard Bank armou mil chicanas para não pagar, e tive, mais uma vez, de recorrer ao The Bank of Africa Ltd., meus procuradores em Londres e na África do Sul.

Os jornais vêm provavelmente retardados pelo Correio.

Reiterando o pedido de que todas as transações para comigo sejam feitas pelo The Bank of Africa, assino-me.

Sempre de vossa senhoria atento venerador.

André Rebouças.

Antônio Júlio Machado
Janeiro 17 1893 (terça-feira). Capetown.

Meu querido amigo.

Tem esta por fim participar-lhe que recebi, agora mesmo, uma letra de £ 25 — 1 — 2 da Casa Nogueira Pinto para o pagamento que lhe ordenou. Do chicanista Hoffmann ainda não tenho notícias.

Vai rapidamente o nosso livro *Em torno d'África* com a velocidade de dez páginas por dia. É um desabafo das misérias deste negro. "Tudo isso dá vontade de morrer" dizia o belo Alexandre Herculano. É para não morrer de tédio e de nojo que passo as noites a contemplar as estrelas e os dias a encher papel de idílios e de utopias.

Saudades muitas e muitas a todos os nossos.

Sempre do coração.

André Rebouças.

The Bank of Africa

Janeiro 23 1893 (segunda-feira).

Il.ᵐᵒ sr. gerente do Bank of Africa, em Lourenço Marques.

Meu caro senhor.

Mil graças pela sua estimada de 14, agora mesmo recebida. Nogueira Pinto, contra minhas repetidas ordens, mandou o dinheiro (£ 25 — 1 — 2) pelo Standard Bank, que armou aqui mil chicanas para não pagar, sendo obrigado a entregar tudo ao Bank of Africa para real pagamento.

Quanto a Hoffmann, vossa senhoria conhece seu comportamento desde maio 1892, quando recebeu £ 50 — 0 — 0 a pedido do meu amigo Mr. Richard Deane, gerente em Barberton.

Só me cumpre agora documentar que, sem os prestimosos gerentes do Bank of Africa em Barberton, Lourenço Marques, East London, King Willians Town e Queenstown, teria sido absolutamente impossível minha missão abolicionista e científica na África do Sul.

Reitero, por tudo isso, cordiais agradecimentos, assinando-me.

Com a maior consideração.

André Rebouças.

A. E. *Rangel da Costa*
Janeiro 29 1893 (domingo). Capetown. Madeira House.

Meu caro amigo Rangel da Costa.

É na mais triste emoção que respondo a sua estimada de 19 novembro, por intermédio do caríssimo Taunay, na incerteza de estar ou não no Rio de Janeiro.

Assim, pois, é-lhe impossível viver no Brasil com revolução e em crise perpétua de bancarrota.

Coloquei logo o seu uso em mim mesmo, e imaginei o desespero de voltar a minha mísera pátria, tendo reconhecido que não há mais Brasil; que ele morreu em d. Pedro II. Porém, antes de morrer, legou aos brasileiros, a cada um deles toda a ternura de um coração; todos os meus escrúpulos, todo meu horror à traição e à ingratidão; à guerra e à revolução; e todo meu amor à paz, à justiça, à equidade; à liberdade, à igualdade e à fraternidade, como ensinou Jesus.

Parece-me impossível que os grandes culpados; que os iniciadores dessa República militar escravocrata; que os Aristides Lobos, os Quintinos Boicaúvas, os Rui Barbosas, etc., possam viver um minuto sem morrer mil vezes de remorso.

O Rio Grande do Sul é a mais severamente punida das vinte províncias porque ela foi a mais ingrata para o imperador d. Pedro II. Jamais ela deu a menor prova de reconhecimento ao imperador, que deixou mulher e duas filhas recém-casadas [e] foi com os dois genros salvá-la da invasão paraguaia. Eu assisti a tudo desde 10 setembro até 22 outubro 1865. Foi d. Pedro II com o André Rebouças quem livrou Uruguaiana de ser bombardeada e saqueada pelos exércitos aliados.

Em novembro 1889, a bordo do *Alagoas*, o imperador dizia-me: — Ainda hoje sou grato a Silveira Lobo, ministro da Marinha, o único que não me contrariou no meu projeto de ir salvar o Rio Grande do Sul. Ele, sim, não esquecia benefício algum.

Ah, meu caro amigo, tudo quanto hoje acontece no Brasil é simplesmente a justiça de Deus, exercendo-se, com todo o rigor, sobre um país frívolo, inconsciente, traidor e ingrato.

Parece que é até pesado ter compaixão dele.

É tristíssimo de olhar, não é possível mundo sem justiça. Peço a Deus alívio a suas dores de família e abraço-o.

Com todo o coração.

André Rebouças.

Visconde de Taunay
Fevereiro 7 1893 (terça-feira). CXVII. *Capetown.*
Madeira House.

Meu querido Taunay.

A Ordem do Dia do general Antônio Maria Pego Júnior em 18 novembro 1892 irá para a história, como digna comemoração do terceiro aniversário do dia de viagem do imperador d. Pedro II, traído, abandonado e enviado em exílio no *Alagoas* para morar fora do Brasil, que ele governara durante 49 anos!

Cumpriu-se a predição da Princesa Redentora no momento supremo: — Os senhores se hão de arrepender.

Todos os comentários, incluídos na sua estimada de 30 novembro, são perfeitamente justos. Depois da declaração do senador Fernandes da Cunha é o mais sério dominante, vindo do Brasil, sem politicagem, sem adulação, dizendo firmemente a verdade:

— Tudo errado! Tudo errado desde o primeiro dia. Porque começou pela traição e pela ingratidão e continuou pela agiotagem, pelo jogo, pelo suborno, pela peita e pela concussão; pelo *spoil system* [sistema espoliatório] entregando o Tesouro Nacional ao saque de militares sem escrúpulo e dos politicantes seus cúmplices.

Sem a contrarrevolução de 1891, [...] Caminho de Ferro D. Pedro II teria sido repartido pelos pretorianos de Deodoro e pelos agiotas e parceiros de jogatina de Rui Barbosa, Lucena & cia.

Chamamos "espírito republicano" na América do Sul aos instintos ferozes, herdados dos pré-avós piratas, corsários, flibusteiros, bucaneiros, mamelucos, bandeirantes, etc.: — ou vencer ou morrer: — ou ser rico e poderoso ou acabar enforcado no cais da verga.

Suas cartas e as do amigo Rangel da Costa dizem, clara e terminantemente, que ainda não há lugar para mim nesse mísero Brasil. Até quando?

Devo morrer no exílio, como meu santo mestre o imperador d. Pedro ii?!

Sempre muito do coração.

André Rebouças.

Visconde de Taunay
Fevereiro 24 1893 (sexta-feira). cxviii. Capetown.
Madeira House.

Meu querido Taunay.

O seu quinquagésimo aniversário (22 fevereiro 1843 a 22 fevereiro 1893) foi dignamente comemorado pelas estimadas de 18 a 20 dezembro, relutando a recusa de um lugar de diretor entre os flibusteiros, que estão saqueando o mísero Brasil. Ter escrúpulos; ter muitos escrúpulos — é uma das minhas máximas prediletas.

Eu tenho 55 anos (13 janeiro 1838 a 13 janeiro 1893), você tem 50. No Brasil ninguém possui biografia comparável a nossa. Só devemos pensar em que a soma última não manche a vida inteira.

Mísero caso de Lesseps...[48]

Em gloriosa antítese, o sublime exemplo de d. Pedro II.

Tivera ele morrido em Petrópolis e nós mesmos teríamos receio de publicar a verdade sobre ele. Mas os dois anos de exílio — a evangélica odisseia de 15 novembro 1889 a 4 dezembro 1891 — o altruísmo tão alto, que até Ferreira Viana e Silveira Martins, seus mais terríveis detratores no Parlamento, são hoje documentos vivos de que jamais houve um coração igual ao de d. Pedro II.

No meu livro — *Em torno d'África* — já eu tinha escrito: "Nas expansões íntimas em Petrópolis, de 1888 e 1889, o imperador gostava de palestrar com Taunay e Rebouças". Repetia sempre: — Taunay! É a seu pai que eu devo meu amor à literatura e às artes.

Os dois artigos, que você enviou-me, servirão de comentário a esta asserção, ilustrando-a com belos detalhes. (Vide meu diário 29 abril 1889.)

Queixa-se você da "impessoalidade das minhas cartas". É contra a minha índole as referências pessoais. Taunay conhece André Rebouças melhor do que ninguém. Nos anos de propaganda na Sociedade Central de Imigração 1883-89 vivíamos rigorosamente como irmãos. Em Petrópolis, a intimidade era de todos os instantes, de dia e de noite.

Acho, pois, absolutamente inútil relatar as minúcias do mísero combate cotidiano pela vida. Você sabe perfeitamente a imagem helênica. As Parcas tecendo com fios brancos, muitos pretos e raríssimos de ouro. Assim é a vida. O que há de melhor é a contemplação mística do céu azul e das estrelas semelhantes. Os detalhes mundanos de peculato, de agiotagem, de suborno, de peita, de corrupção, de *auri sacra fames* [maldita fome de ouro] são horríveis, são hediondas.

Nem pensar neles quanto mais descrevê-los.

Sempre do coração.

André Rebouças.

Joaquim Nabuco
Março 6 1893 (segunda-feira). XXXIII.

Meu querido Nabuco.

Chegou, agora mesmo, sua belíssima do 1.º janeiro. O programa do dia era continuar o capítulo do livro — *Em torno d'África* — simbólico de — Extinção da escravidão — sob a epígrafe — Abolição da escravocracia — Estado socionômico sobre a evolução da raça inglesa da escravidão para a liberdade, para a extinção do tráfico de africanos e para completa abolição da escravocracia.

Escrever a Joaquim Nabuco é trabalhar em prol da abolição de todas as misérias humanas; nada há, pois, de alterado no programa do dia.

Não tenha receio de que se perca uma só parcela do trabalho em prol da humanidade. Não havia imperador então, e não ficaram perdidos os esforços de Pitágoras, de Sócrates e de Jesus. Exemplo mais modesto: agora mesmo estão publicando as cartas íntimas de Galileu a uma sua filha, encerrada em um convento.

Nós propagandistas supomos sempre ter chegado ao fim, quando ainda estamos no princípio. Releia os idílios de Michel Chevalier e de Lamartine. A paz universal pelas vias férreas e pela liberdade de comércio; o hino à Alemanha; tanta poesia pressupondo sempre o homem livre dos instintos ferozes de seus pré-avós leopardos, tigres e hienas.

A 13 de maio de 1888 eu tive uma tristeza inexplicável. Lembra-se que foi necessário telegrama para tirar-me do meu isolamento de Petrópolis. Na tarde de 22 de agosto de 1888, quando voltávamos da faustosa e hipócrita recepção do imperador, eu lhe disse ao ouvido: "Agora posso dormir tranquilo...". Parecia-me que, a todo o momento, os escravocratas assassinariam a Princesa Redentora e cobririam de sangue a página santa, que houvemos escrito durante oito longos anos.

A 22 de agosto de 1888, ainda operavam os celerados, indenização e chins. Foi quando d. Pedro II disse-lhes: — Não! Não. Mil vezes não. Que eles fossem para a República de mamelucos, bandeirantes e traficantes de escravos brancos e amarelos; porque a Inglaterra não permite que sejam negros-africanos.

Esta é a verdade máxima que vim aprender na própria África. Sem a Inglaterra, sem os discípulos de Wilberforce, a pirataria em carne humana seria feita a vapor com a velocidade de 20 milhas por hora.

Sempre muito, muito do coração.

André Rebouças.

The British Bank of South America
Março 21 1893 (terça-feira).
Il.ᵐᵒ sr. gerente do The B. Bank of S. America, Limited.
London EC.

Meu caro senhor.

Recebidas ontem simultaneamente as estimadas de 28 fevereiro e 2 março, comunicando a remessa pelo Rio de Janeiro Branch de £ 74 — 1 — 10, creditados pelo Bank of Africa em £ 73 — 14 — 6 aqui em Capetown.

Reiterando os devidos agradecimentos por mais este favor, assino-me.

Com a maior consideração.

André Rebouças.

Visconde de Taunay
Março 22 1893 (quarta-feira). CXIX. *Capetown.*
Madeira House.

Meu querido Taunay.

Tenho a agradecer-lhe as estimadas do 1.º e 13 janeiro com os retrospectos do *Jornal do Commercio*.

A gratidão excepcional do criado Felippe, sugerido da geral indiferença de milhares de discípulos e amigo dos tempos de prosperidade, merece uma digressão homérica.

O santo mestre da humanidade — Desmodeu [Demódoco] — fez timbre no reconhecimento de Ulisses, no fato capital da *Odisseia*, em construir uma verdadeira escala de humanidade e gratidão:

1.º O cão Argos, que reconhece Ulisses pelo olfato, apesar de velho e moribundo;

2.º A velha escrava Euricleia, ama de Ulisses, que, lavando-lhe os pés, vê a cicatriz da ferida, feita pelo javali; e reconhece Ulisses, apesar dele voltar a face e fazer quanto possível para disfarçar;

3.º O escravo Eumeu, porqueiro, não pôde reconhecer espontaneamente Ulisses, disfarçado em mendigo; mas aceita-o, hospeda-o, conforta-o, e, logo que ele se declara, revoluciona tudo em seu favor. Ulisses teme o excesso de amizade de Eumeu e comunica esse receio ao filho Telêmaco.

Alexandre Dumas Pai, o sublime mulato, rivaliza com Homero, quando o padre Faria diz a Edmond Dantes: — Sei bem qual o perigo com o excesso de minha gratidão.[49]

Agora, em contraposição, a geral indiferença dos povos de Ítaca, subservientes aduladores dos ricos pretendentes de Penélope. Homero é excepcionalmente severo contra essa rainha, orgulhosa de sua beleza e de suas púrpuras; interesseira e cobiçosa dos presentes e joias dos opulentos pretendentes. Penélope repugna reconhecer Ulisses disfarçado em mendigo. Sua frieza irrita o herói que lhe lança em face frases duras. Ela exige a descrição do leito nupcial: é só depois desta prova e de Ulisses lavar-se, perfumar-se e apresentar-se como rei, que ela reconhece o esposo tão romanticamente chorado.

Tudo isso é lição sublime de Homero para demonstrar quão diverso é o amor aristocrático do amor dos cães e dos escravos; amor todo feito de espontaneidade e de abnegação; sempre pronto a sacrificar-se; sem olhar para conveniências sociais e políticas; para cálculos de poder, de orgulho, de vaidade e de soberba. Verdadeiro amor de Jesus; amor eterno; amor divino; amor super-humano; amor celeste; amor tendo seu vértice sublime em Deus, em "Nosso Pai, que está nos Céus".

André Rebouças — Ulisses-Eumeu — aos 55 anos de idade, tendo percorrido a América, a Europa e a África; dá o seu documento humano em prol de Homero.

Só há gratidão nos humildes; nos escravos e nos criados. O ouro metalizou as classes superiores. Vivem e morrem em perpétuo delírio de megalomania; no terror pânico de perderem as riquezas, as sinecuras e os parasitismos teocráticos, aristocráticos, oligárquicos e plutocráticos.

A 24 de abril de 1891, quando parti do Hotel Bragança, de Lisboa, os criados presentearam-me com uma linda cesta de frutas. João beijou-me a mão chorando. Uma velha criada disse:

— Sr. doutor é o imperador do Hotel Bragança. Ela tinha em mente o tipo do imperador d. Pedro II, que era de infinita bondade para os criados, para os escravos, para os pobres e para os humildes.

O imperador dizia-me do seu último criado: — Este Guilherme Camorloker é muito bom. Somente é muito aristocrata. Efetivamente era filho de um major do Exército alemão, e, portanto, rigoroso na etiqueta militar e hierárquica.

Comunica este idílio de humildade ao nosso querido Nabuco e recebam juntos o saudoso coração de,

André Rebouças.

Visconde de Taunay
Março 28 1893 (terça-feira). CXX. Capetown. Madeira House.

Meu querido Taunay.

Recebidas ontem as estimadas de 3 e 5 fevereiro, como todas as anteriores: fique, pois, tranquilo quanto à integridade da nossa correspondência.

No meio de tanta coisa triste veio esta frase para confortar-me: — "Por admirável previdência tem você dirigido estas cartas últimas a mim e ao Nabuco, e, com efeito, temos agora, em Petrópolis, estado diariamente juntos, debaixo das frondosas magnólias da casa Itambi."

Essa é a minha máxima aspiração: — Nabuco e Taunay juntinhos, embaixo das magnólias, lendo cartas do André.

Em contraposição, o compadre-mulato José do Patrocínio, cortando-me elogios, escritos por Taunay; José Américo dos Santos, discípulo e ajudante, sem escrever-me há mais de ano, desde 13 janeiro 1892; José Carlos Rodrigues, que eu supunha amigo-irmão, atirado ao redemoinho plutocrático, só tendo achado, em três anos e meio, tempo para escrever-me duas cartas; quando de Lisboa e de Cannes durante quatro meses, eu escrevi-lhe quase todos os dias!!

Acrescente a isto os almirantes-barões com expedição à China para comprar escravos amarelos para os fazendeiros de café e ter-se-á a síntese de República, não só no Brasil, como em toda a América, na França e no Transvaal. Os conspiradores da "Boulange" convidaram-se com estas frases características:

— *Nous aurons le mur ou le pouvoir*;

— *Et si Boulanger veut être empereur?!*[50]

"*Le mur*" significa o fuzilamento; porque, em França costumam encostar o condenado a muro ou a uma parede.

Vê bem meu querido Taunay, que o espírito republicano deste miserável fim de século é o mesmo espírito dos piratas, dos corsários, dos flibusteiros e dos bucaneiros dos hediondos tempos de Almagro e de Pizarro:

— Ou o poder, ou o fuzilamento; ou o trono nacional ou a morte. No Brasil, há demais o atavismo dos mamelucos bandeirantes, dos traficantes de escravos a despeito da lei de 7 de novembro de 1831 e do Bill Aberdeen;[51] dos monopolizadores de terra; dos usurpadores cínicos do território nacional; tudo isso fermentado com jogo perpétuo; com agiotagem febril; com loterias cotidianas, com apostas e corridas de cavalos todos os domingos; produzindo um pandemônio de militarismo, de teocracia fetichista, de bancarrota e de corrupção até os últimos limites imagináveis.

Porque o André não volta a Lisboa, pergunta o meu querido Taunay.

Exatamente porque Lisboa é um símile do Rio de Janeiro para pior.

Agradeço muito as recomendações ao British Bank, que efetivamente já enviou-me duas prestações. De vez em quando, faça-lhe uma visita para certificar a regularidade das cobranças e das remessas.

Voltou o amigo Rangel da Costa para Lisboa?

As primeiras cartas de Capetown levaram o seu endereço; talvez tenham feito o inútil trajeto para Lisboa.

Leiam juntinhos, meus queridos Taunay e Nabuco, embaixo das magnólias, tudo isso, certos de que o André está sempre abraçando os dois melhores brasileiros; confortem-se mutuamente recebendo,

Todo o coração de

André Rebouças.

José Américo dos Santos
Abril 2 1893 (domingo). XXXVIII. *Capetown. Madeira House.*

Meu caro Santinhos.

Agradeço-lhe, com todo o coração, sua estimada de 13 janeiro com a lembrança pelo meu 55.º aniversário.

Esperarei agradecimentos pelos trabalhos para tornar efetiva minha jubilação.

Quanto aos miseráveis negócios da família desejo que você seja pago, quanto antes, e bem assim a casa do dr. Eiras.

Na carta n.º 34 de 19 janeiro 1892, de Marselha, comuniquei que Pedro Pereira Rebouças possui duas apólices de conto de réis números 108412 e 108413 e os juros acumulados, desde 1884, que devem importar em mais de 900$000 réis. Parece-me que o meio prático é comunicar tudo isso ao dr. Eiras para requerer ao juiz competente ordem para receber os juros vencidos e por vencer para pagamento dos alimentos e pensão de seu cliente. As apólices recebem-se no British Bank of South America, que as entregará, à vista desta carta e da ordem ou despacho do juiz competente.

Claro está que você receberá os 480$000 réis dos 900$000 réis de juros acumulados.

Contou-me seu irmão Carlos que seu bom pai, antes de morrer, dizia: — O dr. Rebouças é o nosso melhor amigo.

Recordo a amizade que tinha a esse nobre velho, e como morreu mártir do que, na Alemanha, se chama parasitismo familiar.

Infelizmente é terrível: em cada família há seres abjetos, sem ideal algum nobre e humanitário, que supõe que Deus lhes concedeu talento e atividade para trabalharmos para eles como escravos; só para satisfazer seus instintos bestiais de gula e de volúpia; de cobiça e do erotismo.

Considero tudo isso como uma penitência e uma expiação e suporto com a humildade de Jesus, que também teve irmãos hediondos, egoístas e cínicos.

Continuo no propósito de viver, ou melhor de esperar a morte na África do Sul. Desejo, pois, que todos meus negócios sejam tratados, como se eu já estivesse morto, isto é, que, recebida a notícia no Brasil, só tenha o Tesouro Nacional de suspender a minha pensão e o banco de entregar meus títulos a quem de direito.

Lembre-se sempre de seu pai e do seu velho amigo.

André Rebouças.

A. E. *Rangel da Costa*
Abril 3 1893 (*segunda-feira*).

Meu caro amigo Rangel da Costa.

Sua estimada de 20 fevereiro e a do nosso Taunay de 16 foram as primeiras a vir diretamente do Rio de Janeiro a Cape-town.

Agradeço de todo o coração seus bons serviços junto ao British Bank of South America, que, efetivamente já enviou-me duas prestações. É de esperar que continue com a regularidade seguindo as advertências dos meus bons amigos.

Continua tristíssimo o ano de 1893 para esse pobre Brasil em rigorosa expiação. Inteiramente cessada a invasão do Rio Grande do Sul por Silveira Martins. Se for derrotado terá inutilmente derramado sangue de irmãos; se for vitorioso todos os capitães do Exército irmãos quererão ser generais, como os do hediondo 15 novembro 1889.

O que o Brasil precisa é de paz, é de calma; é de tempo para arrepender-se; para compreender o nefando crime de traição e de ingratidão, que há cometido. E, depois, um trabalho incessante de propaganda de verdadeiro patriotismo, de abnegação e devotação ao Brasil e ao aperfeiçoamento da raça brasileira, escravizadora ou escravizada.

A guerra civil só faz superexcitar as más paixões: o sanguinarismo, a ferocidade, a ambição, o orgulho, a cobiça de conquistar e de conservar o poder e o Tesouro Nacional. Ser o Brasil presa do exército de Silveira Martins ou do exército de Deodoro é francamente a mesma cousa. É de d. Pedro II; é de um apóstolo de paz, de anistia, de perdão; de tolerância, de benevolência até para seus mais ferozes inimigos que o Brasil precisa. Se Deus não concede mais d. Pedro II no Brasil, é que ele não o merece; é porque ele deve expiar, durante longos anos o crime, sem qualificação possível, que, a 15 novembro 1889, somam aos crimes atrozes de escravizar índios e africanos e de monopolizar a mais bela terra, que Deus há criado.

O furor atual de ir à Ásia escravizar chins, na impossibilidade de escravizar africanos pela vigilância da esquadra inglesa, prova que essa gente é absolutamente refratária às santas leis de moral, de justiça e de equidade; de liberdade, de igualdade e de fraternidade.

Abraço-o, mui ternamente, pedindo a Deus conforto para suas íntimas aflições.

Sempre muito e muito amigo.

André Rebouças.

Visconde de Taunay
Abril 4 1893 (terça-feira). CXXI. *Capetown. Madeira House.*

Meu querido Taunay.

Parece-me que minhas cartas, durante a crise de mudança do Transvaal para Capetown, foram por demais negras e africanas: porque, a 16 fevereiro, escreveu:

"Libertando-se da opressão do continente negro e mártir, do qual não tens colhido senão combates estéreis e angustiosas decepções."

O caso agora não é de Homero, meu querido Taunay, é de Ésquilo.[52] Bem vê que seu mestre pai, tinha razão: é preciso ter sempre diante dos olhos um heleno. Em primeiro lugar, "Sofrer de um inimigo não é desonra".

Ora eu vim para a África, não para caçar leões, como um *lord*; mas sim para combater a escravidão e o monopólio territorial. Desembarquei em Port Saïd a 2 de abril de 1892 e logo dei o primeiro combate. Claro está que não narro as vitórias por horror ao quixotismo; mas estou contente comigo mesmo e fico em dúvida se devo morrer na África ou no Brasil. Por outro lado, o divino Ésquilo diz também: — "Aprendi a detestar a traição; é de todos os crimes o que eu mais abomino."

O que me retém na África é exatamente o horror à traição e à ingratidão. Agora um detalhe tolstoico para consolar-te quanto ao bem-estar do velho André. Encontrei, em Madeira House, um discípulo de geodésica e um outro de cálculo diferencial e integral — Simon Lyon Goldman, ajudante fotógrafo do observatório; empregado exatamente em fotografar o hemisfério do Sul; obra predileta do nosso santo d. Pedro II a qual ele sacrificou vinte contos de réis do seu pobríssimo bolsinho. Já fui apresentado ao diretor dr. David Gill, célebre pelos seus trabalhos sobre paralaxes.

Já dei 39 lições de cálculo. Não esquecer que são tolstoicas e absolutamente gratuitas. Evito assim uma das calúnias contra o divino Sócrates. Compreender que sua convivência astronômica enche-me as horas do dia e da noite e distrai-me da horrorosa obsessão das bancarrotas e das revoluções.

O nosso Nabuco ficará encantado quando percorrer o meu diário de 1893. Principia com o esquema das montanhas em torno de Capetown para marcar as posições de nascer e ocaso da Lua, do Sol, Júpiter, Marte, etc.

No domingo, 22 janeiro, vêm os satélites de Júpiter, como os observei com o fotoeliógrafo, isto é, com o grande telescópio, empregado em fotografar os astros. Na mesma página está o aspecto da bela nebulosa de Órion, tomado com o mesmo instrumento.

A 23 janeiro dou o esquema da bela conjunção de Marte e Júpiter em Peixes. Não há dia sem a estética do belo céu austral.

Concluirás, meu Taunay, que o André tendo dado 51 anos de vida ao Brasil (13 janeiro 1838 a 17 novembro 1889) deve dar o resto ao continente de seus pré-avós africanos.

Sempre muito muito do coração.

André Rebouças.

Conrad Wissmann
Lisboa. Hotel Bragança
Abril 9 1893 (domingo). II. [Scot].

Meu caro Conrado.

Fui agradavelmente surpreendido por um pacote do correio da manhã com o suplemento do *Figaro* sobre o malfadado Panorama. Mil graças por mais este favor.

Ainda não posso dizer quando voltarei à Europa, e, portanto, ao Hotel Bragança. Sou, em corpo e alma, meio brasileiro e meio africano; não podendo voltar ao Brasil parece-me melhor viver e morrer na África. No entanto nada se pode afirmar por certo neste fim de século de bancarrotas e revoluções.

O que posso assegurar é que lembro-me sempre com gratidão do amigo Sassetti, de você, de Jones e de toda a boa gente do Bragança.

Transmita a todos afetuosos abraços.

Sempre velho amigo.

André Rebouças.

The British Bank of South America.
Abril 10 1893 (segunda-feira).
Il.ᵐᵒ sr. gerente do The British Bank of South America, Limited.
Rio de Janeiro.

Meu caro senhor.

Tenho a agradecer-lhe sua estimada de 8 fevereiro p.p. com a conta do meu crédito até esta data, tendo efetivamente o Bank of Africa creditado £ 73 — 14 — 6 aqui em Capetown, pagas as respectivas despesas bancárias.

Das apólices, depositadas no seu banco, pertencem a Pedro Pereira Rebouças as de conto de réis números 108412 e 108413.

O sr. dr. José Carlos Fernandes Eiras, em cuja Casa de Saúde, ele se acha, apresentará a vossa senhoria ordem ou despacho de juiz competente para receber estas apólices, a fim de cobrar-se das despesas de tratamento.

Servirá esta de autorização da minha parte para devida entrega das ditas apólices.

Reiterando cordiais agradecimentos, assino-me.

Sempre de vossa senhoria atento venerador.

André Rebouças.

Antônio Júlio Machado.
*Abril 10 1893 (**segunda-feira**). Capetown.*

Meu querido amigo.

Só neste momento tive o prazer de receber sua estimada de 10 fevereiro, horrivelmente atrasada por negligência do Correio.

Aí veio que está de partida para o meu mísero Brasil. Vai encontrar o nosso Taunay na própria casa ocupada por Wenceslau Guimarães no seu último ano de Petrópolis.

Outrora essa viagem ao Brasil seria marcha triunfal entre parentes e amigos que o idolatram, e que o receberiam com o maior entusiasmo. Hoje, portugueses e brasileiros vivem lutando com os horrores das bancarrotas e das revoluções.

Do ponto de vista comercial estimo a direção da Mala Real para o Brasil. A costa oriental d'África permanece na barbaria do monopólio territorial e da escravidão, mais ou menos disfarçada. Houvesse em Portugal estadista capaz de resolver o problema da divisão da terra e do trabalho realmente livre e não faltariam à Mala Real imigrantes e mercadores para o tráfego entre Moçambique e Lourenço Marques. No estado atual tudo perece e definha; tudo é esmagado pela maldita alfândega, com tarifas e alcavalas absurdas e impossíveis. Estão agora impondo sobre o arroz e sobre os gêneros alimentícios e matando as populações à fome. Tudo isso é estupidamente atroz. Crimes inúteis, que bradam aos céus, porque sucedem à alçada da justiça dos homens.

Outrora Taunay, visconde e senador, ex-presidente de duas províncias, vice-presidente da Sociedade Central de Imigração, podia ser utilíssimo à Mala Real. Hoje proscrito no próprio Brasil, mais infeliz do que André Rebouças, espontaneamente proscrito no seu predileto continente africano, hoje Taunay só pode abraçar fraternalmente Antônio Júlio Machado.

Nesse abraço estará em respeito Wenceslau Guimarães, vindo de um passado melhor, e, a despeito do oceano Atlântico o grato amigo,

André Rebouças.

Dr. José Carlos Fernandes Eiras.
Rua do Marquês de Olinda, Botafogo.
Abril 11 1893 (terça-feira). Capetown. Madeira House.

Meu caro amigo.

Chegou atrasadíssima a sua estimada de 31 outubro por ter ido a Lisboa e a Barberton.

Antes de partir para África, escrevi de Marselha a 19 de janeiro de 1892, ao amigo José Américo dos Santos para comunicar-lhe que Pedro Pereira Rebouças possui duas apólices de conto de réis números 108412 e 108413 e os juros acumulados desde 1884, importando em mais de 900$000 réis. Infelizmente o dr. Santos estava então doente em Friburgo, e só respondeu-me a 13 janeiro 1893.

Respondendo-lhe a 2 abril prestarei essa recomendação e ontem escrevi ao British Bank of South America para entregar-lhe essas apólices à vista de ordem ou despacho do juiz competente.

Cumpre, pois, apresentar a sua conta a esse juiz e obter autorização para ir receber na Caixa de Amortização os juros vencidos e por vencer, e vender essas apólices para seu pagamento, restituindo ao dr. José Américo dos Santos 480$000 réis que por ele foram pagos a sua Casa de Saúde.

Agradecendo suas expressões amistosas, assino-me.

Sempre do coração e amigo.

André Rebouças.

Visconde de Taunay.
Abril 18 1893 (terça-feira). cxxii.

Meus queridos Taunay e Nabuco.

Tenho presentes as estimadas de Nabuco em 28 janeiro e de Taunay em 10 e 28 fevereiro; as primeiras remetidas de Barberton, comprovando só ter-se perdido o livro de Tolstói. Recebi também, fraudada e atrasada pelo terrível Correio de Lourenço Marques, a carta de 10 fevereiro do amigo Antônio Júlio Machado, comunicando o projeto de ir ao Brasil, em abril ou maio, para estabelecer a Mala Real Portuguesa.

Foi esta empresa vítima dos erros da politicagem e do obsoleto sistema colonial português. Lembra-me que a primeira carta, que escrevi de Lisboa ao meu querido Taunay, levava a triste impressão dos monopólios coloniais com hediondas tarifas protecionistas. Era moda, em 1889 e 1890, fazer política à custa da África. No Brasil os escravocratas diziam: — É para inglês ver. Na costa oriental da África dizem:

— É preciso inventar um inglês. Isto é, armar um conflito para realçar a patriotagem em Portugal, e obrigá-lo a esgotar-se em armamentos e expedições contra o inglês.

Mísera humanidade! Quantos erros e quantos crimes absolutamente inúteis e contraproducentes?!

No Brasil crimes hediondos de traição e de ingratidão, que só produziram bancarrota, miséria e revoluções. Em Portugal, o velho sistema colonial de monopólio da terra e da escravidão; de sesmarias e de prazos da Coroa; de animar latifúndios, exigindo trabalho de escravos; trabalho sem salário ou a salário vil.

Ocioso é recomendar Antônio Júlio Machado — amizade sagrada porque há entre nós um ilustre morto — Wenceslau Guimarães. Já lhe expliquei a mísera situação de Taunay, proscrito no próprio Brasil, em cruel antítese a André Rebouças, proscrito espontaneamente no seu predileto continente africano.

E, agora e sempre, o mais saudoso abraço para Nabuco e para Taunay.

De todo o coração de,

André Rebouças.

Visconde de Taunay.
Abril 25 1893 (terça-feira). CXXIII.

Meu querido Taunay.

Bem recebida sua interessante carta de 2 março com os detalhes sobre a justa punição do Banco do Brasil, o maior cúmplice do crime de 15 novembro 1889.

Não há lição socionômica superior ao estudo da história dos três anos do Brasil em revolução. Todos os criminosos e seus cúmplices; homens e instituições; todos têm sido severamente castigados pelo que fizeram e pelo que deixaram de fazer contra o mais santo dos reis, sem outro motivo além da raiva e do despeito pela libertação dos escravizados.

Se os brasileiros pudessem compreender essa lição, ela seria mais efetiva que a de Moisés sobre o povo hebreu, em quarenta anos de peregrinação pelos desertos do Sinai e da Arábia. Por miséria, da nossa parte está ainda sob o peso do atavismo escravocrata, do parasitismo, da cobiça e da gula; sem ideal algum; sem outro objetivo que os prazeres bastardos da gula e do erotismo.

Grande lição também a de Gladstone em luta contra os *landlords* [proprietários de terra] da Grã-Bretanha; mal evoluído dos *landlords* do Brasil; dos nossos monopolizadores de terra e escravizadores de homens, negros, brancos e amarelos.

Como é difícil fazer justiça!

Que luta hercúlea contra os aristocratas e contra a massa inerte dos indiferentes!

A dificuldade máxima no aperfeiçoamento da espécie humana está justamente nos milhões e milhões de indiferentes. A sublime máxima de Terêncio *"Homo sum humani nihil a me alienum puto"* [Sou homem, nada do que é humano me é estranho] só é compreendida e praticada por entes excepcionais. O que predomina é o cínico: *"Après moi le déluge"* [Depois de mim o dilúvio]. Usar e abusar: parasitar, gozar e nada mais.

Quando refletimos quantos séculos serão necessários para elevar o Brasil ao nível da Inglaterra; quantos Gladstones serão precisos para eliminar os crimes, os erros e os abusos da escravidão e do monopólio de terra; cai-nos da mão a pena em horrível desalento. Mas já foi pior.

Eu mesmo vi os míseros escravizados com máscaras de folha de flandres e em ferro ao pescoço, carregando água e barris de excrementos pelas ruas do Rio de Janeiro.

Oh, sim! Já foi pior. Não há desanimar. A questão é só de tempo para o progresso.

É assim tristemente filosofando que passo dias e noites; ou então mergulhado nos labirintos do cálculo diferencial e integral. Quisera ser mais útil ao Brasil; mas consola-me a certeza de estar inocente nos grandes crimes de agiotagem e de revolução.

Como sempre, esta é também para o nosso Nabuco e bem-estar.

Todo o coração de,

André Rebouças.

A. E. *Rangel da Costa.*
N.º 29, *Rua Estefânia, Lisboa.*
Maio 1.º 1893 (*segunda-feira*).

Meu caro amigo Rangel da Costa.

Não era memória tomar papel de luto para corresponder a sua tristíssima carta de 20 março participando-me o passamento de sua prezada filha d. Elisa. Nossa amizade tem quatro anos; mas já parece de quarenta. É porque nasceu no exílio; em tempos de dor e de misérias, só por força de simpatia. Correm tristíssimos os tempos para o Brasil e Portugal, para brasileiros e portugueses. Misérias da pátria, dores de família; tudo, tudo se acumula neste cruel período de provações. Para todos nós só há hoje uma palavra — resignação.

E, se alguma consolação nos resta, é a de sermos inocentes nos grandes crimes de traição e de ingratidão; de agiotagem e de revoluções; de monopólio da terra e de escravidão.

Abracemo-nos e confortemo-nos fraternalmente, como manda Jesus.

Sempre muito de coração.

André Rebouças.

Visconde de Taunay.
Maio 2 1893 (terça-feira). cxxiv.

Meu querido Taunay.

Cumprirás o triste dever de amizade de enviar a inclusa carta de pêsames ao amigo Rangel da Costa, por intermédio do filho, se já tiver voltado a Lisboa.

Tristíssima a sua carta de 11 março: Taunay e Nabuco perseguidos no próprio Brasil. Quem o diria?

Os mais elevados filhos da família brasileira.

A descrição dos seus esforços para salvar as notas íntimas do imperador, na viagem ao Egito, despertou o pensamento, expresso na carta de 13 setembro 1892. Um Evangelho de d. Pedro ii, escrito pelos três discípulos Taunay, Nabuco e André Rebouças, para servir à educação da posteridade brasileira nas verdadeiras ideias de amor sincero ao Brasil; de trabalho e de abnegação em prol da pátria e da humanidade.

Cada um de nós tem sua índole especial; exatamente, como os evangelistas de Jesus. No futuro, cada brasileiro poderá escolher uma das três variantes; no entanto perfeitamente acordes e concordes nos grandes princípios de moral, de justiça e de equidade.

Ninguém sabe melhor do que nós três tudo quanto respeita ao imperador d. Pedro II, íntimo e público; e sobre seu prodigioso reinado de 49 anos, sobre um povo de escravizadores e de escravizados, sempre prontos para lançaram-se no redemoinho das revoluções das repúblicas hispano-americanas.

Ver o Cosmo Moral, a Justiça Suprema, funcionando severamente na província do Rio Grande do Sul. Escrevendo de Lisboa, de 13 janeiro a 17 janeiro 1890, fiz o possível e o impossível para chamar Gaspar Silveira Martins ao projeto de centro unificador do Império do Brasil. Ele respondia com seus bárbaros projetos da federação do Rio Grande do Sul com o Estado Oriental e com Entre Rios; ou então, com a quixotada de "invadir a província de São Paulo pelo flanco".

Não foi a província de São Paulo, foi sua própria província do Rio Grande do Sul que ele invadiu "pelo flanco". Esse Rio Grande, que lhe servia de aríete, durante o Império, para arrancar monopólios, favores e concessões para seus amigos e protegidos.

Quando fundamos a Sociedade Central de Imigração, Carlos von Koseritz, meu companheiro de hotel em Santa Teresa, levou para o Rio Grande do Sul nossas ideias de cadastro, de triangulação, de imposto territorial, de democracia rural. Foi graças a Silveira Martins quem pôs o veto absoluto e terminante para servir aos seus compadres, grandes interesseiros, enormes monopolizadores de terra no Rio Grande do Sul.

Durante a campanha abolicionista ele projetou-nos o cínico: — "O Brasil é o café; e o café é o negro."

Tristíssimo ver funcionar a Justiça Suprema em nossa própria pátria, sobre nossos próprios compatriotas.

Mas — *Fiat Justitia* [Que a justiça seja feita] — é a condição suprema do aperfeiçoamento da família humana.

Para você e para o nosso Nabuco todo o coração de,

André Rebouças.

The British Bank of South America, Limited.
Maio 9 1893 (terça-feira).
Il.ᵐᵒ sr. gerente (no Rio de Janeiro).

Meu caro senhor.

Foram devidamente recebidas as estimadas do 1.º e 8 março p.p. participando a remessa de £ 14 — 16 — 4 de dividendos do Banco Iniciador, a redução das ações a 70 e o crédito pedido de £ 100 para extraordinários.

Esses dois créditos acham-se já no Bank of Africa, pagas as comissões de costume. Só tenho, pois, a agradecer-lhe estes favores, assinando-me.

De vossa senhoria atento venerador, obrigado,

André Rebouças.

Visconde de Taunay
Maio 23 1893 (terça-feira). cxxv.

Meu querido Taunay.

O gerente do Bank of Africa enviou-me prestimosamente suas estimadas de 27 março e 3 abril com os míseros detalhes da guerra civil no Rio Grande do Sul, do incêndio do Liceu de Artes e Ofícios e da Justiça Suprema sobre o ingrato barão, preceptor dos filhos da Redentora.

A semana da Abolição — 13 a 20 maio — passou melancolicamente, repetindo eu, pela milésima vez, meu exame de consciência:

Devia ou não iniciar a propaganda abolicionista e agitá-la incessantemente de 1880 a 1888?

Nos mais tristes momentos de exílio no *Alagoas*, o imperador dizia-me: — Escravidão... Escravidão... Que horror!

Jamais pude compreendê-lo. A Filha Heroica dizia entusiasticamente: — Sr. Rebouças. Se houvesse ainda um escravo no Brasil, nós voltaríamos para libertá-lo.

Dos três grandes libertadores do século: d. Pedro ii, Abraham Lincoln e Alexandre ii: em tudo e por tudo, o mais feliz foi o meu prezado mestre e imperador.

É página única na história seu préstito funeral atravessando a França, a Espanha e Portugal; indo de Paris a Madri e a Lisboa; recebendo de toda a Europa flores e o quão preito que se deve à virtude, ao sacrifício e à abnegação.

Eusébio de Queirós, que precedeu a todos nós, disse: — Se o Brasil não pode viver sem escravos, é melhor que desapareça da superfície da terra.

Por outro lado, a República e a guerra civil podiam ser feitos independentemente da Abolição: só pelas ambições jacobinas e militares. Nesse caso o Brasil sofreria todos os horrores atuais complicados com as atrocidades da escravidão. Dá-me também muito conforto o exemplo atual de Gladstone. É impossível ser mais prudente, mais benévolo, mais paciente. Oito anos de propaganda, como os nossos, de 1880 a 1888. Para abolir o monopólio da terra e a escravidão na sua última fase: escravidão de brancos contra brancos sem os pretextos de cor preta e de inferioridade de raça.

De tudo isso só podemos concluir que, neste tristíssimo mundo, é impossível reformar sem excitar os instintos ferozes e sanguinários dos monopolizadores da terra e escravizadores de homens.

Claro é que esta carta abolicionista pertence também ao meu querido Nabuco e bem assim todo o coração de,

André Rebouças.

Visconde de Taunay
Junho 12 1893 (segunda-feira). CXXVI.

Meu querido Taunay.

Presente sua estimada de 18 abril, recebida por intermédio essa do gerente do Bank of Africa, na qual pede notícias do meu livro africano. Parou na impossibilidade de publicação em Capetown. O estudo comparativo do que [...] ocorre no Brasil e na Inglaterra leva-me a demorar a publicação de idílios de liberdade, de igualdade e de fraternidade, muito superiores ao nível atual da raça humana.

Eu venho por evolução filantrópica de meu santo pai. Na sua vida parlamentar, o primeiro discurso é pedindo pateticamente a abolição da hedionda pena de morte. Imagina, meu Taunay, em 11 de setembro de 1830; 63 anos antes do Brasil de 1892, de revolução, de guerra civil e de bombardeamentos!!

Foi só em 1856, que o santo imperador d. Pedro II conseguiu aboli-la praticamente; esperava fulminá-la no Código Civil, que a hedionda revolução interrompeu.

Jamais ministro algum levou ao Parlamento essa reforma evangélica. Você mesmo, oficial de gabinete de Paranhos, visconde do Rio Branco, viu um ministro da Justiça pretender forçar a mão da Princesa Redentora para assinar uma bárbara sentença de morte, provavelmente contra algum mísero escravizado.[53]

No volume II, a p. 89, com o prodigioso discurso para anistia aos republicanos de Minas e São Paulo em 1842.[54] Na p. 129, foi descrito o sistema oligárquico de sítio ao imperador, confirmando o justo dizer de Joaquim Nabuco. Por seus escrúpulos constitucionais, d. Pedro II foi sempre prisioneiro das oligarquias parlamentares. Ele mesmo disse singelamente, ao chegar a Lisboa, a 7 dezembro 1889: — Eu fui sempre um imperador violentado.

Na p. 128 há ainda a explicação da crise, produzida pela demissão de Saturnino, irmão de Aureliano.[55] Em Cannes, ao 1.º de maio de 1891, o imperador explicou-me quase com as mesmas palavras esse "golpe de Estado" na estulta frase dos sociopatas da oligarquia.

Reflito, dia e noite, em tudo isso e termino na pungente interrogação de Tolstói: — *Que faire?!* [O que fazer?!] Imagino a Irlanda e a Inglaterra revolucionadas, voltando aos horrores de Maria Tudor e de Cromwell,[56] sob pretexto de pretender Gladstone abolir o monopólio territorial e a servidão feudal. O mundo inteiro retrogradaria de três séculos.

Que horror?!

Pobre humanidade. Míseros reformadores.

Sempre muito do coração.

André Rebouças.

Visconde de Taunay
Junho 20 1893 (segunda-feira). CXXVII.

Meu querido Taunay.

Em sua estimada de 1.º de maio em Caxambu, pedes conceder para o teu gênio gaulês, ávido, a todos os instantes, de novidades e sensações. Aí tens, pois, novos conflitos escravocratas e este mísero Ulisses, de [...] às costas, perseguindo sua penosa odisseia até encontrar o tal povo, ignorante e simplório, que confunda remo de embarcação com pá de parar trigo!!

Parto amanhã pelo *Scot* para a ilha da Madeira, onde a casa do nosso honrado Wenceslau Guimarães tem correspondentes. Escrever-me-ás por intermédio seguro deles.

Comunique esta mudança ao nosso querido Nabuco e amigo José Américo dos Santos.

Escrevo ao British Bank; mas será conveniente sua visita ao gerente para pôr a máquina em novos trilhos e assegurar que não me faltem os meios de vida.

Sempre muito de coração.

André Rebouças.

Barão da Estrela.
1893 20 Junho (*terça-feira*). Capetown.

Meu querido Juca.

Foi absolutamente impossível realizar o projeto de publicar em Queenstown e aqui o meu livro africano. Parto amanhã no *Scot* para a ilha da Madeira, donde lhe escreverei dando novo endereço.

Saudades muitas a todos os nossos.

Sempre muito do coração.

André Rebouças.

Visconde de Taunay
Julho 3 1893 (segunda-feira). CXXVIII.

Meu querido Taunay.

Talvez esta prezada é última de Capetown, em 20 junho, participando-te novo capítulo na odisseia deste mísero Ulisses africano.

Remeti, agora mesmo, nova procuração ao British Bank, visada pelo vice-cônsul aqui Pedro P. Rodrigues Leitão, nascido em Petrópolis, residente na casa ocupada pelo imundo mordomo.

Vá ao banco fazer a clássica visita e assegurar que tudo está em boa ordem e assim marchará enquanto demorar-me nesta bela ilha da Madeira.

Continuo a supor que o correspondente do nosso caríssimo Wenceslau Guimarães terá o melhor veículo para suas interessantíssimas epístolas.

Comunica tudo ao nosso belo Nabuco e ao José Américo dos Santos.

Sempre muito do coração.

André Rebouças.

Barão da Estrela.

[Em 4 de julho de 1893, recém-chegado a Funchal, na ilha da Madeira, André escreveu ao amigo Juca, o barão da Estrela]

Meu querido Juca.

Como lhe preveni em carta de 20 junho p.p., aqui cheguei pelo *Scot*, no domingo 2 às quatro e meia da tarde.

Esperarei aqui o termo dos horrores que assolam nosso mísero Brasil, ou irei ainda à costa ocidental da África? Só Deus o sabe.

Saudades muitas e muitas a todos os nossos.

Sempre, com todo o coração.

André Rebouças.

POSFÁCIO

Ulisses africano: modernidade e dupla consciência no Atlântico Sul

Hebe Mattos

Este é um pequeno ensaio reflexivo, especialmente dirigido ao leitor que percorreu o conjunto das cartas reunidas neste volume.

Eu as fotografei em algum momento entre 2005 e 2007, na Fundação Joaquim Nabuco (FJN), em Recife. A intenção era usar o material para complementar minha tese para professora titular defendida na Universidade Federal Fluminense (UFF), em 2004, *Marcas da escravidão: biografia, racialização e memória do cativeiro na história do Brasil*, ao revê-la para publicação. Nela, as poucas cartas de África de André Rebouças, publicadas no extrato dos diários e cartas editado por Ana Flora e José Veríssimo, em 1938, tinham ocupado lugar de destaque. Desde então, as imagens das cartas fotografadas e seu fichamento, realizado por Matheus Serva Pereira, hoje historiador especialista na história de África oriental portuguesa, à época bolsista de iniciação científica no projeto, ficaram arquivadas no meu computador.[1]

Nesse tempo, além de morar no Rio de Janeiro, vivi sozinha, por períodos mais ou menos longos, em Stanford, Paris, Recife, Nova York e Juiz de Fora, e visitei, por períodos curtos, diferentes cidades nas Américas, na Europa e na África, em missões de pesquisa. As imagens das cartas escritas por André (nesse momento já éramos íntimos) me acompanharam. Eu me identifiquei com o personagem, e sua solidão me tocou profundamente. Muitas das novas questões de pesquisa que hoje me movem surgiram desse diálogo. Se todo saber é sempre localizado, meus pontos de observação da história brasileira se ampliaram durante as viagens em sua companhia, fazendo-me refletir mais diretamente sobre o privilégio da minha branquitude no contexto brasileiro, bem como sobre a especificidade de meu olhar de "historiadora" (no feminino) e "do Sul", no contexto global.

André Rebouças é celebrado como precursor da engenharia brasileira e como intelectual negro crítico e ocidentalizado. O grupo André Rebouças da UFF, nos anos 1970, foi um dos pilares do movimento negro brasileiro contemporâneo. A maior parte da historiografia acadêmica o conhece como intelectual reformista liberal e abolicionista. Por suas relações com a família imperial, seu legado é também reivindicado por diversos grupos monarquistas, algumas vezes de extrema direita, com presença e visibilidade política no país quando finalizo este ensaio.

A importância de sua trajetória como engenheiro foi a que mais amplamente fixou seu nome na memória brasileira. A avenida Rebouças em São Paulo, o túnel no Rio de Janeiro, sua centralidade na história do Clube de Engenharia no Brasil, as muitas obras e homenagens póstumas em logradouros públicos a ele e a seu irmão Antônio, igualmente engenheiro e sócio em diversas empresas, fixaram o nome Rebouças na memória pública.

A melanina acentuada, dele e de toda a família, a amizade com a família imperial e o ativismo abolicionista constroem uma segunda camada de memória, mais polêmica. Nessa chave, André Rebouças pode ser tomado como exemplo de uma suposta ausência de preconceito racial no Império brasileiro escravista ou, ao contrário, dos limites impostos pelo racismo estrutural à ascensão social da população negra livre. Sua condição de solteiro é frequentemente atribuída ao preconceito. Há por exemplo o relato, negado com veemência por André em seu diário, mas transformado em narrativa pública amplamente compartilhada, de um baile imperial em que ele, ao convidar uma dama para dançar, teria sido recusado. Em desagravo, a princesa Isabel o teria então convidado a acompanhá-la na dança.

A pesquisa da tese que me levou às cartas da África procurava desvendar a possibilidade da existência desse intelectual negro, de estilo aristocrático, rico e socialmente reformista no então Império do Brasil. Os Rebouças são a ponta de um iceberg oculto por uma operação de apagamento memorial, central ao racismo estrutural brasileiro: a existência de uma imensa população não branca, já afastada da escravidão por algumas gerações — imersa ela própria na sociedade escravista com todas as suas consequências —, que formava a maioria da sociedade civil brasileira à época da Independência. Os mais bem-sucedidos entre eles estavam limitados, no período colonial, pelos princípios da chamada "mácula de sangue", que os impedia de exercer cargos públicos, obter patentes militares e títulos de nobreza. Com a revogação desses estatutos na nova ordem liberal aberta com a constitucionalização do país, essas pessoas buscaram se impor na cena pública do Brasil independente: defendiam que a cidadania universal para os brasileiros nascidos livres, inscrita na Constituição de 1824, fosse também universalmente efetivada. Afirmavam que a escravidão se mantinha legal no Império do Brasil apenas como instituição histórica, baseada no direito de propriedade. Os mais articulados entre eles orgulhavam-se de ser "homens de cor", mas acreditavam também que a cor não devia importar para viverem plenamente a nova cidadania brasileira. Infelizmente não foi o que ocorreu. A precariedade da liberdade em função da marca racial continuou a definir suas existências.

Os mais vulneráveis estiveram muitas vezes sujeitos à escravização ilegal. Conviveriam com centenas de milhares de africanos trazidos ilegalmente como escravizados para as áreas agroexportadoras do Brasil depois da lei de 1831, que definiu como contrabando o comércio de africanos escravizados. Fluxo que só seria interrompido após uma segunda lei, aprovada em 1850, que não anulava a primeira, mas antes sinalizava uma nova vontade política do Estado imperial de romper com a conivência tácita com o contrabando, ainda que fechando os olhos para o passado.

Os mais bem-sucedidos seriam embranquecidos na memória coletiva após a Abolição, salvo pouquíssimos casos, como o próprio André, celebrado como símbolo de uma suposta "democracia racial" brasileira, que tolerava o negro livre como exceção, solitário e vivendo entre brancos.

O fato é que não eram poucas as pessoas nessa situação. Maioria da população livre, formaram parte expressiva da primeira intelectualidade brasileira de extração autodidata (como o conselheiro Rebouças, pai de André, ou Machado de Assis), antes da institucionalização do ensino superior no país. Foram contraponto significativo às elites formadas em Coimbra ou nos seminários católicos. A relação efetiva, ainda que não legal, entre formalização do ensino e embranquecimento das elites intelectuais vai se consolidar como um dos principais modos de operação do racismo estrutural brasileiro ainda no período imperial, depois aprofundada na primeira metade do século xx.[2]

Os mais expressivos intelectuais do grupo estiveram em geral na linha de frente da agenda abolicionista, lutando pela extinção do tráfico atlântico, pela imigração de trabalhadores africanos livres e, depois, pela abolição imediata e sem indenização aos senhores.[3] A invisibilidade dessas pessoas é um dos mais fortes legados do racismo institucionalizado no Brasil na consolidação do seu primeiro Estado nacional, socialmente associado a dolorosos processos de branqueamento, que, em pleno século xxi, ainda constroem a memória genealógica como trauma em inúmeras famílias brasileiras.

André deixou copioso material autobiográfico que tem sido analisado por diversos pesquisadores. É comum a quase todas essas abordagens a assertiva de que ele não gostava de falar de sua cor, pensava-se como sujeito universal. Só o teria feito, no diário, durante a rápida viagem aos Estados Unidos realizada em 1873, por causa da discriminação explícita que sofreu. Até 2013, quando publiquei o primeiro texto sobre ele, praticamente todos que o estudaram relegaram a segundo plano a viagem à África e as cartas do exílio.

Editar as cartas da África para publicação foi a forma que encontrei de compartilhar a voz potente e solitária do meu amigo de viagens e, ao mesmo tempo, levar a um público mais amplo alguns resultados da minha pesquisa sobre silêncio, escravidão e racismo no Brasil, que completa vinte anos enriquecida por inúmeros diálogos acadêmicos.

Venho dividindo com Keila Grinberg achados e reflexões sobre as peculiaridades e exemplaridades da família Rebouças no contexto atlântico desde fins do século passado. Comecei a procurar e a explorar redes de solidariedade racial entre intelectuais negros oitocentistas a partir da minha participação na banca de doutorado de Ana Flávia Magalhães Pinto, com quem, desde então, segui aprendendo. Mais recentemente, meu encontro com Robert Daibert Jr. e a documentação microfilmada sobre André que ele havia arquivado na Universidade Federal de Juiz de Fora (UFJF) abriu um novo horizonte de trabalho. Decidimos editar diários e cartas concernentes ao período abolicionista e à experiência do exílio, que não foram privilegiados no livro editado em 1938, e escrever juntos uma nova biografia do personagem.

Nessa nova parceria, dei-me conta de que André, segundo ele próprio, interrompeu o diário de 1877 a 1882 e o substituiu por um resumo biográfico escrito em 1891.[4] O período é bastante rememorado nas cartas do exílio, complementando o que o resumo deixa entrever. Talvez por alguma sincronicidade cósmica, em que André Rebouças profundamente acreditava, as cartas que foram minhas companheiras de viagem nos últimos quinze anos cada vez mais se confirmaram como uma janela que iluminava de forma ampla a trajetória do personagem. Por isso, também, a série ora publicada pela Chão Editora começa com elas.

Avivemos a memória dos registros que acabamos de ler. Abrimos o livro com uma carta de 29 de outubro de 1891, escrita em Cannes. O que me impressionou nesse texto e me fez começar por ele foi a forma simples, direta e bela com que o autor afirma que a experiência do racismo marcou toda a sua vida no Brasil: "Cumpre registrar que sempre que havia uma comissão gratuita e melífica [...] era para o 'negro André'", escreveu a José Carlos Rodrigues para em seguida desfiar um rosário de perseguições que marcariam exatamente o período para o qual não encontramos os volumes do diário que escreveu por toda a vida.

Foi com essa carta que descobri que ele havia estado na Inglaterra em sua raramente mencionada terceira viagem à Europa. "Doente da alma e do corpo após mais um trabalho gratuito" e mais uma vez sem o reconhecimento esperado, viajou a Londres em 24 de setembro de 1882 e ali permaneceu até 9 de fevereiro de 1883.

Queixa-se na carta de não ter sido cogitado, por seus serviços de engenharia, para nenhum contrato do Estado imperial desde 1876. Sentia-se perseguido até mesmo nos descontos feitos em seu ordenado de professor concursado da Escola Politécnica. Mesmo quando buscava se restringir à iniciativa privada (voltara de Londres como representante dos capitais ingleses que construíam o Caminho de Ferro Conde d'Eu), de sua iniciativa e concessão, teria sido perseguido por Antônio Prado, ministro da Agricultura do gabinete escravista chefiado pelo barão de Cotegipe. Antônio Prado, político conservador, empresário, banqueiro e fazendeiro paulista, permaneceria como seu desafeto até o final da vida. Pouco antes da abolição, ele teria proibido companhias inglesas de contratarem brasileiros como representantes, segundo o entendimento de Rebouças, visando asfixiar economicamente "o feroz abolicionista".

Recorda ainda um convite de outra companhia britânica, em 1878, para assumir a liderança das obras de abastecimento de água do Rio de Janeiro. Seu nome teria sido vetado por outro ministro da Agricultura do Governo imperial, desta feita o liberal Sinimbu, presidente do Conselho de Ministros.

De certa forma, André minimiza o estopim de seu afastamento do Brasil, a derrubada da Monarquia por um golpe militar. Segundo ele, "a odisseia do 'negro André' [...] soma todos os trabalhos de Ulisses e todas as dores do escravo Eumeu". Saindo do Brasil, em 17 de novembro de 1889, havia apenas sacudido o pó das sandálias, como ordena Jesus.

A metáfora é poderosa, e por isso dá título a este ensaio. Associando-se a Ulisses, o herói grego da *Odisseia*, busca afirmar seu universalismo e cosmopolitismo e justificar sua viagem sem previsão de retorno pela Europa e pelo continente africano. A aproximação com Eumeu, o fiel escravo do rei de

Ítaca, evoca as desventuras dos libertos a que dedicara seus anos de luta abolicionista no Brasil, sua condição racial e sua fidelidade à família imperial. Do seu ponto de vista, eles eram vítimas dos "monopolizadores de terra e escravizadores de homens". Em suma, saía do Brasil expulso por seus princípios e por suas origens africanas. O Brasil, sempre governado pelas mesmas elites escravocratas, fosse monárquico ou republicano, era pequeno para ele.

A metáfora do Ulisses-Eumeu acionada por Rebouças é expressão de uma dupla consciência de si, ao mesmo tempo universal e racializada. Para além das especificidades dos diferentes contextos imperiais, as cartas de André Rebouças são um testemunho dramático das contradições e desilusões das ideias liberais no processo de colonização europeia na África, bem como da difusão, também no Atlântico Sul, do que Paul Gilroy, reverberando Du Bois, chamou de dupla consciência dos intelectuais negros no Ocidente.[5] A percepção de André de que os negros do Atlântico eram também africanos, tinham uma "alma" comum herdada de "seus pré-avós" e deviam contribuir na missão de civilizar o "continente mártir", o coloca entre os precursores do pan-africanismo.

Mas antes de alcançarmos a África e o pensamento de André Rebouças sobre a questão racial, continuemos em Cannes e no texto da carta que abre o livro. Ela introduz também alguns dos melhores amigos do nosso personagem, aos quais esteve ligado por toda a vida. A parceria comercial com o inglês Frederick Youle, a parceria profissional com o engenheiro José Américo dos Santos, o "meu caro Santinhos" de muitas missivas, a amizade e identificação com o político e historiador visconde de Taunay, companheiro da Escola Politécnica e da Sociedade Central de Imigração, seu mais fiel correspondente por todo o período do exílio. Essa intimidade e cumplicidade intelectual André compartilhava também com Joaquim Nabuco, companheiro da luta abolicionista, e José Carlos Rodrigues.

Escreveu cartas quase diárias de Cannes a Rodrigues, de quem havia sido colaborador por seis anos no jornal *O Novo Mundo*, editado de Nova York, e com quem se reencontrara em Londres, em 1882. O amigo, republicano histórico, radicado nos Estados Unidos e depois na Inglaterra, antigo correspondente do *Jornal do Commercio*, havia reunido um consórcio de 28 sócios capitalistas para adquirir o prestigioso periódico dos antigos proprietários, monarquistas radicados em Paris, em 1890. André não se conformava com as alianças do velho amigo com o republicanismo *escravocrata* que, para ele, prevalecia no Brasil. Procurava de todo modo influenciá-lo na linha editorial a ser adotada. Cada vez mais decepcionado, mandava artigos europeus, sobretudo franceses, como sugestões de pauta.

A maior crítica de André à República brasileira era ter sido instituída por um golpe militar, ao arrepio da Constituição.

A intenção de Rebouças nas cartas a Rodrigues era claramente influenciar os acontecimentos políticos no Brasil, na expectativa de alguma estabilização após a promulgação de uma nova Constituição, aprovada em fevereiro de 1891 e que previa um plebiscito entre monarquia e república, que só seria realizado mais de cem anos depois, em 1993, pela Constituição de 1988.

Dois dias depois da carta que abre o livro, explicou ao próprio imperador sua vontade de intervir nos rumos da República reconstitucionalizada. Claramente, o intuito da carta ao ex-monarca é esclarecer que sua oposição à República, por ser militar e escravocrata, fundada na traição e na ingratidão, não eliminava o compromisso de tentar influenciar os rumos do país para os seus "libertados".

André tinha medo, sobretudo, de um crack financeiro semelhante ao que ocorrera na Argentina em 1890 (o que veio a acontecer no processo inflacionário conhecido como Encilhamento) e gostaria de evitar uma guerra civil a partir dos conflitos entre Executivo e Legislativo como ocorrera no Chile naquele ano (1891), com a derrubada do presidente José Manuel Balmaceda, o que também acabou se realizando com a deflagração da Revolta da Armada contra a posse inconstitucional de Floriano Peixoto, em novembro de 1891. Diz a carta ao monarca:

O José Carlos Rodrigues, que Vossa Majestade honrou com uma visita em Nova York, quando redator proprietário do *Novo Mundo*, é hoje o diretor do *Jornal do Commercio*.

Escrevo-lhe, quase todos os dias, para elevá-lo ao nível de Nabuco e de Taunay no trabalho para salvar o Brasil da anarquia e da bancarrota. Tenho consciência de haver combatido, com a maior veemência do meu sangue africano, a nefanda República militar escravocrata, da traição e de ingratidão, mas, nem por isso, julgo-me desobrigado de trabalhar com os meus libertados para livrar nossa infeliz pátria da bancarrota argentina e do canibalismo chileno. [p. 29]

Filho da ciência ocidental, seu pensamento operava em uma chave que associava raça e cultura. Ao longo do diário e das cartas, tece inúmeros comentários sobre características da raça anglo-saxã e latina, por exemplo. Sua antecipação pan-africana tinha esse fundo conceitual e o fazia afirmar o orgulho de seu "sangue africano" diretamente a Pedro ii.

Na sequência de cartas a Rodrigues, há ainda uma amostra bastante elucidativa dos grandes e pequenos temas que o preocupavam como intelectual, muitos deles irremediavelmente datados, outros surpreendentemente atuais, como a questão ambiental e o abastecimento de águas das grandes cidades.

Destacam-se, entre eles, sua percepção da questão operária como uma nova forma de escravidão, a defesa intransigente da pequena propriedade e a convicção liberal radicalmente não monopolista, além de uma original reflexão sobre raça e casta.

Algum conhecimento do ambiente intelectual, especialmente francês, em fins do século XIX, é fundamental para a plena compreensão dos textos, sobretudo sua identificação com a virada religiosa do escritor russo Liev Tolstói, que lia em francês em primeira mão. Ela informará a continuidade, até o final da vida, de sua adesão crítica não apenas à modernidade liberal, mas também aos valores cristãos, como Robert Daibert me fez ver.[6]

André Rebouças foi tolstoico de primeira hora. *Uma confissão* (1882), que marca a conversão ético-religiosa do escritor russo com uma recuperação filosófica radical do Sermão da Montanha e da figura de Jesus, sem deixar de ser crítico ao poder das diferentes Igrejas cristãs, foi traduzido para o francês apenas em 1887. No diário desse ano, Rebouças está lendo *Que Faire?* [O que fazer?], ensaio de 1885. Esse livro será a referência central de Rebouças para escrever o texto "Abolição da miséria", publicado na *Revista de Engenharia*, em 1888. Depois disso, o pacifismo, o ascetismo, o desprendimento dos bens materiais e a crítica social radical de Tolstói serão continuamente evocados por Rebouças durante o exílio e sobretudo durante a viagem africana. Como pudemos ler, na correspondência com Taunay, de 1892, demonstra conhecer bem *Sonata a Kreutzer* (1889), curto romance em forma de diálogo. Aguardava, em Barberton, a chegada de um exemplar de *L'Argent et le Travail* [O dinheiro e o trabalho], verdadeiro libelo contra a desigualdade econômica do mundo capitalista, então recém-publicado na França, com prefácio de Émile Zola.

O "tolstoísmo" de André Rebouças desenvolveu-se, portanto, a partir de uma identificação imediata. Veio ao encontro de um misticismo pessoal prévio, baseado em um esoterismo cristão difuso, presente nos meios intelectuais franceses no século XIX. Na forma como o autor é citado nas cartas africanas, ele se associava à crença na existência de um *cosmo moral* com um *sincronismo* próprio, que podia ser medido por coincidências numéricas e geométricas, construído a partir da ação e reação dos atos morais do conjunto dos seres humanos ao longo do tempo. Menções ao sincronismo do Universo e ao *cosmo moral* estão presentes em várias das cartas e em um de seus artigos na *Revista de Engenharia*, de título "Instrução técnica" (14/5/1891), citado na correspondência com Nabuco. *Le Cosmos Moral* é título do poema filosófico do francês Marie Gustav Larnac, publicado em 1862. A introdução da obra é dedicada a Humboldt, que teria lançado "luz sobre toda a natureza":

> Assim, a lei física, em sistemas fáceis,
> É traduzida entre nós; mas há problemas
> Ainda mal resolvidos no nosso interior

Ganhamos mais conhecimento sem nos tornarmos mais sábios!
Assim, um cosmos moral, como pode parecer,
No tempo presente teria sua razão de ser,
Para estabelecer certas verdades
E marcos a serem frutiferamente consultados,
Centros em torno dos quais, em sua forma cristã,
Nossa sociedade, de fato, possa gravitar e se sustentar!

A consolidação teórica desse sentimento quase místico e ao mesmo tempo cientificista está associada a um profundo anseio por justiça social. A religiosidade de Rebouças, como a de Tolstói, era eminentemente laica. Como lemos nas cartas, repudiava o que chamava de *teocracia* ou *jesuitismo* (no caso brasileiro), que percebia como inevitavelmente ligados ao escravagismo e a todo tipo de *castismo*.

O conceito de casta ocupa lugar central no pensamento expresso nas cartas africanas. Para ele, o racismo era uma forma de castismo. Seu antirracismo é liberal e anticastista. Acreditava que a eliminação das lógicas estamentais das sociedades pré-capitalistas europeias, asiáticas ou africanas seria suficiente para eliminar o racismo. Isso lhe permitia conciliar suas crenças liberais com o essencialismo cultural e o evolucionismo europeus oitocentistas, a partir dos quais fundia uma certa noção de cultura, associada a um povo/nação, com seu profundo cosmopolitismo. Romper com os sistemas de castas, no mundo islâmico, no Oriente, ou no segregacionismo racial dos Estados Unidos, afirmando a igualdade radical da "raça humana", era sua mais profunda convicção reformista. Isso não o impedia de pensar as várias "almas nacionais", à moda oitocentista. Podia se referir à "raça ianque, inglesa, gaulesa, luso-brasileira ou tâmil" e às suas peculiaridades, bem como à decadência das civilizações orientais ou ao potencial civilizacional do homem africano.

Voltemos à correspondência com José Carlos Rodrigues. Na sequência de cartas, evidenciam-se suas avaliações políticas dos acontecimentos brasileiros, aos quais retornaria por todo o período da viagem ao continente africano, e muito de seus ressentimentos e preconceitos.

Antigos companheiros de luta abolicionista ou por reformas sociais que apoiaram o golpe republicano tornam-se alvo de desprezo. Guardava verdadeiro horror a Silva Jardim, o propagandista da república, com quem provavelmente comungava preocupações com justiça social para a classe operária, após vê-lo buscar apoio político para a causa republicana junto aos antigos cafeicultores escravistas, ação à qual André atribuía o fato de, ainda em 1891, mesmo fora do Brasil, continuar a ser cogitado como um dos possíveis candidatos civis à sucessão de Deodoro. Rui Barbosa, companheiro na campanha abolicionista, ministro da Fazenda do Governo Provisório, comandou o processo de explosão monetária conhecido como Encilhamento, o que o desqualificava na pena de André até mesmo do ponto de vista moral. O compadre José do Patrocínio, grande tribuno negro da Abolição, cujo filho batizara e com quem dividira a fundação da Confederação Abolicionista, considerava digno de pena. Lamentava vê-lo dividindo espaços públicos com Coelho Bastos, o ex-chefe de polícia que reprimira com ferocidade o movimento abolicionista na década de 1880. Com ele, se reconciliaria. Publicou em seu jornal, *A Cidade do Rio*, aparentemente o único dos seus "idílios africanos" que sobreviveu à posteridade. Muito mencionados nas cartas da África, os idílios seriam reflexões em forma de poesia, em que celebrava uma imaginada identidade africana e suas potencialidades para o futuro. Outros nomes públicos, ainda que menos conhecidos, são reduzidos a pó na pena ferina do nosso personagem.

André considerava que o fazendeirismo, na forma de ressentimento escravocrata com a abolição sem indenização, o militarismo (pressão política pela força das armas) e o jesuitismo (a influência da hierarquia eclesiástica católica na política) estavam na base da queda da Monarquia. Abraçava, assim, a conhecida tríade interpretativa que atribuía a crise política do Império às famosas questões servil, religiosa e militar. Sua ênfase, porém, estava na influência econômica dos antigos interesses cafeeiros escravocratas no golpe republicano, sobretudo os de São Paulo. A imigração subvencionada para a grande propriedade cafeeira, de italianos, portugueses, espanhóis ou chineses, parecia-lhe um sucedâneo do tráfico de escravizados e uma forma de escravidão disfarçada. Antônio Prado, ministro da Agricultura do último gabinete escravista imperial, banqueiro e fazendeiro republicano, era também seu rival como engenheiro e empresário. Representavam projetos absolutamente díspares de modernidade e de liberalismo para o país.

A interiorização do Brasil através de estradas de ferro e vias navegáveis está entre suas mais antigas preocupações como engenheiro. O sonho dos irmãos Rebouças era ligar o Atlântico ao Pacífico, e ambos desenvolveram inúmeros projetos que tinham como pano de fundo esse ideal. André possuía toda uma sensibilidade para as questões internacionais decorrentes da consolidação dos Estados nacionais na bacia do Prata. Apresentou-se como voluntário na Guerra do Paraguai, tentou interferir nas negociações entre Brasil e Argentina relativas à região das Missões no último ano do Império e continuou a polemizar sobre a questão, mesmo no exílio, inclusive durante a viagem africana.

O agravamento da saúde do ex-imperador o levou de Portugal à França, de onde escrevia a Rodrigues no final de 1891. Não a Paris, onde estava o antigo imperador, mas a Cannes, para onde insistia que o ex-monarca deveria ser levado, em busca de um clima mais ameno e mais próximo do que conhecera em Petrópolis. De fato, estava distante e não influenciava as decisões da antiga família imperial. Ali, irá registrar pela primeira vez a decisão de fazer a viagem de circum-navegação da África como uma forma de homenagear Pedro II e fazer o luto por sua morte. Nas cartas transcritas nos cadernos de correspondência desse período, a figura do ex-imperador é associada à ideia de martírio e a Jesus Cristo. E foi nesse registro tolstoico que algumas delas foram publicadas na edição de 1938 do diário.

A amizade entre ambos merece contextualização. Da leitura do diário pode-se afirmar, com segurança, que as relações de André Rebouças com Pedro II, até 1887, eram certamente muito menos íntimas do que as cartas do exílio, inclusive as da viagem africana, deixam transparecer.

Pedro II seguiu sempre com atenção a brilhante carreira de engenheiro dos dois filhos do velho conselheiro Antônio Pereira Rebouças. Especialmente a de André, com sua índole cosmopolita e inovadora. Só se tornaram íntimos, entretanto, em Petrópolis, já em 1888, quando se encontravam, quase todas as manhãs, na estação de trem da cidade, como André deixou registrado no diário, mesma época em que, a convite do imperador, André se tornou tutor de seu jovem neto engenheiro.

A amizade entre ambos se estreitou na conjuntura que sucedeu à aprovação da Lei Áurea, quando Pedro II se recuperou de forma surpreendente de problemas de saúde que fora tratar na Europa e retornou ao Brasil. Antes disso, André tinha uma atitude bastante crítica em relação às conciliações do monarca com a pressão dos políticos escravagistas.

Após 1888, entretanto, passou a ter grandes esperanças de aprofundar as reformas anunciadas pela Abolição sem indenização aos senhores, com medidas de democratização da propriedade fundiária, incentivo à pequena propriedade e à imigração, acesso à terra e à educação aos recém-libertos, que defendeu nos jornais em inúmeros artigos. Contava com Pedro II para tentar implementá-las. Atribuiu o golpe republicano aos interesses escravistas que pressionavam por indenização pela propriedade perdida em escravos e resistiam à taxação da grande propriedade da terra. Acompanhou a família imperial na viagem ao exílio no paquete *Alagoas* e passou a dedicar ao ex-imperador verdadeira veneração.

Vale aqui enfatizar o caráter passional dos afetos de André Rebouças, mais evidente na relação com o imperador do que em qualquer outra. O compromisso fundante do regime imperial com as elites escravocratas é quase ignorado como questão nas suas rememorações do exílio.

Em uma de suas cartas da África, em 23 de dezembro de 1892, chega a escrever em um mesmo parágrafo que a capital do Império era um paraíso "onde não havia nem pena de morte, nem masmorras, nem bárbaros açoites", mas que precisava de "um imperador, filósofo e santo" para defender os africanos escravizados "contra a sanha dos fazendeiros e senhores de engenho, monopolizadores e usurpadores do território nacional, surradores, estaqueadores, linchadores e cremadores de negros". André concentrava toda a brutalidade escravista da sociedade imperial em sua classe senhorial, que seria capaz "de todas as iniquidades"... Atribuía a essa elite, outrora contrabandista de gente, o golpe republicano. Nas cartas africanas, revisita algumas vezes a ideia de um "imperador violentado", que por isso tantas vezes se subordinara aos interesses escravocratas. Chega a se consolar sobre a queda da Monarquia, especulando que mesmo Pedro II talvez não conseguisse resistir à pressão dos antigos escravocratas, "monopolizadores de terra e escravizadores de homens". Nos primeiros anos de exílio, atuou ativamente como articulista, denunciando o caráter militar e escravista da República instaurada no Brasil em dezenas de artigos em jornais de Lisboa e Londres e na *Revista de Engenharia* do Rio de Janeiro, até o ano de 1891.

Mais que a defesa do imperador, no entanto, era a questão democrática e constitucional que ocupava o centro de sua denúncia política da República recém-instaurada. Rebouças não manteve nenhuma articulação com os grupos monarquistas brasileiros após 1891 e foi crítico ativo de qualquer ideia de reação armada à república recém-constitucionalizada. Sua crítica à deposição de Pedro II se centrava na defesa da ordem constitucional e na denúncia do caráter escravagista que percebia no golpe militar republicano. Sua abordagem da questão democrática no Brasil guarda uma incômoda contemporaneidade.

Como escrevi na apresentação do volume, André foi antes de tudo um sujeito cosmopolita. Em Lisboa, enquanto escrevia artigos em defesa da monarquia constitucional, suas preocupações se voltavam também para temas globais. Os artigos "O problema da África" (14/1/1890), "Colonização da Argélia" (14/7/1890), "O problema da Irlanda" (28/12/1890) e "O problema hebreu" (28/5/1891 e 14/6/1891), publicados na *Revista de Engenharia*, dizem bem por onde andavam suas inquietações intelectuais.

Esses não são seus únicos artigos na *Revista de Engenharia* nesse período. Nela, publicou quinze textos sobre questões econômicas, com foco na erradicação da miséria e na centralidade da questão fundiária. O pensamento econômico de André Rebouças evoca a ideologia dos republicanos radicais pré-guerra civil nos Estados Unidos (*"Free soil, free labor, free men"* [Terra livre, trabalho livre, homem livre]), mas vai além dela. Esse pensamento já foi bastante visitado, mas com certeza está a merecer um trabalho de história intelectual à altura do esforço analítico do autor, que tomava todo o globo como campo de observação. Meu ponto aqui é destacar que localizar e combater qualquer tipo de desigualdade institucionalizada (por raça, casta e mesmo nacionalidade) foi um segundo ponto central de atração do seu olhar no imenso laboratório com o qual trabalhava. Ambas as questões estão presentes nos artigos sobre a colonização da Argélia e o problema da Irlanda.

Publicado em julho de 1890, quando estava em Lisboa, "Colonização da Argélia" é uma crítica à violência nos processos coloniais como estratégias de civilização. Segundo ele, a colonização da atual Argélia pelos franceses, baseada nos "velhos processos romanos com [...] exércitos de ocupação [...] foi um enorme desastre social, econômico e financeiro [...] com milhares de soldados franceses mortos nas guerras de conquista e repressão às tribos revoltadas". A civilização dos "aborígenes da Argélia", segundo "princípios democráticos hodiernos", era para ele uma imposição moral do mundo civilizado, dificultada pela violência da dominação árabe e turca e reforçada pela violência da colonização francesa. No artigo, destacam-se os pontos básicos que orientavam o seu olhar para a expansão europeia sobre o globo: 1) a crença no dever moral de civilizar segundo "princípios democráticos" os povos aborígenes ainda existentes, sobretudo no continente africano; 2) a percepção das civilizações orientais como moralmente decadentes; 3) o combate ao emprego de qualquer método violento no processo civilizatório. No caso da Argélia, não tinha dúvidas de que combater o monopólio da terra imposto desde a dominação árabe ainda no período medieval se impunha como principal tarefa. Para ele, o "monopólio territorial" era a "origem de todas as mazelas humanas".

Mostrava-se confiante nos resultados obtidos naquele momento pela ação colonizadora dos "anglo-saxônicos na Oceania, na Austrália, na Nova Zelândia e na África Meridional", ao mesmo tempo que, em artigo publicado na *Revista de Engenharia*, em dezembro do mesmo ano, responsabilizava o "landlordismo" da dominação colonial inglesa do século XVII pela miséria extrema na Irlanda. Não tinha dúvidas quanto à responsabilidade da Monarquia inglesa pela situação e a comparava ao processo de colonização europeia em curso na África:

> Os empregados de Elisabeth [I] tratavam com maior desprezo e horror a selvageria dos irlandeses, mas não se comportavam melhor [...] Exatamente, como os famosos civilizadores da África atual, que se horrorizam com as façanhas dos régulos do Daomé e de Zanzibar, e vão os catequizando a pólvora e bala, e os envenenando com aguardente de batata...

De fato, a África parece ter sempre estado no centro de suas preocupações, bem como a ilusão a respeito do caráter positivo da expansão da presença europeia no continente como portadora de civilização e justiça social. Ele planejou a viagem ao continente africano como missão científica e civilizatória. A progressiva desilusão com esse ideal, que emerge na sequência das cartas, é um dos pontos, para mim, mais tocantes da sua leitura.

Não apenas ele, naqueles anos, incorporou a África à sua agenda de estudos. Desde meados do século XIX, as viagens e expedições ao continente se sucediam e faziam a fama de cientistas e exploradores ocidentais. O artigo "O problema da África" abriu a série de textos publicados por André na *Revista de Engenharia* durante o exílio. Foi escrito em Lisboa e publicado em 14 de janeiro de 1890. Nele, refletia de forma direta sobre as relações entre escravidão e racismo:

> A África foi sempre o continente da escravidão [...] A cor preta foi sempre apreciada pelos exploradores de homens como uma justificativa de sua iniquidade. [...]
>
> A cor negra veio salvar essa dificuldade moral [...] Porque todo criminoso quer ter uma justificativa do seu crime [...]

Como voltará a fazer ao analisar a colonização da Argélia, situava no Império Romano a origem do problema, com a construção dos quadros legais da escravidão no Ocidente. Mas, segundo o artigo, nem toda a culpa era ocidental: "Depois da escravidão romana, a escravidão maometana... É ela que persiste ainda hoje e constitui a dificuldade máxima do *Problema da África*...".

Em sua crítica à escravidão islâmica, afloravam seus profundos preconceitos em relação às culturas orientais, consideradas por ele civilizações "decadentes", "escravagistas" e "eróticas". Em 1890, ainda mantinha esperanças na ação colonizadora dos missionários católicos e protestantes, abandonadas alguns meses depois, quando analisou mais de perto a ação francesa na Argélia:

> Foram necessários séculos e séculos para expelir da Europa a horda maometana, e para atirá-la sobre a África; por muito tempo os piratas argelinos foram o terror da navegação e do comércio no Mediterrâneo: só terminou essa barbaria em 1830 pela ocupação da Argélia pelos franceses. Agora o combate contra o islamismo está travado na própria África, desde o Mediterrâneo até os lagos equatoriais [...] À frente dos católicos romanos brilha o cardeal Lavigerie, outrora bispo de Argel [...], os protestantes de seitas inumeráveis espalham Bíblias por toda a África; uns caminham de norte ao sul, seguindo o vale do Nilo prodigioso; outros vão de sul ao norte partindo de Cape Town e de Pretória; alguns de leste a oeste, de Zanzibar para os grandes lagos; outros de oeste para leste, segundo o circular vale do Congo livre [...]

Ainda assim, Rebouças já então reconhecia o problema da África também como problema ocidental:

Depois da escravidão romana, depois da escravidão maometana, devastou a África a escravidão americana [...] É tristíssimo ser obrigado a reunir o belo nome da América ao monstro da escravidão [...] Mas é a verdade [...]

E, antes de tudo, "não ter medo da verdade" [...] Não cometer crimes hoje para que as gerações vindouras não se envergonhem do nós [...] É assim que se faz a evolução moral da raça humana.

A ideia do *cosmo moral* o levava ao conceito de reparação, devido pelo Ocidente, e sobretudo pelo Brasil, ao continente africano. Encarava a aventura imperialista europeia como o prelúdio de um novo universalismo, pensando a África como o continente do futuro. Contava com os esforços civilizadores de europeus e americanos para reparar os séculos de sofrimento do continente e considerava que o Brasil deveria ter um papel nesse processo. A ideia de expiação e reparação pelos séculos de escravismo está muito presente em todo o pensamento que André desenvolveu no período.

Segundo "O problema da África", ainda no Brasil, em 1888, ele propôs a criação de uma rota a vapor, da Europa ao Pacífico, passando pela costa ocidental da África e pelo Brasil. Segundo o artigo, com a Abolição, ele esperava um papel de destaque para o Brasil na nova colonização do continente.

Considerado do mais alto ponto de vista cosmopolita, o Brasil é a grande oficina da preparação da humanidade para a conquista científica e industrial d'África [...] Nossos vindouros — argonautas desse grandioso futuro, — partirão deste belo litoral para o continente, que nos fica em face, para levar-lhe a civilização, a indústria e o progresso, e saldar a grande dívida de gratidão e de reconhecimento, que o Brasil deve à África.

É verdade que são evidentemente arraigados seus preconceitos contra hábitos populares baseados em tradições que considerava bárbaras ou incivilizadas. Utiliza, porém, os signos de "selvageria e barbárie", em que incluía a instituição da escravidão — cujo combate era então um dos pilares a justificar moralmente a expansão europeia no continente africano —, para fazer a crítica de toda ação pretensamente civilizadora que se rendia aos "castismos" e capitulava ao monopólio da terra. Nas cartas da África, ele não ama o teatro de revista carioca, mas tampouco admira a ação portuguesa em Moçambique ou os "canibais ianques" do Sul dos Estados Unidos, que linchavam negros nas ruas.

Sua decisão de viajar à África espelha a de outros afro-americanos em busca das origens, realizada em paralelo ao processo de disputa pela dominação colonial dos diferentes Estados nacionais europeus na região. Apesar de sua admiração pelos ingleses, sua maior simpatia era pelos consórcios internacionais, como no caso da intervenção europeia no Egito, numa espécie de utopia globalista e, do seu ponto de vista, modernizadora e *civilizadora*. Uma intervenção que deveria transformar os *africanos*, pensados assim, genericamente, como um povo ou cultura comum, em pequenos proprietários, convenientemente vestidos e alfabetizados em alguma língua europeia (algo que, ele estava convencido, os africanos aprendiam com facilidade).

"Esforçar-se por ser europeu e negro requer algumas formas de dupla consciência", escreveu Paul Gilroy na abertura do seu ensaio "O Atlântico negro como contracultura da modernidade", analisando os precursores do pan-africanismo no século XIX e suas leituras e ação sobre a África. Como o autor afirma, é significativo que "antes da consolidação do racismo científico no século XIX, o termo *raça* fosse empregado quase no mesmo sentido em que a palavra *cultura* é empregada hoje".

Sem dúvida, era assim que André Rebouças o utilizava quando se referia à raça gaulesa, luso-brasileira ou à alma africana. Como afirmado no início deste ensaio, seus escritos na e sobre a África o aproximam de outros precursores do nacionalismo africano como Martin Delany, analisado por Gilroy. Para o autor, ele

é justamente afamado por ter organizado e liderado a primeira expedição cientifica à África a partir do hemisfério ocidental:

o Grupo de Exploração do Vale do Niger de 1859 [Niger Valley Exploring Party], comandado por Delany em conjunto com Robert Campbell, um naturalista jamaicano que havia sido chefe do departamento de ciências no Instituto para Crianças de Cor [Institute for Colored Youth] na Filadélfia.[7]

Segundo Gilroy, em seu *Report of the Niger Valley Exploring Party*, Delany assim descreve seus propósitos de regeneração da África em seu relatório do Vale do Niger:

> A África é nosso solo paterno [*fatherland*] e, nós, os seus legítimos descendentes [...] Há muito cresci para além dos limites da América do Norte e, com eles, também cresci para além dos limites de seus domínios [...] A África, para ser regenerada, precisa ter um caráter nacional e sua posição entre as nações existentes do mundo dependerá principalmente do alto padrão que ela possa conquistar comparado com elas em todas as suas relações, moral, religiosa, social, política e comercialmente.

Qualquer semelhança com André e sua "missão científica, industrial e abolicionista" na África Meridional não é mera coincidência. No exílio na Europa, ele acompanha toda a ação neocolonial no continente como missão civilizadora na qual precisa se envolver diretamente por imperativo moral.

Segundo ele, "os alemães de Camarões estão ensinando a cantar aos negrinhos; como o africano André Rebouças há de recuar por medo do sol e das inclemências do continente de seus pre-avós?!".

Em busca de seus "pré-avós africanos e portugueses", partiu, a princípio, para a África de colonização portuguesa. "Não sendo mais possível fazer idílios sobre o Brasil passo a idealizar a África", escreveu.

Como deixou registrado em suas cartas, durante todo o ano de 1892 trabalhou com afinco no livro que planejara ainda na Europa e que considerava praticamente pronto ao final do ano, com o título *Em torno d'África 1889-1893. Propaganda abolicionista socioeconômica — Antropologia — Botânica — Flora comparada do Brasil e d'África — Astronomia, Meteorologia, etc..*

Tive a emoção de encontrar a folha de rosto do manuscrito e prováveis fragmentos do livro entre os arquivos privados de Ana Maria Rebouças, bisneta do irmão Antônio.

Muito do conteúdo das páginas que sobreviveram é antecipado nas cartas que acabamos de ler, mas vale aqui reproduzir um pequeno e belo trecho de uma dessas páginas, talvez um dos seus idílios africanos, ainda que com a leitura danificada ao final.

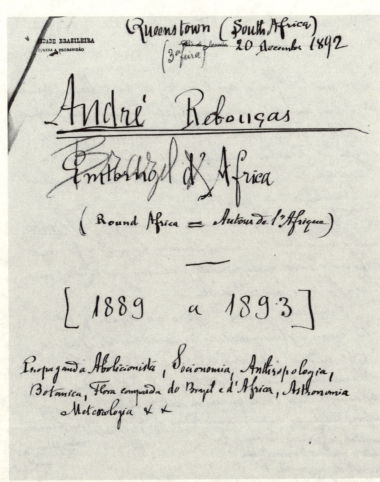

Folha de rosto do manuscrito de *Em torno d'África* (1889 a 1893), livro planejado por Rebouças ainda na Europa

Pro Africanis, idílio africano que consta do manuscrito de *Em torno d'África* (1889 a 1893)

Pro Africanis

Foi um africano, nascido no Egito; foi Moisés, descendente de hebreus, escravizados por egípcios ingratos; esquecidos dos benefícios do hebreu José; foi esse africano-escravo quem, primeiro, decretou no Decálogo: — Não matarás — e deu assim à humanidade o primeiro elemento de moral, de justiça, de equidade, de benevolência e de caridade...

— Foi um africano, nascido em Cartago; foi Terêncio, escravo e depois liberto do senador Terentius Lucanus; foi esse africano-escravo quem, primeiro, proclamou em Roma, em pleno teatro, a máxima sublime:

Homo sum; humanis nihil a me alienum puto
[Sou um homem. Nada que é humano me é estranho]

E deu assim à humanidade o dogma divino da unidade, da solidariedade e da indivisibilidade da família humana...

— É ainda um africano, André Rebouças, foragido do Brasil depois de 50 anos de lutas, tantas quantas de vida; de combates incessantes, perpétuos, quotidianos contra os escravizadores de negros, brancos, amarelos, africanos, europeus e asiáticos [...] quem, primeiro, fez esta síntese humanitária

Apenas um dos seis idílios africanos mencionados nas cartas foi publicado. Escrito em Barberton, em 30 de maio de 1892, o "Idílio VI" foi publicado por seu compadre, José do Patrocínio, no jornal *A Cidade do Rio*, em 4 de fevereiro de 1893. Sua pergunta central, "Por que o negro africano ri, canta e dança sempre?!", dialogava diretamente com a questão de fundo do nacionalismo negro e do pan-africanismo nascente, a busca de uma alma africana ou negra:

> Por que o negro africano ri, canta e dança sempre?!
>
> Por que o negro africano ri, canta e dança sempre?!...
>
> Trajado de luto perpétuo e eterno: coberto de preto incrustado na própria pele!!...
>
> Por que o negro africano ri, canta e dança sempre?!
>
> Carregando pedra áspera [...] dura, [...] ferro pesado e frio, ou carvão de pedra sujo e sufocante!!!...
>
> Por que o negro africano ri, canta e dança sempre?!!...
>
> Quando a atroz retaguarda do feroz Stanley comprou uma negrinha para ver comê-la viva pelos canibais, tomaram os *sketchbooks* e prepararam os ouvidos para gritos dilacerantes e os binóculos para cenas emocionais... A mísera ergueu os olhos para o céu, e deixou sorrindo dilacerarem-lhe o ventre...
>
> — Por que o negro africano ri, canta e dança sempre?!
>
> Quando em Campinas um fazendeiro de São Paulo substituiu, na forca, por mísero preto velho inocente, seu capanga,

moço assassino, esse desgraçado percorreu inconscientemente a via satânica dos Anás e dos Caifás: dos juízes e dos jurados corruptos e cínicos: iníquos e vendidos aos escravizadores de homens, usurpadores e monopolizadores do território nacional... Foi só quando o carrasco se aproximou de corda em punho, que o velho negro africano compreendeu onde ia terminar a infernal comédia... Então, sentou-se sobre os degraus da forca e cantou a canção que lhe ensinara sua mãe, aqui n'África, no continente-mártir...

Por que o negro africano ri, canta e dança sempre?!...

Dize Jesus, Mártir dos Mártires: dize, Tu para quem não há segredos nem martírios no sacrifício e na humildade; na dedicação, no devotamento e na abnegação... Dize:

— Por que o negro africano ri, canta e dança sempre?!

Bem-aventurados os escravizados, os chicoteados, os insultados, os caluniados, os cuspidos e os esbofeteados.

Bem-aventurados os que sofrem injustiças e iniquidades: sequestros e espoliações.

Bem-aventurados os que não têm terra, nem casa: nem propriedade, nem família.

Bem-aventurados os que não têm pátria: os que são estrangeiros no seu próprio continente africano...[8]

(Ideado em Krokodil Port, 23 de maio de 1892; escrito em Barberton a 30 de maio de 1892)

O protonacionalismo africano de André Rebouças evoca não apenas Delany, que provavelmente conhecia, dado o seu cosmopolitismo e interesse pela colonização da África e, em particular, pela experiência da produção de café na Libéria — comentada em artigos publicados por ele ainda na década de 1870 em O *Novo Mundo*, de José Carlos Rodrigues. Evoca também Frederick Douglas, o abolicionista negro a quem cita e cujas ideias reivindica com frequência. Dialoga, ainda, com outros precursores do pan-africanismo, que com certeza conhecia, como Alexander Crummell e Edward Blyden, nativos do Novo Mundo e liberianos por adoção.

Algumas semelhanças das cartas africanas de André com o pensamento de Edward Blyden são dignas de nota. Como Rebouças, Blyden era um estudioso poliglota; segundo Anthony Appiah, no ensaio "Ilusões de raça", "seus ensaios incluíam citações de Dante, Virgílio e Saint-Hilaire nas línguas originais [...] para Blyden, [...] o afro-americano era um exilado que 'deveria voltar para a terra dos seus pais e ficar em paz consigo mesmo' [...]". Admirador da ação inglesa em Serra Leoa, a África tradicional para ele encontrava-se em estado de barbarismo. Blyden afirmava, no entanto, como Rebouças em suas cartas, que "não há uma só deficiência mental ou moral hoje existente entre os africanos — uma só prática a que eles hoje se dediquem — para a qual não possamos encontrar paralelo na história passada da Europa". No cômputo geral, assim como

Rebouças ou Douglas, preconizava que as religiões e políticas africanas deveriam ceder lugar ao cristianismo e aos valores da civilização ocidental.[9]

Como os leitores acompanharam, o plano inicial era alcançar Angola circum-navegando a África, a partir de Marselha, via canal de Suez. Lourenço Marques (atual Maputo), em Moçambique, foi seu primeiro destino. A crise anglo-lusa em torno da presença colonial dos dois países no continente africano o impediu de chegar a Angola. O ultimato inglês de 1890 exigira a retirada das tropas portuguesas dos territórios entre os litorais dos atuais Angola e Moçambique, áreas historicamente tocadas pela presença colonial lusa. As pretensões portuguesas *ao mapa cor-de-rosa*, projeto de ligação das duas costas da África Central com influência histórica portuguesa, apresentadas na Conferência de Berlim, em 1886, seriam quase definitivamente sepultadas, ainda que o tratado assinado em 1891 reservasse aos portugueses uma influência muito maior do que a sua presença histórica nas duas regiões costeiras. A crise provocaria uma tentativa de derrubada da Monarquia portuguesa um ano depois, levando Rebouças a aproximar cada vez mais as experiências políticas portuguesa e brasileira.

André partiu no paquete *Malange*, da Mala Real Portuguesa, conduzido por um ex-companheiro da Guerra do Paraguai. "Sincronicidade" que registrou inúmeras vezes. Apesar do seu olhar crítico à presença colonial portuguesa na África e de suas simpatias pela ação colonial inglesa, a Mala Real Portuguesa, dirigida pelo amigo Antônio Júlio Machado, seria seu endereço por todo o percurso, mesmo durante a estada na África do Sul. A empresa fechou suas atividades na África durante os meses finais da viagem de Rebouças. Seus paquetes atuaram por mais alguns anos, agora na carreira do Atlântico, em direção ao Brasil.

A primeira impressão de André sobre Lourenço Marques foi de deslumbramento com a natureza e a diversidade de línguas, religiões e tipos humanos. Sentiu-se feliz "confraternizando com todas as raças humanas; só tendo por inimigos os monopolizadores de terra e os escravizadores de homens".

Ficou por ali pouco tempo, entretanto, rumando em seguida, no paquete *Tungue*, para Barberton, na África do Sul, buscando refúgio do "hediondo escravagismo" que ali teria encontrado.

Barberton estava a poucas milhas de Lourenço Marques, montanha acima. Era ponto de partida da corrida do ouro no sul da África, em plena República do Transvaal, oficialmente comandada pelos bôeres, brancos naturais da região com origem na presença europeia histórica na área (século XVII), sobretudo holandesa. A república tornou-se protetorado do Império britânico após a primeira Guerra Anglo-Bôer, em 1881. Situada a cerca de mil metros de altura, André a chamou de "Petrópolis africana".

VIAGEM DE ANDRÉ REBOUÇAS À ÁFRICA (1892-93)

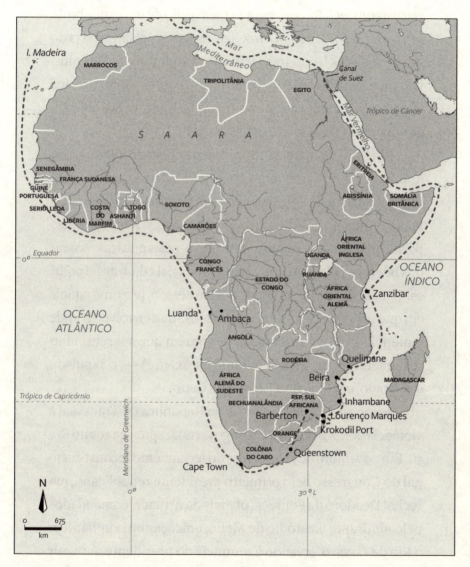

Em Barberton, ele chegou simpático aos ingleses e às iniciativas de Cecil Rhodes para a construção de um caminho de ferro unindo o Cabo ao Cairo. Rebouças era um entusiasta do fim de todas as fronteiras, defendendo administrações plurinacionais dos países "civilizados" europeus nos territórios africanos, a exemplo do que acontecia no Egito, com o objetivo de superar a escravidão e o "castismo".

Em final de maio de 1892, recém-chegado a Barberton, André estava otimista com as possibilidades do protetorado inglês na África do Sul. Suas cartas registram essa admiração, mas o otimismo não duraria muito. Em pouco tempo, foi atropelado pela violência da corrida do ouro, pelas práticas racistas dos bôeres e pelo uso do linchamento racial como arma política. O incêndio do Royal Hotel, em Barberton, próximo àquele em que se hospedava — em um episódio que envolveu grande violência, com a participação de alguém que aparentemente lhe servia como criado (o tâmil Dickcadre) —, o expulsou, assustado, em direção à Cidade do Cabo.

Associava a violência racial da República do Transvaal à violência política que agitava os governos republicanos no Brasil. Em novembro de 1891, diante do fechamento inconstitucional do Congresso pelo primeiro presidente republicano, marechal Deodoro da Fonseca, oficiais da Armada, comandados pelo almirante Custódio de Mello, ameaçaram bombardear o Rio de Janeiro, levando à renúncia do presidente. A seguir, continuaram contestando a posse do vice-presidente, marechal Floriano Peixoto, já que a Constituição de 1891 previa a realização de novas eleições. O movimento oposicionista foi duramente reprimido por Floriano Peixoto, levando à prisão e ao exílio o velho amigo José do Patrocínio.

Rebouças se entristecia com o crescimento da violência política no Brasil, que parecia confirmar suas piores previsões sobre os destinos da República recém-proclamada. Desencantado também com a presença portuguesa em Moçambique e com a ação dos bôeres republicanos, todos mergulhados no que chamava de "hediondo escravagismo", o "mulato André", como então se proclamava, qual um "Ulisses africano", novamente se deslocou no continente.

Partiu de sua Petrópolis africana para a província do Cabo, sob administração inglesa direta, em Queenstown e Cape Town (que ele escreve Capetown). Também ali encontrou a prática da discriminação racial para o acesso a hotéis e a estabelecimentos comerciais. Suas cartas, sobretudo a Taunay, deixam claro que ele próprio não estava imune às práticas segregacionistas.

A colonização inglesa na África do Sul, para sua decepção, conservava "os africanos em completa nudez, no interior das famílias; entre as mulheres e as próprias filhas solteiras sem vergonha e sem fundos algum" (p. 250), e concluía, estupefato: "No *Graphic*, de Londres, vem representado um africano seminu, servindo de ama-seca, em Barberton; carregando ao

colo uma criancinha e levando pela mão a irmã mais velha!!!".
E, ainda, não se ensinava "ao africano nem inglês, nem holandês, nem língua alguma europeia; empregando, no trato doméstico, uma algaravia de cafre, holandês, português, etc.".

As doutrinas de supremacia branca, dos "canibais ianques" dos Estados Unidos ou patrocinada por colonizadores ingleses, como Rhodes, que ele antes admirava, do seu ponto de vista se voltavam de forma *selvagem* para o lucro e continuavam baseadas na exploração em bases *castistas*, quando não francamente escravagistas, do trabalho do africano.

Decepcionado, insistia, porém, nas possibilidades dos africanos de dominarem as línguas europeias e de se ocidentalizarem. Insistia em civilizá-los através da instrução e do acesso à pequena propriedade territorial. Desprezava qualquer sentido político das sociedades tradicionais africanas, ainda que se encantasse com a força moral que percebia na *alma* africana, capaz de fazer da África o continente do futuro.

Apesar da atualidade de muito do que escreveu, André Rebouças foi um homem do século XIX. A originalidade da sua abordagem sobre raça e casta e a pujança do seu antirracismo não o blindavam dos estereótipos colonialistas mais em voga. Falava com naturalidade, ainda que com certa ironia, sobre a imigração para as Américas das "raças superiores da Europa". Ele as considerava efetivamente superiores em civilização, tanto que utilizava estereótipos colonialistas quando queria criticar o mundo ocidental, referindo-se a "canibais ianques" ou à barbárie europeia.

Publicou um verdadeiro libelo de crítica ao antissemitismo na *Revista de Engenharia*, em maio de 1891, com o título "O problema hebreu", no qual defendia a imigração de judeus russos na Califórnia e considerava que ela deveria se estender ao Brasil. Segundo ele, citando o historiador alemão Theodorus Mommsen, o antissemitismo era uma invenção romana, "de Roma antes dos papas inquisidores canibais e preguiçosos perseguidores dos judeus". O texto, publicado um ano depois de "O problema da África" em sua série de artigos na *Revista de Engenharia*, é mais um que reforça a aproximação de seu pensamento com as bases intelectuais que deram origem ao pan-africanismo, na perspectiva defendida por Paul Gilroy. Apesar disso, na linha de Eugène Sue, usou com frequência estereótipos antissemitas de matriz católica para fazer a crítica das tendências monopolistas que cada vez mais prevaleciam na dinâmica capitalista global, que acompanhava de perto e considerava um desvio de fundo moral.

De fato, como Tolstói, sua crítica ao capitalismo efetivamente existente será cada vez mais de fundo ético-religioso. Apegava-se a uma noção de indivíduo moral completamente livre para fazer escolhas, das quais dependiam o progresso e a evolução humana.

As cartas cuidadosamente transcritas nos cadernos foram registradas para serem lidas pela posteridade. Não surpreende de todo, portanto, a ausência de temas da intimidade ou da sexualidade de seu autor nelas. O forte moralismo de fundo ético-religioso que as orienta afasta ainda mais o tema. Isso abre, porém, algumas perspectivas de abordagem da questão, que vale a pena considerar antes de fechar este ensaio.

Na África, sua obsessão com a vestimenta, com o acesso a roupas à ocidental, convergia com seu arraigado antiorientalismo, baseado em estereótipos de civilizações estruturalmente "castistas", pervertidas por "instintos bestiais de gula e de volúpia", estereótipos que não estariam ausentes, junto com "a cobiça", de sua crítica às raízes da desigualdade nas sociedades ocidentais tributárias da influência romana. Por outro lado, a tradição de intimidade masculina no século XIX, sobretudo na Inglaterra, não estava destituída de um contexto de culto à beleza masculina, de inspiração grega.

André foi solteiro por toda a vida. Não registrou em seus escritos nenhum interesse romântico por uma figura do sexo feminino, mas fez questão de deixar registrado, nos cadernos de correspondência, seu profundo afeto e intimidade para com alguns *amigos irmãos* — Carlos Gomes, Nabuco, Rodrigues e, especialmente, Alfredo Taunay.

A intimidade masculina sem conotações de amor físico seria uma característica da amizade entre homens na Inglaterra vitoriana, como assinalou Maria Alice Resende de Carvalho, em uma nota de pé de página de sua biografia de André Rebouças, em 1998. O conhecimento sobre esses grupos foi aprofundado nas últimas décadas no contexto de expansão da história da sexualidade, permitindo pensar em uma cultura homoerótica anterior ou paralela ao surgimento da noção contemporânea de homossexualidade.[10]

Sua formação acadêmica na Inglaterra e as demais visitas ao país implicaram, certamente, algum contato com o ideal, teoricamente ascético, de culto grego do corpo masculino, próprio aos grupos literários oxfordianos.

Em "O problema da África", a descrição de Rebouças de uma luta de gladiadores escravizados em Roma antiga deixa entrever um olhar de admiração estética para a beleza masculina e para o contraste racial.

> Imaginai um combate de gladiadores brancos e pretos; um germano de pele branca de mármore; de olhos azuis e de cabelos loiros em longa coma, entrelaçado com um africano, negro como a noite, só tendo branco os alvos dentes; a rolar na arena, misturando os dois sangues...

Especialmente as cartas a Taunay registram, sem nenhuma hesitação, um certo deslumbramento com a beleza do amigo. André lembra com saudade do seu "belo e louro Taunay" e abraça-o de todo o coração. Lembra de ambos, "sentadinhos, como dois bons irmãos, um gaulês de olhos azuis e cabelos louros e um africano de cabelos e olhos negros?!". E sonha em "africanizar" o seu "belo e louro Taunay".

A tradição tolstoica, com a qual André tanto se identificava, valorizava o ascetismo, mas não evitava o tema do desejo, central por exemplo em *A Sonata a Kreutzer*. O mesmo pode ser dito em relação à continuação de sua descrição da luta de gladiadores em "O problema da África":

> O mundo romano, por inteiro, sem faltar as vestais, acenando ao vencedor para não ter compaixão do vencido; na raiva histérica da castidade teocrática forçada por medo da morte nas agonias da sepultura em vida [...] Porque a teocracia romana, cavilosa e cínica, avara e erótica, punia de morte horrível a infidelidade das sacerdotisas de Vesta [...]

Uma das cartas a Taunay parece tratar do tema, ainda que seja especialmente enigmática ao falar do que só consegui transcrever como "Iduia": "É grande erro biológico expelir violentamente a Iduia, produto de condições orgânicas especiais '*Omnis creatura erigemiscit*' [Cada criatura se levanta]. É preciso suportar mais essa miséria humana" (p. 199).

Esses e outros pequenos trechos das cartas africanas permitem entrever em nova perspectiva um aspecto fundamental da experiência de si de André. O tema, apenas sugerido neste ensaio, será aprofundado no segundo volume da coleção sobre os diários de 1882-85, que começam com a parte final de sua última viagem à Inglaterra. Nesses anos, o calendário acadêmico da Universidade de Oxford lhe ajudará a marcar o tempo.

As cartas africanas também lançam novas luzes sobre sua condição econômica. Se o prestígio familiar e alguma renda vinham "de meu santo pai", deputado-geral, deputado provincial, jurista e conselheiro do imperador, as origens da fortuna da família parecem estar fortemente ancoradas no avô de quem herdara o nome. O pai de Carolina Pinto Rebouças era negociante em Cachoeira e alugava casas para africanos libertos em Salvador. Leo Spitzer o pensou branco, porque rico, mas a memória familiar o afirma mais escuro que o genro. As rendas do pai Antônio e a fortuna da mãe Carolina foram comprometidas na educação refinada dos filhos. É preciso ressaltar, entretanto, que a própria atividade de André, como empresário e depois como representante dos capitais ingleses no Rio de Janeiro, lhe rendeu fundos suficientes para bancar duas tias e um irmão doente no Brasil por toda a vida e quase vinte anos morando em hotéis, entre Rio de Janeiro, Londres, Petrópolis, Lisboa, Cannes, Marselha, Lourenço Marques, Barberton, Cape Town e Funchal. Apesar das queixas, das dificuldades de câmbio, da aposentadoria como professor que nunca lhe chegava e do estilo de vida ascético e "tolstoico", viveu, até a morte, ocorrida em Funchal, na ilha da Madeira, em 1898, como hóspede em bons hotéis, com base em transferência de recursos próprios depositados em bancos ingleses.

O exílio voluntário de André Rebouças durante a viagem à África e as cartas por ele então escritas estão marcados por evidente melancolia. Leo Spitzer enfatiza esse sentimento, em sua breve análise do período, entendendo-o como desdobramento da experiência de marginalidade que o teria acompanhado por toda a vida por sua condição de mestiço, eixo da interpretação do livro *Lives in between* (1989).

A depressão existia, não precisamos de credenciais médicas para intuí-la na leitura, mas a reconstrução de seu pensamento social e político durante a circum-navegação do continente africano foi muito além dela, como o leitor pode observar.

Não há dúvidas de sua adesão profunda ao liberalismo e ao cientificismo ocidentais em que fora formado, mas a forma como operou essas referências no exílio, com aguda consciência de suas origens africanas, ilumina uma consciência racial que buscava se renovar teoricamente ante o avanço e a violência do racismo científico, que busquei apresentar neste ensaio.

Em junho de 1893, o livro *Em torno d'África* estava parado, "na impossibilidade de publicação em Capetown", enquanto, no Brasil, a eclosão da guerra civil provocada pela segunda Revolta da Armada, com combates no Rio de Janeiro e no Sul do Brasil, o deixava sem vontade de retornar à pátria. Decidiu, então, partir para Funchal, na ilha da Madeira. Como vimos, na sua última carta de Cape Town a Taunay, anunciou sua partida como um "novo capítulo na odisseia deste mísero Ulisses africano".

Em face de um contexto desconcertante para suas convicções liberais, sua autoidentificação com as origens africanas se aprofundaria. No final do ano de 1893, já na ilha da Madeira, agradece a Taunay a ajuda permanente à sua vida de "engenheiro e empresário" com todo o "ardor de seu grato coração africano". Ali, durante um bom tempo, alimentou a ideia de retornar ao "continente mártir" para conhecer a costa ocidental.

Nunca mais voltou ao Brasil, apesar da insistência de Taunay e de outros amigos. Nas cartas de Funchal, sua construção de si como um Ulisses africano ou, mais profundamente, como Ulisses e Eumeu, ao mesmo tempo herói e escravizado por uma dupla consciência de negro e ocidental, se aprofundaria.

Por fim, a consciência racial que Rebouças deixou registrada nas cartas africanas ilumina também sua relação com o imperador Pedro II e a família imperial, que tem ocupado o centro da maioria das abordagens sobre o personagem. Em uma de suas últimas cartas africanas, ele saúda a atitude antirracista dos Bragança, enumerando uma série de personagens que nomeia como mulatos, incorporados à Corte joanina ou próximos aos dois imperadores do Brasil, alguns ainda muito pouco estudados, como o bastante citado dr. Meirelles, médico da imperatriz. Celebra também o potencial reformista de Pedro II após a conquista da Lei Áurea pelo movimento abolicionista. No cosmo moral que então imaginava para o Brasil, o poder pessoal do imperador teria papel fundamental na democratização da sociedade brasileira, possibilidade para ele abortada pelo golpe republicano.

Como já foi ressaltado muitas vezes, André transcrevia uma cópia das cartas que enviava nos cadernos de correspondência do exílio e manteve o diário por quase toda a vida. Organizou para a posteridade os escritos do pai, hoje na Biblioteca Nacional. O legado e a influência do pensamento liberal e antirracista do conselheiro Rebouças é outra chave de leitura de sua construção de si como intelectual ocidental e negro, como já tive ocasião de explorar em outro texto.[11]

Como o pai, ele buscou, por toda a vida, legar uma visão de si para a posteridade. Foi encontrado morto em Funchal, ao pé de um penhasco, em 1898, quando já estava doente e fragilizado. Não deixou carta de suicídio. Tendo em vista suas convicções ético-religiosas, hoje essa não me parece a hipótese mais provável.

O diário e os registros de correspondência retornaram ao Brasil alguns meses depois. Dá-los a ler diretamente aos leitores deste século XXI é justa recompensa à tarefa a que André Rebouças se dedicou por toda a vida.

Retrato a óleo de André Rebouças, de Rodolfo Bernardelli (1897)

NOMES CITADOS NAS CARTAS
Hebe Mattos

Esta lista está organizada em ordem alfabética de acordo com a forma como as pessoas são citadas pela primeira vez no livro.

ABRAHAM LINCOLN (1809-65) Político e 16.º presidente norte-americano. Liderou os Estados Unidos durante a Guerra Civil Americana (1861-65) e assinou a 13.ª emenda, que aboliu a escravidão no país. Foi assassinado em Washington, em 15 de abril de 1865.

AFONSO CELSO (Afonso Celso de Assis Figueiredo, visconde de Ouro Preto, 1837-1912) Estava à frente do último gabinete ministerial, dissolvido por Deodoro com a proclamação da República em 1889. Político imperial do Partido Liberal. Deputado provincial mineiro de 1864 a 1879, senador por Minas Gerais em 1879. Ministro da Marinha e da Fazenda durante os gabinetes Zacarias (1866) e Sinimbu (1878), respectivamente.

ALCINDO GUANABARA (1865-1918) Jornalista e político republicano. Trabalhou na *Gazeta da Tarde*, periódico dirigido por José do Patrocínio, sendo responsável pela crônica política do jornal, sob o pseudônimo Aranha Minor. Na República, foi membro da Assembleia Constituinte, permanecendo na Câmara dos Deputados até 1893. Continuou a atuar como jornalista e político.

ALEXANDRE DUMAS, pai (1802-70) Romancista e dramaturgo francês, neto do marquês de La Palleterie e de Marie-Césette Dumas, mulher negra do Caribe francês. O "sublime mulato", como a ele se referia André Rebouças, é autor de *Os três mosqueteiros* e *O conde de Monte Cristo*, entre outros romances com enfoque histórico de grande aceitação popular.

ALEXANDRE HERCULANO (Alexandre Herculano de Carvalho e Araújo, 1810-77) Escritor português, historiador, jornalista e poeta. Um dos principais autores do romantismo em Portugal. Participou dos trabalhos de redação do Código Civil português.

ALEXANDRE II (1818-81) Czar da Rússia, conhecido por suas reformas liberais e modernizantes, entre elas, a abolição da servidão no país, aprovada em 19 de fevereiro de 1861. Essa medida libertou formalmente 22,5 milhões de servos, com base em um complicado sistema de acesso à terra e indenização aos proprietários. Foi assassinado em São Petersburgo, Rússia, em 13 de março de 1881.

ÁLVARO TRISTÃO DA CÂMARA Um dos correspondentes de André Rebouças em 1892. Era o representante em Lourenço Marques, Moçambique, de Oswald Hoffmann, proprietário da Casa Hoffmann.

ALVES MACHADO, visconde de (Manuel Joaquim Alves Machado, visconde e conde de Alves Machado, 1822-1915) Emigrante português chegado aos doze anos ao Brasil, enriqueceu como negociante de grosso trato. Retornou a Portugal e fixou-se na cidade do Porto em 1873. Segundo Rebouças, socorreu financeiramente a ele e a d. Pedro II no exílio, arcando com despesas de hospedagem e com o funeral da imperatriz Teresa Cristina.

ANDRÉ VERÍSSIMO REBOUÇAS (1870-1942) Engenheiro. Sobrinho de André Rebouças, filho de seu irmão Antônio Pereira Rebouças Filho, um de seus correspondentes nas cartas editadas neste volume.

ANTÔNIO JANNUZZI (1854-1949) Projetista e construtor italiano, radicado no Rio de Janeiro a partir de 1874 (proveniente de Montevidéu, onde fundou a firma Antônio Jannuzzi, Irmão & Cia.). Teve a concessão cancelada em 1892, voltando depois à atividade. Atuou na construção de igrejas, residências e hospitais, na abertura da avenida central e na construção de casas operárias. Levou a André roupas brancas para que embarcasse no *Alagoas*, em 17 de novembro de 1889. Sobre sua atuação, ver Betina Grieco, *A arquitetura residencial de Antonio Jannuzzi: ideias e realizações*.

ANTÔNIO JÚLIO MACHADO Diretor-gerente da Mala Real Portuguesa em Lisboa e responsável pelo projeto de construção da estrada de ferro de Luanda a Ambaca. Possuía várias empresas na África e é um dos principais correspondentes do conjunto publicado.

ANTÔNIO MARIA PEGO JÚNIOR, general (1842-1907) General do Exército, conhecido como monarquista e amigo de Floriano Peixoto, comandante do distrito militar de Porto Alegre no episódio da Ordem do Dia citado por Rebouças. Comandante de armas no Paraná durante os conflitos armados da Revolução Federalista (1893), foi a tribunal militar acusado de traição.

ANTÔNIO PRADO (Antônio da Silva Prado, 1840-1929) Cafeicultor, político, banqueiro e empresário paulista. Deputado provincial (1862-64), deputado-geral (1869-72) e senador do Império por São Paulo (1886), pelo Partido Conservador. Inspetor especial de terras e colonização da província de São Paulo, defensor de políticas públicas imigrantistas, voltadas para a grande lavoura. Ministro da Agricultura de 1885 a 1888, no Gabinete Cotegipe, aderiu à abolição imediata após a generalização das fugas de cativos em 1887 e participou do Gabinete João Alfredo, que encaminhou a Lei Áurea. Fundador proprietário da Companhia Paulista de Estrada de Ferro e do Banco do Comércio e Indústria do Estado de São Paulo. Primeiro prefeito da cidade de São Paulo. Esteve à frente da administração municipal de janeiro de 1899 a janeiro de 1911.

ANTÔNIO REBOUÇAS, engenheiro (Antônio Pereira Rebouças Filho, 1839-74) Irmão de André Rebouças, junto do qual fez toda sua formação, inclusive a primeira viagem de estudos à Europa em 1861. Engenheiro e militar, como tenente do Corpo de Engenheiros trabalhou no comissionamento de portos e fortificações e foi o responsável por reformas em vários fortes no Sul do Brasil, incluindo a Fortaleza de Santana, em Florianópolis, em 1863. Em 1867, participou de missão especial brasileira nas repúblicas sul-americanas do Pacífico, retornando por terra, atravessando os Andes. Casou-se em 1870 na família Veríssimo e trabalhou no Paraná. Foi responsável pela construção da rodovia Antonina—Curitiba, concluída em 1873, e por inúmeros outros projetos de engenharia. André escreveu seu necrológio em *O Novo Mundo*, o qual pode ser acessado na hemeroteca da Biblioteca Nacional.

ARISTIDES LOBO (Aristides da Silveira Lobo, 1838-96) Jurista, político e jornalista abolicionista e republicano. Signatário do "Manifesto republicano" de 1870 e um dos fundadores do jornal *A República*. Ministro do Interior do Governo Provisório, renunciou ao cargo em 10 de fevereiro de 1890, em conflito com o marechal Deodoro da Fonseca. Deputado constituinte (1891-93) e senador pelo Distrito Federal (1892-96).

AUGUSTO DIAS CURA Comandante do paquete *Tungue*, da Mala Real Portuguesa, destinatário de uma carta de 1892.

AYER, dr. (James Cook Ayer, 1818-78) Empresário estadunidense do ramo de patentes de medicina, com quem André Rebouças se encontrou em sua viagem aos Estados Unidos. Formou-se em medicina pela Universidade da Pensilvânia e dedicou-se à química farmacêutica e à composição de medicamentos, obtendo grande sucesso financeiro com uma fábrica em Lowell, Massachusetts, e publicando anúncios em jornais.

BARTOLOMÉ MITRE (1821-1906) Presidente da Argentina (1862--68) durante a guerra contra o Paraguai (1864-70).

BENJAMIN CONSTANT (Benjamin Constant Botelho de Magalhães, 1837-91) Engenheiro militar republicano e intelectual positivista brasileiro, defensor da doutrina do soldado-cidadão e incentivador do levante militar de 1889. Foi ministro da Guerra do Governo Provisório.

BENJAMIN FRANKLIN (1726-90) Um dos líderes da Revolução Americana. Calvinista influenciado pelo Iluminismo, abolicionista e republicano, foi o primeiro embaixador estadunidense em Paris. Seus estudos autobiográficos foram tema de um dos artigos de André Rebouças no periódico *O Novo Mundo*, em 1875.

BOCAIÚVA, Quintino Antônio Ferreira de Sousa (1836-1912) Jornalista e político republicano. Foi um dos redatores do "Manifesto republicano" de 1870. Ministro das Relações Exteriores do Governo Provisório (1889-91) e governador do estado do Rio de Janeiro (1900-3).

BONFIM, marquês de (José Francisco de Mesquita, 1790-1873) Citado como plutocrata por Rebouças. Comerciante, banqueiro e vereador (camarista) da Casa Imperial, nascido em Minas Gerais.

BORJA CASTRO (Agostinho Victor de Borja Castro) Engenheiro militar (1852), matemático e professor no curso de engenharia civil da Escola Politécnica (1872). Adversário profissional de André Rebouças em inúmeras situações.

BOULANGER, George Ernest (1837-91) General e político nacionalista e xenófobo francês. Líder do movimento conhecido como revanchismo após a Guerra Franco-Prussiana (1870-71), com inúmeras vitórias eleitorais na segunda década da Terceira República francesa (1870-1940).

C. H. POPPE Cônsul do Brasil na Colônia do Cabo, que, segundo Rebouças, não falava português. Destinatário de uma carta de 1892.

CABO FRIO, barão de (Joaquim Tomás do Amaral, segundo barão e visconde de Cabo Frio, 1818-1907) Diplomata por mais de sessenta anos. No período imperial, esteve à frente de diversos cargos, desde secretário de legação até ministro plenipotenciário em Londres, Paris, Bélgica, Argentina, Uruguai e Paraguai. Foi diretor-geral do Itamaraty no período republicano. Rebouças o cita criticamente em relação ao encaminhamento das disputas diplomáticas com a Argentina.

CÂNDIDO DE OLIVEIRA (Cândido Luís Maria de Oliveira, 1845-1919) Ministro da Justiça do último gabinete imperial. Deputado provincial e deputado-geral por Minas Gerais, pelo Partido Liberal, nas legislaturas de 1878 e 1886. Ocupou os cargos de ministro da Guerra (1884-85), da Fazenda (1889) e da Justiça (1889). Senador em 1886, coube-lhe decretar urgência à tramitação da Lei Áurea, apresentando-a, sob a forma de lei, à princesa Isabel em 13 de maio de 1888. Foi detido e exilado pelo regime republicano. Retornou ao Rio de Janeiro em 1891.

CAPANEMA, barão de (Guilherme Schüch, 1824-1908) Atuou na mediação com a Argentina em torno da região do rio Iguaçu e das Missões, arbitrada em 1895 pelos Estados Unidos, contexto em que é citado por André Rebouças. Naturalista e engenheiro, responsável pela instalação da primeira linha telegráfica no Brasil, em 1852. Diretor do Telégrafo Nacional até a proclamação da República, quando se aposentou. Em 1903, tornou-se diretor do Jardim Botânico do Rio de Janeiro.

CARLOS BIMBERG Representante comercial da firma de Oswald Hoffmann em Barberton, África do Sul, à época da viagem de André Rebouças.

CARLOS GOMES, Antônio (1836-96) Consagrado maestro e compositor brasileiro, autor da ópera *O Guarani*, que estreou no Teatro Alla Scala, em Milão. Estudou na Itália com apoio do Governo imperial e fez carreira na Europa, onde conheceu André Rebouças e onde se tornaram grandes amigos.

CARLOS LISBOA Correspondente residente em Sintra, Portugal. Não foi possível conseguir mais informações sobre ele.

CARLOS NEATE (Charles Neate, 1821-1911) Engenheiro inglês e amigo pessoal de André Rebouças. Transferiu-se para o Brasil em 1852, exercendo a função de engenheiro civil a serviço do

Governo imperial. Projetou e construiu muitas obras públicas na Corte, além de ter emitido pareceres sobre projetos de melhoramentos dos portos de Pernambuco, Fortaleza e Rio Grande do Sul e de ter sido responsável pelas obras da Estrada de Ferro D. Pedro II. Retornou à Inglaterra em 1867, estabelecendo-se como consultor em Westminster. Entre as obras com as quais se envolveu nesse período podem ser citadas a Estrada de Ferro Great Western of Brazil (Pernambuco), a Estrada de Ferro Conde d'Eu (Paraíba), a Estrada de Ferro Dona Teresa Cristina (Santa Catarina) e a Estrada de Ferro Sul do Brasil (Rio Grande do Sul).

CARLOS VON KOSERITZ (1830-90) Nascido em Dessau (na atual Alemanha), radicou-se no Rio Grande do Sul, onde se tornou professor, folclorista, político, jornalista e escritor. Foi fundador da Sociedade Central de Imigração, com André Rebouças e Taunay. Defensor da pequena propriedade, opunha-se aos privilégios concedidos a empresários no processo de colonização territorial do Rio Grande do Sul e aos impostos extorsivos cobrados da colônia alemã.

CECIL RHODES (Cecil John Rhodes, 1853-1902) Colonizador e homem de negócios britânico. Fundador da Companhia Britânica da África do Sul, expandiu a autoridade imperial britânica sobre uma área que corresponde hoje a Botsuana, Zimbábue,

Zâmbia e Malaui. Defensor da supremacia branca, o genocídio de milhares de pessoas pertencentes aos grupos locais sul-africanos marcou a marcha de Rhodes por essas áreas.

COBDEN, Richard (1804-65) Industrial, economista e político inglês. Membro do Partido Liberal. Fundou a Anti-Corn Law League em 1838, associação que tinha por fim extinguir as impopulares Corn Laws, conjunto de leis que protegiam os interesses dos proprietários de terras ao cobrar impostos sobre o trigo importado, aumentando o valor do pão que era vendido à população. Membro do Parlamento britânico desde 1841, obteve a abolição dessa legislação em 1846.

COELHO BASTOS, João (1835-94) Desembargador e chefe de polícia do Rio de Janeiro durante o gabinete antiabolicionista do barão de Cotegipe (1885-88). Em razão da brutalidade com que tratava prisioneiros e escravos fugidos, mandando raspar suas cabeças, recebeu da imprensa a alcunha de "Rapa-coco".

COLENSO, *bishop* (John William Colenso, bispo, 1814-83) Clérigo anglicano e matemático inglês. Defensor dos zulus, estudioso da Bíblia e primeiro bispo da Cidade de Natal, África do Sul, em 1853.

CONDORCET (Marie Jean Antoine Nicolas de Caritat, marquês de Condorcet, 1743-94) Filósofo e matemático francês. Participou ativamente da primeira fase da Revolução Francesa. Suas reflexões sobre a questão da instrução pública estão na base da concepção de escola da República francesa: pública, gratuita, laica e universal.

CONRAD WISSMANN Natural da atual Alemanha e empresário do ramo hoteleiro em Lisboa, membro honorário da Sociedade de Propaganda de Portugal. Foi gerente do Hotel Bragança, onde André Rebouças morou em sua temporada em Lisboa. Além disso, foi proprietário dos hotéis Central de Lisboa e da Cúria, bem como do Grande Hotel Avenida, em Vila do Conde.

CORREIA, senador (Manuel Francisco Correia, 1831-1905) Nascido em Paranaguá, Paraná, foi senador do Império (1877-89).

COSTA PINTO (Antônio da Costa Pinto e Silva, 1826-87) Político, capitalista e fazendeiro em São Paulo. Um dos fundadores da Associação Promotora da Colonização e Imigração (1871), cujo objetivo era a introdução do trabalho livre na grande lavoura. Foi deputado provincial no Rio de Janeiro (1852) e deputado-geral por São Paulo nas legislaturas de 1857 a 1865, de 1869 a 1872, de 1876 e de 1881 a 1883, pelo Partido Conservador.

Presidente das províncias do Rio Grande do Sul (1868), São Paulo (1870-71), Paraíba (1885) e Rio de Janeiro (1885-86) e ministro do Império no Gabinete Caxias, em 1877.

COTEGIPE, barão de (João Maurício Wanderley, 1815-89) Magistrado e político baiano. Foi ministro da Marinha (1855-56, 1868-70), da Fazenda (1856-57, 1875-78) e das Relações Exteriores (1875-77, 1885-88) durante o período imperial. Presidiu o Banco do Brasil e ocupou uma vaga no Senado do Império, pelo Partido Conservador da Bahia, por mais de trinta anos. Foi presidente do Conselho de Ministros, em 1885, quando aprovou a Lei dos Sexagenários, com indenização aos senhores e uma legislação de repressão violenta ao movimento abolicionista, em março de 1888. Após a queda do seu gabinete, em um contexto de fuga generalizada de escravizados, seguido da posse de um novo gabinete para encaminhar a abolição, votou contra a aprovação da Lei Áurea no Senado.

DAVID GILL, Sir (1843-1914) Astrônomo do Império britânico nascido na Escócia. Foi nomeado diretor do Observatório da Cidade do Cabo em 1877. André Rebouças o encontrou em 1893. Permaneceu no cargo até 1906. Foi pioneiro no uso da astrofotografia, realizando a primeira fotografia de um cometa em 1882, bem como um dos proponentes da investigação astronômica chamada *Carte du Ciel*. Presidiu a Associação

Britânica para o Avanço da Ciência e a Royal Astronomical Society. Faleceu em Londres, em 24 de janeiro de 1914.

DEODORO (Manuel Deodoro da Fonseca, 1827-92) Militar e político, natural de Alagoas. Esteve à frente do movimento militar que derrubou a Monarquia e foi o primeiro presidente republicano, durante o chamado Governo Provisório. A primeira Constituição republicana, promulgada em 1891, o confirmou como presidente, através de sufrágio indireto, até 1894. Em crise com o Congresso, renunciou à presidência em 23 de novembro de 1891.

EMIN (Mehmed Emin Pasha, 1840-92) Médico, explorador e naturalista nascido na Polônia, de família de judeus alemães, converteu-se ao luteranismo e exerceu a medicina no Império Otomano, quando assumiu o nome com o qual ficou conhecido (Mehmed Emin Pasha). Foi administrador do condomínio anglo-egípcio na província otomana de Equatoria, no atual Sudão. Em 1991, quando Rebouças o cita, trabalhava para a companhia de colonização alemã da África Oriental. Foi assassinado por soldados árabe-suahílis em expedição da companhia à região dos lagos interiores.

ESTRELA, barão da (José Joaquim de Maia Monteiro, 1846--1910) Amigo de André Rebouças, que o chama de "Meu querido

Juca". Fazendeiro em Minas Gerais. Filho do português Joaquim Manuel Monteiro, primeiro barão, visconde e conde da Estrela, com sua segunda esposa, Luísa Amália da Silva Maia. O pai foi amigo do conselheiro Rebouças e diretor das Docas D. Pedro II, quando da gerência de André Rebouças. Juca recebeu o título de barão em 1876. Residente em Paris à época das cartas aqui publicadas.

ESTRELA, conde da (Joaquim Manuel Monteiro, barão, visconde e conde da Estrela, 1808-75) Nobre português, capitalista e proprietário radicado no Rio de Janeiro. Foi um dos primeiros incorporadores da Companhia Florestal Paranaense, idealizada pelos irmãos Rebouças, dela se tornando presidente em 1871. Foi também diretor-presidente das Docas D. Pedro II, outro projeto de André Rebouças.

FERNANDES DA CUNHA, Joaquim Jerônimo (1827-1903) Foi deputado provincial, deputado-geral e senador do Império (1871-89) do Partido Conservador, pela Bahia.

FERREIRA VIANA, Antônio (1833-1903) Magistrado, jornalista e político brasileiro. Foi deputado pelo Partido Conservador, presidente da Câmara Municipal da Corte e ministro do Império de 1888 a 1889.

FIGUEIREDO, visconde e conde de (Francisco de Figueiredo, 1843-1917) Político e empresário. Fundou os bancos Internacional do Brasil (1886) e Nacional do Brasil (1889), ambos sediados no Rio de Janeiro. Com a República, participou da Assembleia Constituinte e foi deputado pelo Distrito Federal (1891-93).

FLORIANO PEIXOTO (Floriano Vieira Peixoto, 1839-95) Militar e político, natural de Maceió, Alagoas. Elegeu-se vice-presidente da República após a promulgação da primeira Constituição republicana em fevereiro de 1891, tornando-se presidente em seguida, em razão da renúncia do marechal Deodoro da Fonseca, em conflito com o Congresso Nacional. Sua posse foi considerada inconstitucional, pois a Constituição recém-aprovada previa novas eleições. Enfrentou forte oposição civil e militar. Generais do Exército publicaram um manifesto contestando a legitimidade de seu mandato. Enfrentou conflitos armados, como a Revolta da Armada e a Revolução Federalista. Seu governo foi marcado por intensa repressão política, o que lhe valeu a alcunha de "Marechal de Ferro".

FREDERICK YOULE (1816-1913) Engenheiro e empresário inglês, um dos correspondentes de André Rebouças. Figura conhecida nos meios financeiros ingleses ligados ao Brasil. Foi um dos fundadores da empresa Smith & Youle. O empreendimento possuía redes internacionais derivadas do trabalho anteriormente exercido por seus fundadores como agentes de empresas comerciais britânicas. Amigo de Rebouças desde a década de 1870. A empresa de Youle importava do Brasil lã, algodão e linho e para cá enviava ferro, aço e cobre, além de atuar na área de seguros. Nasceu em Londres, em 22 de março de 1816, e faleceu em Brighton, Inglaterra, em 14 de janeiro de 1913.

GABRIELLE D'ESCRAGNOLLE TAUNAY (Gabrielle Herminie de Robert d'Escragnolle Taunay) Mãe do visconde de Taunay.

GABRIELLI, Antônio. Segundo informações dos próprios escritos de André Rebouças, "empreiteiro das obras de abastecimento d'água do Rio de Janeiro", representante de empresas de capital inglês. O projeto começou em 1876, quando teve início a construção do Reservatório do Pedregulho, em São Cristóvão. Esse local de captação de água foi inaugurado em 1880, em um evento que contou com a presença de d. Pedro II. Além dele, outros reservatórios foram construídos em vários pontos da cidade, e a empreitada entregue a Gabrielli foi concluída em 1883.

GLADSTONE, William Ewart (1809-98) Político liberal britânico. Foi por quatro mandatos primeiro-ministro, entre 1868 e 1894. O "liberalismo gladstoniano" enfatizava a igualdade de oportunidade e associava o combate ao protecionismo comercial ao combate à escravidão, bandeiras para o avanço da presença britânica na África.

GLICÉRIO (Francisco Glicério de Cerqueira Leite, 1846-1916) Político abolicionista e republicano. Ministro da Agricultura do Governo Provisório (1890-91). Deputado federal por São Paulo (1891-99) e senador pelo mesmo estado (1902-16).

HARRAH, George J. Engenheiro norte-americano, obteve em 22 de maio de 1868 a concessão para exploração do sistema de bondes do Jardim Botânico, no Rio de Janeiro. Trabalhou nas obras de escavação dos túneis da Estrada de Ferro D. Pedro II.

HENRY FOUQUIER, Jacques François (1838-1901) Jornalista, escritor, dramaturgo e político francês. Escreveu para muitos jornais e revistas e foi o principal crítico teatral do jornal *Le Figaro*.

IMPERADOR (D. Pedro II, 1825-91) Segundo imperador do Brasil. Nascido no Rio de Janeiro, em 2 de dezembro de 1825, filho de Pedro I e Leopoldina, tornou-se imperador com a abdicação do pai em 7 de janeiro de 1831 e teve a maioridade decretada em 23 de julho de 1840, quando passou a responder pelo Poder Moderador, previsto na Constituição brasileira de 1824. Foi deposto em 15 de novembro de 1889, com a proclamação da República no Brasil em um levante militar. Viajou para o exílio na Europa, em 17 de novembro, com a família e alguns amigos, entre eles André Rebouças. Amigo e um dos correspondentes de André Rebouças, faleceu em Paris, em 5 de dezembro de 1891.

ITABORAÍ, visconde de (Joaquim José Rodrigues Torres, 1802-72) Presidente do Conselho de Ministros (1868), responsável pela contratação de Rebouças para a realização das Docas da Alfândega. Jornalista e político, iniciou sua carreira política junto ao Partido Liberal, tendo passado a atuar nas fileiras do Partido Conservador em 1837. Ao lado de Eusébio de Queirós e do visconde de Uruguai, compôs a chamada Trindade Saquarema. Foi deputado-geral, presidente da província do Rio de Janeiro, presidente do Banco do Brasil (1855-57, 1859), ministro da Fazenda (1852), membro do Conselho de Estado e senador do Império (1844).

JOÃO DOS REIS (João dos Reis Pereira, 1782-1853) Cantor lírico, mulato, segundo Rebouças, natural de São João d'El Rei, Minas Gerais. Integrou o quadro da Capela Real na Corte joanina e continuou a atuar nos palcos do Império, tanto no Teatro Régio como nos teatros São João e São Pedro.

JOÃO NUNES DA SILVA Comandante do vapor *Malange*, paquete pertencente à Mala Real Portuguesa. Serviu ao Exército brasileiro na Guerra do Paraguai, como oficial do navio *Galgo*, durante a passagem do rio Paraná em abril de 1866.

JOAQUIM NABUCO (Joaquim Aurélio Barreto Nabuco de Araújo, 1849-1910) Amigo de André Rebouças. Político, diplomata, historiador, jurista e jornalista. Bacharel pela Faculdade de Direito do Recife em 1870. Político liberal monarquista, abolicionista, deputado por Pernambuco em 1878, fundador da Sociedade Brasileira contra a Escravidão em 1880 e autor de *O abolicionismo* (1883). Em 1887, elege-se mais uma vez deputado por sua província natal. Derrubada a Monarquia e proclamada a República, Nabuco retirou-se da vida pública por algum tempo, retomando-a em 1905 como embaixador brasileiro nos Estados Unidos.

JOAQUIM SERRA (Joaquim Maria Serra Sobrinho, 1838-88) Jornalista, professor, político, teatrólogo, natural de São Luís do Maranhão. Ativista abolicionista, foi deputado-geral pelo Maranhão na legislatura de 1878-81. Diretor do periódico *O Abolicionista*, órgão de divulgação da Sociedade Brasileira contra a Escravidão (1880-81), e membro da Confederação Abolicionista.

JOSÉ ALVES MARQUES JORDÃO Negociante baiano e procurador bastante de André Rebouças. Foi por ele escolhido para cuidar dos bens, haveres e demandas de sua família em Salvador, Bahia.

JOSÉ AMÉRICO DOS SANTOS Engenheiro, correspondente e amigo de André Rebouças. Na década de 1880, encontravam-se quase diariamente no Clube de Engenharia. Natural do Rio de Janeiro, não foi possível identificar as datas de nascimento e morte. Bacharel em ciências físicas e matemáticas e engenheiro civil pela Escola Politécnica. Membro do Clube de Engenharia, do Instituto Politécnico Brasileiro, da Sociedade de Geografia de Lisboa no Rio de Janeiro e da Sociedade Central de Imigração. Foi presidente da Associação Industrial e redator proprietário da *Revista de Engenharia* de 1880 a 1891. Foi membro da diretoria das obras da Alfândega do Rio de Janeiro, engenheiro-chefe da empresa Gabrielli nas obras de abastecimento de água do Rio d'Ouro; diretor da seção central da Estrada de Ferro Mogiana; diretor-presidente da estrada de ferro de Resende a Bocaina; representante da Brazil Great Southern Railway, estrada de ferro de Quarahim a Itaqui, e um dos proprietários da Tipografia Aldina.

JOSÉ AVELINO (José Avelino Gurgel do Amaral, 1843-1901) Magistrado, jornalista e político cearense. Apoiou Deodoro da Fonseca por ocasião da tentativa de fechamento do Congresso em 3 de novembro de 1891, defendendo a medida em um manifesto e em artigos na imprensa, como comenta Rebouças. Como jornalista, colaborou com os jornais *O Globo, O Cruzeiro, Vanguarda, Folha Nova, Diário do Brasil, Correio Fluminense, Rio de Janeiro, O Constitucional, Diário do Comércio* e *O Paiz*, no Rio de Janeiro, e *O Progressista, Jornal do Ceará* e *O Futuro*, no Ceará.

JOSÉ CARLOS FERNANDES EIRAS (1855-1932) Médico e diretor-proprietário da Casa de Saúde Dr. Eiras, entre os anos de 1889 e 1920, especializada no atendimento clínico voltado para convalescentes e alienados, onde estava internado Pedro Rebouças, irmão de André. Uma das cartas da África é a ele dirigida.

JOSÉ MAURÍCIO (José Maurício Nunes Garcia, 1767-1830) Maestro, padre católico, professor de música, multiinstrumentista e compositor. Mestre de capela da Catedral do Rio de Janeiro já no final do século XVIII, apesar das restrições de época ligadas à mancha de sangue e de ser reconhecidamente "mulato". À época da chegada da Corte portuguesa, foi indicado diretor da Capela Real por d. João VI.

JOSÉ PEREIRA REBOUÇAS (1856-1921) Engenheiro, irmão mais novo de André Rebouças. Começou a carreira no desenvolvimento de linhas férreas em Minas Gerais, transferindo-se

José Pereira Rebouças

para São Paulo, em 1879. Trabalhou nas linhas de Descalvado e São Carlos do Pinhal da Companhia Paulista de Estradas de Ferro. Foi diretor de Obras Públicas do estado de São Paulo de 1883 a 1896, quando passou a trabalhar e veio a dirigir a Companhia Mogiana de Estradas de Ferro. Chefiou a Comissão de Saneamento de Santos em 1903. Em 1904, foi diretor da Comissão de Obras Novas do Abastecimento de Água da cidade de São Paulo.

JULES SIMON (1814-96) Jornalista, político e professor francês. Foi primeiro-ministro (1876-77), senador vitalício e membro da Académie Française. Defensor da instrução pública laica e gratuita. Foi diretor do periódico *Le Gaulois* de 1879 a 1881 e trabalhou para os jornais *Le Matin* (1882), *Journal des Débats* (1886) e *Le Temps* (1890).

LADÁRIO, barão de (José da Costa Azevedo, 1823-1904) Militar e diplomata. Membro do Partido Liberal, deputado-geral pelo Amazonas de 1878 a 1881. Ministro da Marinha durante o último gabinete do Império, ferido quando resistiu à ordem de prisão que lhe foi dada por militares que apoiavam Deodoro da Fonseca. Continuou a carreira política no período republicano, eleito senador de 1894 a 1897 e de 1903 a 1904.

LAMARTINE, Alphonse Marie Louis de Prat de (1790-1869) Escritor, poeta e político francês. Seus poemas influenciaram fortemente o romantismo brasileiro no século XIX.

LAVIGERIE, cardeal (Charles-Martial-Allemand Lavigerie, 1821-92) Cardeal francês, fundador da Sociedade dos Missionários da África, atuou na colonização francesa da Argélia. Em 1888, a convite do papa Leão XIII, lançou uma campanha para acabar com a escravidão no continente africano, mobilizando a opinião pública europeia. Faleceu em Argel, Argélia, em 26 de novembro de 1892.

L. COHEN & CO. Casa comercial em Lourenço Marques, Moçambique. André transcreveu uma carta para Leon Cohen em 4 de junho de 1892.

LESSEPS, visconde de (Ferdinand Marie, 1805-94) Também conhecido como Ferdinand de Lesseps, foi um diplomata e empresário francês. Esteve à frente da construção dos projetos dos canais de Suez e do Panamá. O canal de Suez foi inaugurado em novembro de 1869. A França teve que interromper o projeto do canal do Panamá, e Lesseps foi condenado à prisão por prejuízos causados aos acionistas. O projeto seria concluído pelos Estados Unidos apenas em 1914.

LIMA E SILVA (José Joaquim de Lima e Silva Sobrinho, visconde e conde de Tocantins, 1809-94) Citado como plutocrata por Rebouças. Militar e político. Grande comerciante da praça do Rio de Janeiro, presidente da Associação Comercial e do Banco do Brasil. Deputado-geral por Minas Gerais pelo Partido Conservador (1857-64, 1867-72).

LUCENA, barão de (Henrique Pereira de Lucena, 1835-1913) Após a instauração da República, foi ministro de Estado do Governo Provisório e juiz do Supremo Tribunal Federal, nomeado por Deodoro da Fonseca (1891). Político e magistrado, natural de Pernambuco. No Império, foi presidente das províncias do Rio Grande do Norte (1872), Pernambuco (1872-75), Bahia (1877-78) e Rio Grande do Sul (1885-86) e deputado-geral por Pernambuco (1885-89), sempre pelo Partido Conservador.

LUIZ PEDREIRA (Luiz Pedreira do Couto Ferraz, visconde do Bom Retiro, 1818-86) Político fluminense, foi deputado-geral, conselheiro de Estado e senador pela província do Rio de Janeiro. Ministro do Império, introduziu imigrantes chineses sob contrato, conforme relatório de 1854 apresentado à Assembleia Geral Legislativa na 3.ª Sessão da 9.ª Legislatura, publicado em 1855.

MANUEL ANTÔNIO DE SOUZA (1835-92) Colonizador e negociante português nascido em Goa, imigrado para a Zambésia em 1853, onde se tornou líder de exércitos privados e linha auxiliar das tropas portuguesas nas guerras coloniais.

MARCOS PORTUGAL (Marcos Antônio da Fonseca Portugal, 1762-1830) Compositor e organista. Maestro do Teatro de São Carlos de Lisboa, imigrou para o Rio de Janeiro em 1811, tornando-se compositor oficial da Corte joanina e mestre de música dos infantes reais. Com a inauguração do Teatro Real de São João em 1813, compôs as primeiras óperas ali apresentadas.

MARIANO DE CARVALHO (Mariano Cirilo de Carvalho, 1836-1905) Jornalista, político, professor e tradutor português. Começou a carreira jornalística no jornal *Gazeta de Portugal*, no qual escreveu de 1864 a 1867. Fundou os periódicos *Notícias*, *Novidades*, *Correio Português* e *Diário Popular*.

MARIANO PROCÓPIO FERREIRA LAGE (1821-72) Empresário, comerciante, produtor agrícola e investidor mineiro. Citado como plutocrata por André Rebouças. Foi diretor da Companhia União e Indústria, responsável pela construção da primeira estrada pavimentada do Brasil: a Estrada União e Indústria (1861). Contratou imigrantes alemães e tiroleses que formaram a colônia alemã D. Pedro II, em Juiz de Fora. Foi um dos diretores da Estrada de Ferro D. Pedro II e das Docas da Alfândega, além de presidente do Jockey Club brasileiro. Deputado-geral por Minas Gerais, pelo Partido Conservador (1861-64, 1869-72).

MARINONI, Hippolyte Auguste (1824-1904) Nascido em Paris, consagrou-se como construtor de prensas rotativas que se utilizavam do processo de rotogravura. A aplicação dessa técnica de impressão tornava possível que as publicações fossem produzidas em massa. Foi dono de vários periódicos franceses, entre eles, o *Le Petit Journal*.

MAYRINK, Francisco de Paula (1839-1906) Banqueiro, empresário e político, relacionado às decisões financeiras e políticas que deram origem à crise do Encilhamento de 1890. Foi eleito deputado na primeira Assembleia Constituinte da República. Seus interesses econômicos envolviam: imigração, iluminação, imprensa, fotografia, transportes, lavoura, higiene, divertimentos públicos, teatros, bancos, companhias de estrada de ferro, navegação, indústrias, estaleiros, docas e usinas. Foi vice-presidente do Clube de Engenharia, fundador benemérito da Sociedade Brasileira de Geografia e principal responsável pela formação da coleção do Museu Paulista.

MEIRELLES, dr. (Joaquim Cândido Soares de Meirelles, 1797-1866) Médico, professor e político, foi fundador e primeiro presidente da Academia Imperial de Medicina. Atuou como redator da *Revista Médica Fluminense* e cirurgião-mor da Marinha. Promovido a chefe de divisão graduado da Armada, participou da Guerra do Paraguai de 1865 a 1866. Segundo André Rebouças, foi médico pessoal da imperatriz por toda a vida.

MELÍCIO, visconde de (João Crisóstomo Melício, 1837-99) Político, empresário e jornalista português ligado ao Partido Histórico lusitano. Comissário régio junto à Companhia dos Tabacos de Portugal e presidente da Associação Industrial Portuguesa, dedicou-se a promover a Exposição Internacional de Lisboa. Melício foi proprietário de dois grandes jornais portugueses: *Gazeta do Povo* e *Commercio de Portugal*.

MESQUITA, barão de (Jerônimo José de Mesquita, barão de Mesquita, 1826-86) Fazendeiro, empresário e político brasileiro. Citado como plutocrata por Rebouças. Foi presidente da Associação Comercial e atuou para que a malha ferroviária de então chegasse até a região chamada Iguaçu Velho, hoje Nova Iguaçu.

MICHEL CHEVALIER (1806-79) Engenheiro, político e economista liberal francês. Viajou em 1834 em missão oficial aos

Estados Unidos e México, a fim de observar a situação industrial e financeira desses países, em cujo relatório teria sido utilizada pela primeira vez a expressão "América Latina".

MOTA MAIA, conde de (Cláudio Velho da Mota Maia, barão, visconde e conde de Mota Maia, 1843-97) Professor e médico da Casa Imperial, nomeado pelo imperador em 1880. Após a proclamação da República, acompanhou o imperador no exílio e respondeu por seu tratamento nos últimos dias de vida.

NOGUEIRA PINTO Diretor da Mala Real Portuguesa e seu agente em Lourenço Marques (atual Maputo), Moçambique, em 1892, quando se torna um dos correspondentes de André Rebouças.

NORTON MEGAW & CIA. Casa bancária inglesa, com procuração de André no Rio de Janeiro e em Londres, destinatária de vinte missivas registradas entre 7 de fevereiro de 1892 e 21 de outubro de 1892, entre cartas e procurações. André dirige-se aos sr.ˢ Norton e Megaw, sempre no plural.

OCTAVIUS HAUPT Um dos fundadores, com André Rebouças e Taunay, da Sociedade Central de Imigração.

OLIVEIRA MARTINS, Joaquim Pedro de (1845-94) Historiador, político e cientista social português. Ministro da Fazenda de Portugal de 1892 a 1893. Foi administrador régio dos Tabacos, da Companhia de Moçambique.

OSWALD HOFFMANN Proprietário da Casa Hoffmann e ex-agente da Mala Real Portuguesa em Lourenço Marques, Moçambique, em 1892.

OURO PRETO, visconde de. Ver AFONSO CELSO.

PARANHOS. Ver RIO BRANCO, barão do.

PAULINO DE SOUSA (1834-1901) Fazendeiro e político conservador pela província fluminense (1857-84), homônimo do pai, Paulino José Soares de Sousa, visconde do Uruguai. Foi ministro dos Negócios do Império de 1868 a 1870 e conselheiro do Império. Senador pelo Rio de Janeiro, foi o último presidente do Senado do Império, com voto contrário à aprovação da Lei Áurea. Manteve a influência na política fluminense após a República.

PAULO PRADO (Paulo da Silva Prado, 1869-1943) Filho de Antônio Prado. Como o pai, cafeicultor, banqueiro e industrial. Escritor e mecenas, autor de *Retrato do Brasil: ensaio sobre a tristeza brasileira* (1928).

PATRIZIO, conde (Ernesto Patrizio de Castiglione, conde Patrizio de Castiglione, 1840-96?) Aristocrata e prestidigitador italiano que percorreu a América do Sul nos anos 1880 à frente de sua companhia artística. Sua principal atração se chamava "o caleidoscópio gigante". Faleceu em 1895 ou 1896, em Barcelona, Espanha.

PATROCÍNIO, José Carlos do (1853-1905) Jornalista e político abolicionista, filho natural do cônego João Carlos Monteiro, fazendeiro escravista, e Justina Maria do Espírito Santo, liberta africana, conhecido como o Tigre da Abolição. Com formação em farmácia, destacou-se no jornalismo. Foi redator do jornal *Gazeta de Notícias*. Tornou-se proprietário dos jornais *Gazeta da Tarde* e *A Cidade do Rio*. Era amigo e compadre de André Rebouças. Em 1883, foi um dos articuladores da Confederação Abolicionista, que viria a congregar todos os clubes abolicionistas do país. Elegeu-se vereador pela Corte em 1887. Historicamente republicano, após a abolição defendeu bravamente a Guarda Negra, associação de libertos pró-monarquia. Em 15 de novembro, apoiou a República e o Governo Provisório. Posteriormente, entrou em conflito com o governo Floriano Peixoto, que considerou inconstitucional. Foi detido e deportado para o interior do estado do Amazonas, retornando ao Rio de Janeiro em 1893.

PEDRO PEREIRA REBOUÇAS Nasceu no Rio de Janeiro. Irmão caçula de André Rebouças, estudou no Colégio Cônego Fonseca Lima. Encontrava-se internado na Casa de Saúde Dr. Eiras durante a viagem africana.

PEDRO P. RODRIGUES LEITÃO Cônsul do Brasil em Funchal, ilha da Madeira, à época da chegada de Rebouças.

PENEDO, barão de (Francisco Ignácio de Carvalho Moreira, 1815-1906) Político e diplomata brasileiro. Bacharel em direito pela Faculdade de São Paulo em 1839, doutorando-se tempos depois na mesma área pela Universidade de Oxford. Deputado-geral por Alagoas de 1849 a 1852, atuou para a extinção do tráfico negreiro. Representante brasileiro em Washington em 1852, foi depois ministro plenipotenciário no Reino Unido e na Santa Sé e presidente da comissão brasileira na Exposição Universal de Paris. Quando responsável pela legação brasileira em Londres, teve como uma das atribuições angariar capitais ingleses para os investimentos na construção de estradas de ferro no Brasil, principalmente no Nordeste.

PICOT, Francisco Antônio (1811-1902) Cidadão francês nascido na Áustria, emigrou para o Brasil e tornou-se sócio do *Jornal do Commercio* em 1837, dividindo a direção do periódico com o genro Junius Villeneuve. O duplo comando durou até 1844, quando Villeneuve retornou à França. Durante o Segundo Reinado, sob a direção de Picot, o jornal deixou de ser um informativo de assuntos comerciais para se transformar em um jornal de grande formato, bastante influente junto à opinião pública. Em 1852, Picot mudou-se para Paris e deixou na redação uma equipe de colaboradores sob a direção de Manuel Moreira de Castro. Dirigiu o jornal à distância por 38 anos, através de correspondências. Desfez-se do jornal em 1890, vendendo-o para um grupo de 28 homens de negócios, entre eles José Carlos Rodrigues.

PITÁGORAS (*c.* 571-570 a.C.-*c.* 500-490 a.C.) Filósofo e matemático grego, considerado fundador do pitagorismo, ou escola pitagórica, uma das principais influências filosóficas de André Rebouças no exílio. Essa corrente da filosofia se interessava pelo estudo das propriedades dos números, entendidos como sinônimos de harmonia em permanente processo de mutação. Eivada de concepções ambientalistas e esotéricas muito em voga no século XIX francês, sua moral enfatizava o conceito de harmonia, o respeito à natureza e práticas ascéticas.

PRUDENTE DE MORAIS (Prudente José de Morais Barros, 1851-1902) Político republicano paulista. Foi presidente da Assembleia Nacional Constituinte de 1891 e primeiro presidente civil da República, em 1894, pelo Partido Republicano Federal.

RANGEL DA COSTA, Antônio Ernesto. Um dos correspondentes de André Rebouças, comendador da Ordem de Cristo e negociante português residente em Lisboa.

RAUL POMPEIA (1863-95) Escritor e advogado por formação, ativista abolicionista e republicano. Professor da Academia de Belas-Artes em 1891 e diretor da Biblioteca Nacional em 1894.

RICHARD DEANE Engenheiro, gerente do The Bank of Africa em Barberton, África do Sul, à época da estada de Rebouças na cidade, condição na qual se torna um de seus correspondentes.

RIO BRANCO, barão do (José Maria da Silva Paranhos Júnior, 1845-1912) Diplomata e historiador, ministro das Relações Exteriores de 1902 a 1912.

RIO BRANCO, visconde do (José Maria da Silva Paranhos, 1819--80) Político, diplomata, jornalista e engenheiro militar por formação, nascido em Salvador, Bahia. Deputado provincial pelo Rio de Janeiro em 1845. Escreveu sobre política externa no *Jornal do Commercio* e foi diplomata no Uruguai na década de 1850. Foi eleito deputado-geral em 1853. Ministro das Relações Exteriores em 1855, no gabinete da conciliação. Teve importante atuação diplomática nos conflitos do Prata na década de 1860, incluíndo a Guerra do Paraguai. Recebeu o título de visconde de Rio Branco (com grandeza) em 20 de junho de 1870. Foi presidente do Conselho de Ministros (1871-75), gabinete governamental que aprovou a Lei do Ventre Livre em 28 de setembro de 1871, durante a primeira regência da princesa Isabel.

RODOLFO DANTAS (Rodolfo Epifânio de Sousa Dantas, 1854-1901) Político e jornalista. Deputado-geral pelo Partido Liberal em 1878, foi ministro da Justiça durante o Gabinete Martinho de Campos (1882), função na qual é citado por Rebouças.

RODRIGUES, J. C. (José Carlos Rodrigues, 1844-1923) Um dos principais correspondentes de André em 1891. Jornalista republicano, nascido em Cantagalo, na província do Rio de Janeiro, formado em direito pela Faculdade de São Paulo em 1864. Convertido ao protestantismo, radicou-se em Nova York, nos Estados Unidos, em 1867, de onde editou, em português, o jornal *O Novo Mundo*, de 1870 a 1879, com a colaboração frequente de André Rebouças. Conheceu André em Nova York em 1873 e reencontraram-se em Londres em 1882, quando Rodrigues colaborava nos jornais *The Times* e *The Financial News*, além de atuar como consultor de companhias anglo-brasileiras de viação férrea, engenhos e bancos. Rodrigues esteve no Brasil em 1887 e 1888, quando participou do movimento abolicionista e aproximou-se dos projetos imigrantistas de Antônio Prado.

De volta ao Brasil em 1890, foi um dos compradores do *Jornal do Commercio*, que dirigiu até 1915. Faleceu em Paris em 28 de julho de 1923.

RUI BARBOSA (Rui Barbosa de Oliveira, 1849-1923) Ministro da Fazenda do Governo Provisório, em sua gestão ocorreu a crise financeira conhecida como Encilhamento (1890-91). Jurista, diplomata, escritor, filólogo, jornalista abolicionista, foi membro do Partido Liberal pela Bahia, eleito deputado em 1878. Considerado autor da primeira Constituição republicana, elegeu-se senador em 1890 e continuou nessa função legislativa até 1921. Foi candidato à presidência da República em 1910.

SÁ DA BANDEIRA, marquês de (Bernardo de Sá Nogueira de Figueiredo, 1795-1876) Militar e político liberal português. Seis vezes presidente do Conselho de Ministros entre os anos de 1836 e 1870, encaminhou a ação colonial portuguesa na África no período e o processo de abolição da escravidão nos territórios ultramarinos portugueses.

SALGADO ZENHA, barão (Manuel Salgado Zenha, 1837-94). Natural de Portugal, foi presidente do Banco Nacional do Brasil nos primeiros anos da República brasileira, posição na qual recebeu o título de barão por Portugal, em 1891.

SANTANA NÉRI, barão de (Frederico José de Santana Néri, 1848-1901) Escritor e historiador católico e pró-clerical, nascido em Belém, Pará. Lançou, em 1881, em Paris, a revista *Le Brésil*, e, em 1884, fundou a Sociedade Internacional de Estudos Brasileiros e o periódico *Revue du Monde Latin*.

SARAIVA, José Antônio (1823-95) Eleito senador no primeiro Congresso da República, de 1890 a 1893. Advogado e político do Partido Liberal baiano, conhecido como conselheiro Saraiva no período imperial. Foi presidente das províncias do Piauí (1850-53), de Alagoas (1853-54 e 1856), de São Paulo (1854-55) e de Pernambuco (1859). Foi também ministro da Marinha (1857-58, 1865-66), ministro da Guerra (1858-61), ministro do Império (1861), ministro dos Negócios Estrangeiros (1865-66), ministro da Fazenda (1880-82, 1885) e ministro da Agricultura (1881-82). Presidente do Conselho de Ministros (1880-82, 1885), em sua primeira passagem pelo cargo foi responsável pela aprovação da chamada Lei Saraiva, que introduziu o sufrágio direto com censo alto no Brasil. Na segunda vez, foi corresponsável, junto com o barão de Cotegipe, pela aprovação da chamada Lei dos Sexagenários, que libertou os escravos registrados com sessenta anos de idade ou mais, com indenização aos senhores. Foi senador do Império de 1869 a 1889.

SASSETTI, Victor Carlos (1851-1915) Um dos correspondentes de Rebouças. Capitalista português, proprietário do Hotel Bragança, em Lisboa. Sassetti geriu esse empreendimento hoteleiro entre 1876 e 1911, transformando-o em um importante ponto de encontro de aristocratas, políticos, diplomatas, intelectuais e artistas portugueses.

SILVA JARDIM, Antônio da (1860-91) Ativista político, republicano, positivista. Realizou em Santos, em 1888, o primeiro comício republicano em solo brasileiro e, no ano seguinte, dedicou-se à campanha republicana, divulgando-a em cidades cafeicultoras fluminenses, paulistas e mineiras, entre antigos proprietários escravistas que buscavam indenização. Sem ser incorporado ao Governo Provisório, afastou-se do Brasil logo após a proclamação da República. Planejava retornar ao país para concorrer à presidência. Faleceu em um trágico acidente, em visita ao vulcão Vesúvio, na Itália.

SILVEIRA LOBO, Francisco de Paula da (1826-86) Proprietário rural, juiz e político brasileiro, presidente das províncias de Pernambuco e de Minas Gerais, deputado-geral e senador por Pernambuco, irmão do jornalista republicano Aristides Lobo. Ministro da Marinha (1865-66) durante a Guerra do Paraguai.

SILVEIRA MARTINS, Gaspar da (1835-1901) Magistrado, político e conselheiro de Estado do Império, nascido em Cerro Largo, Uruguai. Ministro da Fazenda (1878-79), senador do Império pelo Rio Grande do Sul (1880) e presidente da província em 1889. Liberal monarquista, após a queda da Monarquia, exilou-se na Europa e conspirou pelo fim do que chamava de "ditatura comtista" e pela restauração da monarquia parlamentar. Anistiado, retornou ao Brasil em 1892 e apoiou a Revolução Federalista (1893-95). Dedicou-se no final da vida à administração de sua estância no Uruguai.

SIMON LYON GOLDMAN Ajudante de fotografia do Observatório Astronômico da Cidade do Cabo, África do Sul, em 1893.

SINIMBU, visconde de (João Lins Vieira Cansanção de Sinimbu, 1810-1906) Político do Partido Liberal natural de Alagoas, presidiu as províncias de Alagoas, Sergipe, Rio Grande do Sul e Bahia, foi deputado-geral e provincial por Alagoas e senador do Império pela mesma província em 1856. Ministro das Relações Exteriores (1859-61), da Agricultura, Comércio e Obras Públicas (1861-62, 1878-80), da Justiça (1862-64), da Fazenda (1878) e da Guerra (1879-80); presidente do Conselho de Ministros durante o ano de 1878.

SOUZA FERREIRA, João Carlos de. Escritor e jornalista, presidente da Sociedade Propagadora da Instrução às Classes Operárias. Redator-chefe do *Jornal do Commercio* (1888-89).

TAUNAY, visconde de (Alfredo Maria Adriano d'Escragnolle Taunay, 1843-99) Principal destinatário das cartas de exílio de André Rebouças. Neto do pintor francês Nicolas Taunay, chegado ao Brasil com a Corte joanina em 1816, e filho de Felix Taunay, primeiro diretor da Academia Imperial de Belas-Artes. Escritor, engenheiro militar, músico, professor, político, historiador. Monarquista e integrante do Partido Conservador, foi deputado por Goiás, presidente das províncias de Santa Catarina e depois do Paraná, por onde se tornou senador, em 1886. Fundador e primeiro vice-presidente da Sociedade Central de Imigração (1883-91), da qual participava André Rebouças. Foi nomeado visconde, com grandeza, por Pedro II em setembro de 1889. Permaneceu no Brasil após a proclamação da República.

THE BRITISH BANK OF SOUTH AMERICA, LIMITED Representante bancário de Rebouças em Londres e no Rio de Janeiro em substituição a Norton Megaw & Co., destinatário institucional de dez cartas entre 16 de setembro de 1892 e 9 de maio de 1893.

TOLSTÓI, Liev (1828-1910) Escritor russo, autor, entre outros, dos romances *Guerra e paz* (1869) e *Anna Kariênina* (1877).

Durante a década de 1870, passou por uma profunda crise moral que resultou em uma conversão espiritual, discutida na obra não ficcional *Uma confissão* (1882), que retornava aos ensinamentos éticos de Jesus presentes no Sermão da Montanha. Reformador social, radical e pacifista, sua obra não ficcional, cristã e anticlerical, teve grande influência nos meios intelectuais ocidentais do final do século xix e início do século xx. Rebouças o lia em francês e esteve entre os seus primeiros admiradores.

TURGOT, Anne Robert Jacques (1727-81) Estadista e pensador econômico francês, precursor do liberalismo econômico e defensor do livre-comércio.

VOLTAIRE (François-Marie Arouet, 1694-1778) Filósofo iluminista francês. Defensor da liberdade religiosa e do livre-comércio, suas obras e ideias influenciaram pensadores e teóricos da Revolução Francesa e da Revolução Americana.

W. & C. GROWVE Comerciante de sementes e plantas em Grahamstown, atualmente cidade universitária da África do Sul, à leste da província do Cabo oriental.

WENCESLAU GUIMARÃES (?-1890) Amigo de André Rebouças, nascido em Portugal. Membro e diretor-tesoureiro da Sociedade

Central de Imigração. Atuou como procurador bastante de Rebouças no Rio de Janeiro. Faleceu nessa mesma cidade em 15 de novembro de 1890.

WILBERFORCE, William (1759-1833) Político liberal inglês, liderou a campanha no parlamento contra a escravidão de africanos que resultou, em 1807, na aprovação do Ato contra o Comércio de Escravos no Império Britânico e, em 1833, no Slavery Abolition Act, que decretou o fim da escravidão nas colônias britânicas das Américas e da África.

ZÓZIMO BARROSO Correspondente e amigo de André Rebouças em São Paulo.

CRONOLOGIA

1838

13 DE JANEIRO _ Nasce André Rebouças, filho de Antônio Pereira Rebouças e Carolina Pinto Rebouças, na cidade de Cachoeira, na província da Bahia. O casal ali morou enquanto Salvador se encontrava conflagrada pela rebelião conhecida como Sabinada (novembro de 1837-março de 1838). Segundo Ana Flora e José Ignácio Veríssimo, em 1.º de janeiro de 1893, André registrou em uma folha isolada o seguinte relato sobre o seu nascimento:

> Meu bom pai inscreveu-me no Livro da Família: no dia 13 de janeiro de 1838, nasceu na cidade de Cachoeira nosso primeiro filho varão, que nós chamamos André Pinto Rebouças, ele esteve na Cachoeira perigosíssimo de bexigas, e, por cautela, foi batizado em casa de nossa morada pelo Rev.mo Vigário. Este assento é feito hoje 23 de setembro de 1838. [p. 11][1]

1846

_ A família muda-se para o Rio de Janeiro, onde o pai assumiria novo mandato de deputado-geral pelas províncias da Bahia e Alagoas.

16 DE FEVEREIRO

> Emigra a família Rebouças da Bahia.

22 DE FEVEREIRO

> Chegamos da Bahia no paquete nacional S. Salvador: meu pai me ensinara em casa as primeiras letras e ao meu irmão Antônio.

Moramos à rua do Matacavallo n.º 64 (sobrado de cinco janelas de grades de ferro, pertencente à família do grande Eusébio); atualmente (1881) é a rua do Riachuelo n.º 72 e está subdividido em duas ou três habitações. [p. 13]

1847-48[2]

Durante estes anos estudei português, caligrafia e primeiras operações no colégio de Tertuliano Valdetaro, então provedor da Casa da Moeda, no campo de Santa Ana, em casa, onde esteve até agosto de 1869 a Secretaria dos Estrangeiros.

1849

Durante este ano estive sempre com o meu irmão Antônio, que pela primeira vez se separou de mim a 28 de dezembro de 1863 em Santa Catarina, no Colégio Curiacio... Principiei o estudo de latim, chegando a traduzir as Elegias de Ovídio.

_ Primeira invasão de febre amarela no Rio de Janeiro e no Brasil.

1850

_ Ano da grande epidemia de febre amarela na Corte. André, aos doze anos, é transferido pela família para Petrópolis, onde passa a estudar no Colégio Kopke.

21 DE DEZEMBRO

Recebi nesse dia os quatro primeiros prêmios das aulas de matemática, história, geografia e francês.

Foi meu professor de matemática o barão de Schneeburg; os outros foram assinados pelo professor A. J. de Groof. Conservo preciosamente três desses prêmios; o quarto me foi perdido em São Paulo por meu amigo Francisco Paulo de Melo Barreto, que aí faleceu ainda estudante.

Foi meu professor de religião e primeiro confessor o missionário do Tibete — padre Gabet. Morreu de febre amarela na ilha das Cobras.

1852

_ Novamente transferido para a Corte em 1852, onde passa a frequentar o Colégio Marinho. Lá termina seus estudos de latim, geografia, inglês e grego. O colégio, de grande prestígio na Corte, era dirigido pelo padre José Antônio Marinho, mais um "homem de cor", nos termos da época, liberal e com ativa participação política. Teve passagem pela Revolta de 1842 e pela Confederação do Equador (1824), em que pegou em armas contra o governo central. Além de advogado e redator de periódicos, o sacerdote atuou como professor de filosofia e foi parlamentar.

Estudei filosofia tendo como professor Francisco de Sales Torres Homem, depois ministro e conselheiro d'Estado, o visconde de Inhomirim.

Estudei grego no colégio, em casa aperfeiçoava-me com o meu irmão Antônio em todos os outros preparatórios para os exames de entrada no curso da Escola Militar, depois Central, e hoje Politécnica, sempre sita no largo de São Francisco de Paula.

1854

_ Ao concluir o secundário, aos dezesseis anos, é aprovado em quinto lugar (entre 114 candidatos) nos exames de admissão para o curso de engenharia na Escola Militar de Engenharia, no largo de São Francisco.

1855

29 DE JANEIRO

Sentei praça com o meu irmão no 1.º Batalhão de Artilharia a pé, então aquartelado no largo do Moura (e ceifado pelo cólera-morbo. O general Tibúrcio, então segundo-sargento, servia de enfermeiro).

_ Primeira invasão do cólera-morbo no Brasil. Mata 4 mil no Rio de Janeiro e 200 mil em todo o Brasil.

1856

17 DE NOVEMBRO

Apresentei-me ao serviço militar no 1.º Batalhão e nesse dia entrei no ensino de recruta. Guardo ainda a triste recordação das guardas, que montei no Paço da Cidade, de um funeral ao qual fui de arma ao ombro, de um célebre passeio militar em ordem de marcha, com mochila, etc., ao Jardim Botânico.

Durante este mês expliquei muitos pontos de exame. Guardo uma curiosa lista de todo o meu trabalho de explicador até março de 1858.

1858

11 DE DEZEMBRO

Aprovado plenamente com o grau 9 em botânica sendo meu lente, o ilustre dr. Francisco Freire Alemão, que propusera grau 10 (Distinção).

16 DE DEZEMBRO

Requeri minha fé de ofício para apresentar na Escola de Marinha e poder entrar em concurso para vaga de substituto da seção de matemáticas. Na aversão, que tinha à vida militar, e no amor ao professorado, recorrera a esse meio para deixar de ir para a Escola Militar e de Aplicação no internato da Fortaleza da Praia Vermelha. A Congregação da Escola de Marinha decidiu que só fossem aceitos os formados nessa Escola.

1859

4 DE FEVEREIRO

Matriculei-me na Escola Militar e de Aplicação.

1860

DEZEMBRO

Requerimento pedindo concurso para ir estudar na Europa à custa da Escola, como determinava o regulamento de então.

1861

28 DE JANEIRO

Aviso concedendo licença para ir à Europa, estudar, durante dois anos, teoria [sic] e praticamente engenharia civil, com os mesmos vencimentos, que teria se ficasse na Escola Central do Rio de Janeiro.

FEVEREIRO _ Parte em viagem de estudos à Europa (França e Inglaterra), no paquete francês *Bearn*.

24 DE MARÇO _ Chega a Paris, onde estuda na Escola de Pontes durante todo o ano.

1862

30 DE ABRIL _ Chega à Inglaterra, que visita pela primeira vez, e desenvolve estudos em Londres, Liverpool e Manchester. Volta a Paris e retorna a Londres, onde permanece de julho a setembro, durante a Exposição Universal, quando termina o texto "Estudos sobre portos do mar", escrito com o irmão Antônio.

22 DE NOVEMBRO _ Retorna ao Brasil no paquete francês *Navarre*.

1863

Nomeado pelo ministro da Guerra Polidoro Jordão para examinar as fortalezas desde Santos até Santa Catarina, com meu irmão Antônio Rebouças, por ocasião do conflito Christie. Foram-nos marcados os vencimentos de 200$000 mensais. [p. 17]

1864

MARÇO A DEZEMBRO _ Viaja ao norte do Brasil, comissionado para fazer o estudo do dique e do porto do Maranhão, com orçamento das obras necessárias. Durante a viagem, visita os portos de Recife, Paraíba e Ceará.

1865-66

Alista-se como voluntário da pátria na guerra contra o Paraguai. Doente de pneumonia e "bexigas", retira-se do Exército e retorna ao Rio de Janeiro em julho de 1866.[3]

1867-71

_ Esteve à frente das obras das Docas da Alfândega e ajudou a construir os marcos legais para a privatização dos portos no país (lei n.º 1746, de 13 de outubro de 1869).

1868

_ Declara-se abolicionista de coração em um discurso público na Escola Politécnica, onde atuava como professor substituto em várias cadeiras (botânica, cálculo, geometria descritiva etc.). Desde então, dedica-se a fundar sociedades abolicionistas e à elaboração de diversos projetos para emancipação gradual.

_ Ao longo deste ano e do seguinte, reúne investidores para criar a Cia. das Docas D. Pedro II.

1870

_ O decreto de concessão das Docas D. Pedro II é assinado pelo imperador.

_ Funda com o irmão a Cia. Florestal, voltada para o fornecimento de madeira às obras portuárias em curso.

_ Desenvolve projeto para o abastecimento de água do Rio de Janeiro e trabalha para conseguir capitais para criar e implementar uma Cia. das Águas.

_ Faz estudos detalhados sobre a navegação no Alto Paraná e no Alto Uruguai e propõe a criação de uma companhia de navegação. Visionário em termos de pensamento ambiental, propõe a criação de um parque natural em torno das cataratas do Iguaçu.

_ Em parceria com Mauá e o irmão Antônio, torna-se concessionário das companhias das estradas de ferro de Antonina a Curitiba e do Paraná ao Mato Grosso.

_ Encerradas as obras nas Docas da Alfândega, publica em livro *Companhia da Doca da Alfândega do Rio de Janeiro*, reunindo os documentos de criação da primeira empresa privada concessionária de serviços de utilidade pública nos portos do país.

1871

_ Segundo seus diários, em duas ocasiões apresenta cálculos para um futuro fundo de emancipação e um projeto de seu pai sobre emancipação gradual ao visconde de Rio Branco. Essas iniciativas teriam servido de subsídio às discussões então em curso no Parlamento, que resultaram na aprovação da lei de 28 de setembro de 1871, que libertou os filhos de mulheres escravizadas nascidos após a lei e criou um fundo de emancipação para a libertação dos últimos cativos.

1872

_ Com grandes dificuldades na gerência da Cia. das Docas D. Pedro ii e em suas empresas com o irmão Antônio, resolve se afastar dos negócios em uma segunda viagem à Europa.

23 DE AGOSTO _ Inicia a viagem no paquete inglês *Douro*, em direção a Lisboa. Sempre inspecionando obras de engenharia (abastecimento de águas, estradas de ferro e, sobretudo, o funcionamento e desenvolvimento dos "portos do mar"), sem deixar de visitar museus e ruínas arqueológicas, e frequentar as melhores óperas e teatros. Percorre Portugal, Espanha, França, Itália e Inglaterra. Encontra-se com Carlos Gomes na Itália.

1873

9 DE JUNHO _ Chega aos Estados Unidos, vindo da Inglaterra, onde se mantém sempre ciceroneado por engenheiros e empresários locais que conhecera no Brasil e enfrenta práticas de segregação

racial. Visita Nova York, Boston, Niagara Falls, Pittsburgh e Filadélfia. Conhece José Carlos Rodrigues em Nova York.

23 DE JUNHO _ Parte dos Estados Unidos para o Rio de Janeiro.

19 DE JULHO _ Desembarca no Rio de Janeiro. Ao retornar, reassume a gerência das Docas D. Pedro II e a direção da Cia. Florestal Paranaense.

1874-79

24 DE MAIO DE 1874 _ Morre em São Paulo, de febre tifoide, repentinamente, seu irmão Antônio.

_ Continua na gerência das Docas D. Pedro II, além de cuidar das empresas do irmão (do qual era sócio), em crescentes dificuldades financeiras, e do futuro dos projetos de Antônio para o desenvolvimento de estradas de ferro no Paraná. Sua situação financeira se deteriora. Ao final do período, das atividades empresariais, apenas a concessão do Caminho de Ferro Conde d'Eu, na Paraíba do Norte, então paralisada, se mantém.

9 DE FEVEREIRO DE 1877 _ Interrompe a escrita do diário e só o retoma em 1883. Ele próprio anota essa informação no exílio, em 1891, redigindo a posteriori um resumo biográfico até 1882.

JULHO DE 1877 _ Faz o último relatório como diretor das Docas D. Pedro II, que teve sua concessão cancelada pelo Governo imperial.

_ A Florestal Paranaense encerra seus trabalhos e a concessão da estrada Curitiba—Antonina é revogada, em derrota política que deixa profundas marcas em André. A concessão é substituída pela Curitiba—Paranaguá.

NOVEMBRO DE 1879 _ Inscreve-se no concurso da primeira cadeira de engenharia civil da Escola Politécnica.

_ Período áureo de colaboração com *O Novo Mundo*, de José Carlos Rodrigues. Escreve artigos sobre "agricultura nacional" no *Jornal do Commercio*. Publica dezenas de artigos na imprensa nesses anos (listados em Alexandre Dantas Trindade, *André Rebouças: da engenharia civil à engenharia social*).

_ Publica nove livros entre 1874 e 1878.[4]

1880-82

_ Em abril de 1880, Rebouças é aprovado no concurso para professor efetivo da cátedra de engenharia civil da Escola Politécnica. O amado pai, referência da vida toda, morre em 19 de junho. Com a morte dele, vende a casa da família no Rio de Janeiro e passa a morar em hotéis.

_ Iniciam-se, finalmente, as obras do Caminho de Ferro Conde d'Eu na Paraíba do Norte, do qual é concessionário. Em 21 de maio, registra no resumo biográfico:

> Começo os trabalhos para a propaganda abolicionista, que desde muitos anos me preocupavam. [p. 289]

_ Corresponde-se com organizações abolicionistas de todo o país, organiza festivais e 23 conferências emancipadoras apenas em 1880; desenvolve projetos de lei que apresenta aos amigos parlamentares (em suas palavras: *Imposto territorial aplicado à emancipação dos escravos*).

_ Funda com Joaquim Nabuco a Sociedade Brasileira contra a Escravidão, na qual se torna tesoureiro e responsável pela principal publicação, O *Abolicionista*.

_ Redige os estatutos da Associação Central Emancipadora, da qual também fazia parte. Publica diversos artigos na *Gazeta da Tarde*, de José do Patrocínio.

_ Em 1881, redige em conjunto com a diretoria da Sociedade Brasileira contra a Escravidão uma "Representação contra a escravidão de indígenas na província do Amazonas", entregue ao ministro da Justiça, e outra, com o abolicionista Joaquim Serra, de mesmo teor, dirigida ao presidente do Amazonas.

_ Em 1881 e 1882, continua as atividades abolicionistas, com organização de conferências, publicações em jornais e boletins de propaganda, além de petições internacionais encabeçadas pela Sociedade Brasileira contra a Escravidão. Redige os boletins da Associação Central Emancipadora.

_ Em setembro de 1882, parte em nova viagem de negócios para a Inglaterra, onde trabalha no escritório de seu velho amigo, o engenheiro Carlos Neate. Mantém contato com o presidente da Cia. Conde d'Eu RW e frequenta os *meetings* da Anti-Slavery Society.

1883-85

_ Em 1883, recém-chegado da Inglaterra, atua como representante da Cia. Minas Central, concessionária do Caminho de Ferro de Piratingui, em Minas Gerais, e é eleito para a diretoria do Clube de Engenharia.

_ Participa da fundação da Confederação Abolicionista e da Sociedade Central de Imigração, no Liceu de Artes e Ofícios, com Alfredo Taunay e outros.

_ Publica "Agricultura nacional. Estudos econômicos. Propaganda abolicionista e democrática e Confederação Abolicionista. Abolição imediata e sem indenização", em 1883.

_ Até 1885, participa ativamente do movimento abolicionista, ocupando a linha de frente. O movimento entra em ritmo frenético com a bandeira da abolição imediata e sem indenização, organizando festivais e conferências. Faz também articulações em nível nacional para a libertação no Ceará e no Amazonas e pressão parlamentar junto ao Gabinete Dantas, liberal.

_ Visita quase diariamente a sede do Clube de Engenharia, da Confederação Abolicionista e da Sociedade Central de Imigração. Reúne-se com parlamentares para pressionar por reformas.

JANEIRO DE 1884 _ Muda-se para Petrópolis pela primeira vez, mas retorna ao Rio de Janeiro em junho, em função das demandas do movimento abolicionista.

JULHO DE 1884 _ Com a posse do Gabinete Dantas, a expectativa de conseguir libertar os escravizados matriculados como sexagenários, sem indenização aos senhores, anima o movimento abolicionista, que ainda lamentava a morte de Luís Gama, em 1882. Os libertados seriam, em sua maioria, africanos entrados ilegalmente no país, muitas vezes com a idade aumentada para esconder o contrabando após a primeira lei de extinção do tráfico, em 1831.

MAIO DE 1885 _ A queda do Gabinete Dantas culmina com a subida ao poder de um ministério conservador liderado pelo barão de Cotegipe, campeão escravista e desafeto pessoal de Rebouças, e com a aprovação da Lei Saraiva-Cotegipe. A lei liberta os sexagenários com indenização em serviços e aprova um regulamento de repressão ao movimento abolicionista.

JUNHO DE 1885 _ A derrota tem um efeito avassalador nas expectativas de Rebouças. Muda-se novamente para Petrópolis, a conselho médico.

1886-87

_ Continua a "propaganda abolicionista e democrática", como registrava no diário, sem o mesmo ímpeto do período anterior.

_ Em Petrópolis, começa a preparar a Enciclopédia Socionômica, à qual dedica um bom tempo do dia e da qual se ocupará até o fim da vida. Preocupa-se também em arquivar toda a documentação e propaganda abolicionista.

_ Vai ao Rio de Janeiro e volta regularmente, sobretudo para as aulas na Escola Politécnica, pelo Caminho de Ferro Riggenbach, pegando em seguida a barca, quase sempre retornando no mesmo dia.

_ Aproxima-se cada vez mais de Joaquim Nabuco e Alfredo Taunay, que passam temporadas frequentes em Petrópolis, em descanso ou tratamento de saúde.

_ Em 1887, vota com gosto em José do Patrocínio para vereador, para quem prepara inúmeros projetos para apresentar na Câmara. É padrinho de batismo de José do Patrocínio Filho.

1888

MARÇO _ Quando a fuga generalizada de escravizados sai do controle do movimento abolicionista e leva a lavoura paulista a cogitar a abolição, a princesa regente desfaz o Gabinete Cotegipe, nomeando o gabinete abolicionista de João Alfredo. Esse é um momento-chave de reaproximação de André com a família imperial, da qual andava afastado desde a morte do irmão Antônio, em 1874.

INÍCIO DE MAIO _ Por influência de André, Isabel chega a receber catorze africanos foragidos de uma fazenda para uma refeição no palácio em Petrópolis. Por causa de uma grave piora em seu estado de saúde, Pedro II, então no exterior, chega a receber a extrema-unção. Nesse ponto de seu diário, André chama a princesa de Isabel I.

13 DE MAIO _ Acompanha, de Petrópolis, a vitória parlamentar da abolição imediata e sem indenização, com apenas nove votos contrários na Câmara, e cinco no Senado, entre eles o de Cotegipe. A mesma Câmara que até fevereiro dera sustentação ao gabinete escravista deposto.

_ Recebe a princesa Isabel e o conde D'Eu na estação de Petrópolis, ao retornarem da cerimônia de assinatura da Lei Áurea.

_ O entusiasmo retorna, após a apoteose abolicionista. André volta a frequentar mais assiduamente a Confederação Abolicionista e a Sociedade Central de Imigração. Dedica-se a pressionar o Gabinete João Alfredo por mais reformas.

_ Combate nos jornais as pressões por indenização aos senhores e volta a organizar conferências com José do Patrocínio, defendendo uma reparação aos libertos.

_ Em seus artigos na imprensa, divulga projetos para educação e doação de terras aos libertos. Denuncia massacres contra libertos perpetrados por fazendeiros. Combate a imigração subvencionada ensaiada pela província de São Paulo e defende a imigração com pequena propriedade.

SETEMBRO DE 1888 _ Reúne-se novamente com o imperador, que está de volta ao Brasil. Tornam-se próximos e se encontram com frequência para conversas na estação de trem de Petrópolis.

1889

_ A queda do Gabinete João Alfredo, pouco depois do primeiro aniversário da Abolição, é um primeiro sinal de retorno dos latifundiários ao poder. André criticava com frequência o Ministério Afonso Celso, mas já não julga o monarca.

_ No Rio de Janeiro, quando da ação militar em 15 de novembro, tenta organizar com Taunay, em suas palavras, "a contrarrevolução". Ao ver-se derrotado, vai a Petrópolis e oferece-se para acompanhar a família imperial no exílio.

7 DE DEZEMBRO _ Chega a Lisboa, com a família imperial. Residirá no Hotel Bragança até 24 de abril de 1891. Ali escreve diversos artigos para a *Gazeta de Portugal*, sempre abordando "o cunho escravocrata, militar e teocrático do atentado contra a família imperial". Também insere várias notas sobre o golpe militar no Brasil no *Times*, de Londres.

_ No fim do ano, lamenta a morte da imperatriz na cidade do Porto.

1890[5]

_ Publica inúmeros artigos também no Brasil, sobretudo no diário *Cidade do Rio*, de José do Patrocínio, além dos quinze artigos da *Revista de Engenharia*.

1891

ABRIL A DEZEMBRO _ Estabelece-se em Cannes, França, onde acompanha as notícias sobre a saúde do imperador e recebe a notícia de sua morte. Planeja a viagem à África.

_ Em meados desse ano, começa a transcrever integralmente as cartas que escreve.

1892

JANEIRO _ Chega a Marselha, França, onde aguarda a viagem, pelo canal de Suez, para Lourenço Marques, Moçambique, no paquete *Malange*, da Mala Real Portuguesa.

MARÇO _ Parte em viagem no dia 27. Chega a Lourenço Marques em abril. Dali segue para Barberton, África do Sul, aonde chega em 25 de maio. Lá permanece até dezembro.

DEZEMBRO _ No dia 11, o Royal Hotel de Barberton, próximo do Granville Hotel, onde morava, é incendiado em um episódio de violência. Em função disso, desloca-se para Queenstown, a bordo do paquete *African*, e depois para Cape Town.

1893-96

INÍCIO DE JANEIRO DE 1893 _ Chega a Cape Town. Permanece em Cape Town até o final de junho, quando parte para Funchal.

2 DE JULHO DE 1893 _ Chega a Funchal, ilha da Madeira, e hospeda-se no Reid's New Hotel, onde passa a residir até 1898, ano de sua morte.

_ Passa os dias organizando e respondendo correspondências, fazendo revisões e anotações em seus diários e preparando um índice autobiográfico. Nesses exercícios de memória, revisita constantemente as lembranças de seu pai e do imperador Pedro II.

_ Faz exercícios de geometria, cálculos matemáticos e equações. Estuda astronomia e botânica. Continua o trabalho de escrita de sua Enciclopédia Socionômica.

_ Acompanha as notícias sobre a guerra civil de 1893 (Revolução Federalista) por meio dos jornais brasileiros e portugueses que recebe pelo correio.

_ Planeja escrever um livro sobre a campanha abolicionista, em parceria com Nabuco e Patrocínio.

1897-98

_ Acompanha pelos jornais a Guerra de Canudos, interpretando o movimento como uma insurreição bárbara de fanáticos.

_ Sua situação financeira piora, bem como seu quadro de saúde — sofria, desde 1897, de uma espécie de tuberculose intestinal. Seus amigos e parentes insistem em que volte ao Brasil, mas se recusa a atender aos pedidos.

_ No último ano de vida, publica o conto "O romance de uma onça", na revista *A Mensageira*, periódico literário dedicado à mulher brasileira.

9 DE MAIO DE 1898 _ É encontrado morto no mar, na base de um penhasco de cerca de sessenta metros de altura, próximo ao hotel onde residia. Jornais portugueses noticiam seu falecimento como suicídio, interpretação logo desmentida pela família e pelos jornais brasileiros, que divulgam a causa da morte como acidente.

JUNHO DE 1898 _ Seu corpo é embalsamado, transladado para o Brasil e sepultado no cemitério São João Batista, no Rio de Janeiro. Recebe diversas homenagens póstumas.

NOTAS

___

LISTA DE DESTINATÁRIOS (P. 15-16)

1 Reunião das listas elaboradas por Rebouças para os dois cadernos trabalhados (IV e V). Os destinatários aparecem também na lista de nomes citados ao final deste volume.

___

CARTAS DA ÁFRICA (P. 19-313)

1 Para a padronização do manuscrito, optei por registrar antes de cada carta: 1) o nome do remetente conforme anotado a posteriori por Rebouças utilizando um lápis azul; 2) o endereço do correspondente, quando informado; 3) a data e o local de origem das cartas, anotados sempre na margem esquerda do início da carta. Às vezes aí vinha também, anotado em algarismo romano, o número geral das cartas transcritas para aquele correspondente — mantive a indicação, ainda que o número não tenha qualquer correspondência com o conjunto editado neste livro. Outras anotações feitas pelo próprio Rebouças, posteriores às cartas, estão grafadas em itálico. Os parênteses, quando utilizados, são do próprio André Rebouças. A ortografia foi atualizada e a pontuação, mantida como nos originais. O uso de maiúsculas e numerais foi padronizado (exceto numerais romanos). Formas abreviadas não tradicionais foram expandidas.

2 Neste período, André enviava a Rodrigues quase diariamente comentários de artigos publicados na imprensa europeia. Nesta edição,

as transcrições de tais artigos foram em geral suprimidas, indicadas com [...], buscando evitar desvios temáticos muito específicos no conjunto da narrativa epistolar selecionada. Além dos cortes nos artigos transcritos para Rodrigues, também utilizo [...] para indicar borrões, rasuras, papéis colados ou outra dificuldade do manuscrito que impediram a leitura de alguma palavra ou trecho específico. Os textos entre colchetes nas cartas são intervenções minhas.

3 Referências a personagens da *Odisseia*, poema épico atribuído a Homero, fixado por escrito no século VIII a.C. Sobre a história do texto, ver Alberto Manguel, *Ilíada e Odisseia de Homero: uma biografia*.

4 Os irmãos Farani eram proprietários da principal empresa de construção civil e de projetos de urbanização no Rio de Janeiro, atuando sobretudo em Botafogo, na década de 1870. Como não estão citados nominalmente nas cartas, apenas a sua empresa, não foram incluídos na lista ao final deste volume. Sobre eles, ver Vittorio Cappelli, *A belle époque italiana no Rio de Janeiro*. Não consegui mais informações sobre o engenheiro Teixeira Coimbra.

5 Referência à fazenda de Joaquim de Souza Breves, destinada à recepção de navios do tráfico ilegal de africanos escravizados. Sobre o tema, ver Hebe Mattos (org.), *Diáspora negra e lugares de memória*.

6 Referência ao romance *Le Juif errant* [O judeu errante] (1844), do escritor francês Eugène Sue, que revisita, com conteúdo de crítica social, a lenda do sapateiro Ahasverus, condenado a não morrer e a caminhar sem rumo até o fim dos tempos, por zombar da Paixão de Cristo.

7 Data da promulgação de lei que libertou os filhos de mulheres cativas nascidos no Brasil, conhecida como Lei do Ventre Livre.

8 Referências à crise bancária de 1890 na Argentina, também conhecida como "pânico de 1890", e à guerra civil no Chile em 1891, decorrente

da divisão das Forças Armadas no conflito entre o presidente em exercício José Manuel Balmaceda e o Congresso Nacional. Sobre o Chile, ver Bernardo Ricupero, "A República e a descoberta da América: nova forma de governo e mudança identitária no Brasil da década de 1890". Sobre a crise argentina, ver Felipe Amin Filomeno, "A crise Baring e a crise do Encilhamento nos quadros da economia mundo-capitalista".

9 Referência à ameaça de bombardeio do Rio de Janeiro por unidades da Marinha brasileira na baía de Guanabara, sob comando do almirante Custódio de Melo, em reação ao fechamento do Congresso pelo primeiro presidente republicano, marechal Deodoro da Fonseca, o que acabou resultando em sua renúncia (23 de novembro de 1891) e na posse do vice-presidente, marechal Floriano Peixoto. Sobre os acontecimentos políticos da Primeira República, ver o *Dicionário Histórico-Biográfico Brasileiro* e Hebe Mattos, "'A Vida Política' (Além do voto: cidadania e participação política na Primeira República brasileira)".

10 Opereta (ou teatro de revista) do compositor carioca Luís Moreira (1872-1920). Mais informações em Marcos Antônio Marcondes, *Enciclopédia da música brasileira: popular, erudita e folclórica*.

11 Em dúvida se bem decodifiquei a grafia do nome no manuscrito, não consegui identificar o propagandista citado.

12 Referência a trovador português do século XVI. O uso de pseudônimos era comum na imprensa da época.

13 Referências à aristocracia proprietária de terras na Inglaterra (*landlords*) e na Alemanha (*Junkers*) e aos grandes cafeicultores paulistas ("Antunes e Martinhos Prados").

14 Economista inglês (1821-78).

15 Esta carta começa a ser transcrita no volume iii até o meio do segundo parágrafo e é concluída no volume iv, onde Rebouças indica com lápis azul que o início do texto está no outro volume.

16 Referência ao manifesto contra a série de quarenta artigos que Rebouças publicou na *Gazeta de Portugal* denunciando o golpe republicano no Brasil, encabeçado por Manuel Salgado Zenha, barão de Portugal e presidente do Banco Nacional do Brasil (ver lista de nomes citados), nos primeiros anos da República brasileira; e ao pejorativo "cobarde/cobardia" utilizado pelo escritor português Ramalho Ortigão no folheto "A literatura de hoje" (1866) contra o também escritor Antero de Quental, na querela literária conhecida como Questão Coimbrã, que levou ambos a um duelo de espadas. Sobre o tema, ver R. de J. Farias Brito, " 'Questão Coimbrã': a problematização sobre Portugal através de uma polêmica literária pela Geração de 70 (1865-1866)".

17 Referência à tradição clássica romana, especificamente a críticas que teriam sido recebidas por Marco Túlio Cícero (106-43 a.C.) ao traduzir do grego a obra de Homero, a quem são atribuídos os poemas épicos *Ilíada* e *Odisseia*. Sobre o tema, ver Alberto Manguel, Ilíada *e* Odisseia *de Homero: uma biografia*.

18 Inicialmente citado como Afonso Celso.

19 André refere-se várias vezes nas cartas ao relato de Júlio César sobre suas campanhas durante a guerra na Gália (58-52 a.C.). Os *Comentários à guerra da Gália* foram traduzidos e editados no Brasil por Francisco Sotero dos Reis, em edição dedicada a d. Pedro ii, em 1863.

20 Referências a narrativas bíblicas e à *Divina comédia*, de Dante Alighieri.

21 Referência a cenas da tragédia *Macbeth*, de William Shakespeare.

22 Referência à Primeira Revolta da Armada, em novembro de 1891, contra a posse de Floriano Peixoto como presidente da República após a renúncia de Deodoro, já que a Constituição recém-aprovada previa novas eleições.

23 Referência aos funerais do romancista e político francês Victor Hugo, autor de *Os miseráveis*, em 1885. Sobre o tema, ver Avner Ben--Amos, "Les funérailles de Victor Hugo: apothéose de l'évènement spectacle".

24 Referência às *Odes* de Horácio, marco da lírica ocidental. Sobre o tema, ver a tradução de Pedro Braga Falcão publicada pela Editora 34.

25 Referência a Pedro Augusto de Saxe-Coburgo e Bragança (1866-1934), filho primogênito da princesa dona Leopoldina do Brasil e do príncipe Luís Augusto de Saxe-Coburgo-Gota. Graduado em engenharia civil, foi discípulo de André Rebouças a pedido do imperador, em Petrópolis. Sobre ele, ver Mary del Priore, *O príncipe maldito*.

26 No direito internacional, autorização para que um cônsul seja admitido em suas funções em um outro Estado.

27 Provável referência a Mehmed Emin Pasha (1840-92), médico, explorador e naturalista de origem alemã, ex-administrador da província otomana de Equatoria, no Sudão, então a serviço da Companhia Alemã de Colonização da África Oriental, e à colônia alemã de Kamerum, atual Camarões, na África Ocidental. (Ver lista de nomes citados e Arthur Jephson, *Emin Pacha et la Rébellion de l'Équateur*.)

28 Referências a legisladores emancipacionistas no Brasil e em Portugal: Sá da Bandeira, Paranhos (visconde do Rio Branco) e Eusébio de Queirós.

29 Referência à abertura ao livre-comércio do porto de Zanzibar e à ação colonizadora do representante inglês Cecil Rhodes na África

do Sul, impondo a abertura aduaneira (*zollverein*) aos estados boêres (descendentes de antigos colonizadores europeus, sobretudo holandeses, chegados no século xvii) de Orange e Transvaal.

30 Provavelmente referência ao massacre da cidade de Ustaritz no país basco francês, por ordem de Carlos v (imperador do Sacro Império Romano-Germânico) e Carlos i de Espanha, em 1523, e a seu filho, Filipe ii, sob o qual se deu a anexação de Portugal ao Império Espanhol sob a União Ibérica (1580-1640).

31 O ultimato inglês de 1890 exigiu a retirada das tropas portuguesas dos territórios entre os litorais dos atuais Angola e Moçambique, áreas historicamente tocadas pela presença colonial lusa, criando uma profunda crise política em Portugal e sepultando as pretensões portuguesas *ao mapa cor-de-rosa*, projeto de ligação das duas costas da África Central com influência histórica portuguesa, apresentado na Conferência de Berlim, em 1886 (A. Adu Boahen, A *África sob dominação colonial 1880-1935*).

32 Referência às expedições coloniais portuguesas na região em busca de tratados para estabelecer protetorados sobre os povos locais durante os conflitos anglo-lusos de 1890-91. Ver A. Adu Boahen, A *África sob dominação colonial 1880-1935*, e Miguel Patrício, "Do Ultimatum de 1890 ao Tratado Lusobritânico de 1891".

33 Referências a políticas de terra baseadas na pequena propriedade territorial, nos Estados Unidos, na Austrália e na Holanda, sobre as quais escreveu inúmeros artigos, sobretudo na *Revista de Engenharia*.

34 Região ao norte do atual Zimbábue.

35 Talvez uma referência a Antônio Paulo de Mello Barreto (1839- -1908), engenheiro reconhecido internacionalmente por seu trabalho em estradas de ferro no Brasil, em obituário do *Minutes of the*

Proceedings of the Institution of Civil Engineers (1911), p. 331. Primeiro concessionário da Estrada de Ferro Leopoldina, era filho do marechal João Paulo dos Santos Barreto, ministro da Marinha no período regencial. Não consegui nenhuma referência a uma possível prisão política dele sob Floriano Peixoto.

36 Referência às rúpias indianas, que, carimbadas pela administração colonial portuguesa, tinham valor mais alto (Thiago Henrique Sampaio, "Portugal em África: a administração de Mousinho de Albuquerque em Moçambique, 1896-1898", p. 20). O "Cham Cham da Bahia de escravocrata e caviloso manejo" é uma referência ao nome popular das moedas de cobre falsas que circulavam na Bahia na década de 1820 e foram utilizadas no comércio de escravos (Alexandre Trettin, *O derrame de moedas falsas de cobre na Bahia, 1823-1829*, nota 336, p. 137). Possivelmente uma associação com Chachá, título pelo qual era conhecido Francisco Félix de Souza, o maior traficante de escravos da Bahia, radicado no reino do Daomé, atual Benim (Alberto da Costa e Silva, *Francisco Félix de Souza, mercador de escravos*).

37 Atualmente cidade universitária da África do Sul a leste da província do Cabo Oriental.

38 Romance de Liev Tolstói (1889).

39 Referência ao general de Esparta (século v a.C.) que teria lutado até a morte à frente de suas tropas para impedir a invasão persa na Grécia. Sobre o ensino de história da Antiguidade no Brasil do século xix, ver Douglas de Melo Altoé, *A escrita da história da Antiguidade no Brasil oitocentista*.

40 Designação dada aos governantes máximos das cidades-Estado fenícias e cartaginesas.

41 Referência aos bailes do conde russo Maurice Haritoff, casado com Clara de Souza Breves, de família de grandes cafeicultores fluminenses

conhecidos por seu envolvimento no tráfico ilegal de africanos escravizados. Sobre o personagem, ver: http://brevescafe.net/haritoff.htm; acesso em: 30 mar. 2022.

42 Referência a famílias fluminenses de cafeicultores envolvidas no tráfico ilegal de africanos escravizados entre 1831 e a década de 1850.

43 O registro dessa carta tem vários trechos apagados ou borrados. Esse trecho parece ser uma referência ao linchamento do jornalista Apulchro de Castro, em 1883, em retaliação à publicação de um artigo que supostamente atacava a honra de um oficial do primeiro regimento de cavalaria. A morte do jornalista se fez com a participação de oficiais do Exército e a omissão das autoridades policiais da Corte. Ao que parece, Rebouças acompanhava a avaliação de Capistrano de Abreu, para quem "o assassinato de Apulchro de Castro, redator do *Corsário*, em outubro de 83, às barbas da polícia, por militares que ostentavam este caráter, deixou claro que a Monarquia contava seus dias pela paciência da guarnição" (Capistrano de Abreu, *Ensaios e estudos*, p. 128), e, aparentemente, temia pela vida de Taunay e Nabuco no contexto político de 1892.

44 Referência a Francisco Belisário Soares de Souza, ministro e secretário de Estado dos Negócios da Fazenda e presidente do Tribunal do Tesouro Nacional, que aprovou, em 25 de junho de 1886, o artigo único: "As leis n.os 3229 e 3230, de 3 de setembro de 1884, que orçam a receita e fixam a despesa geral do Império para o exercício de 1884--1885, continuarão em vigor durante os primeiros quatro meses do exercício de 1886-1887, se antes não forem promulgadas as leis do orçamento deste exercício" (Coleção de Leis do Brasil, Portal da Câmara dos Deputados. Disponível em: https://www.diariodasleis.com.br/; acesso em: maio 2022).

45 Referências à noção de República no livro *O espírito das leis*, de Montesquieu (1748), e à experiência da Primeira (1792-1804), Segun-

da (1848-52) e Terceira (1870-1940) República da França. Os nomes citados neste parágrafo estão, em sua maioria, registrados na lista de nomes incluída neste volume.

46 Referências aos grandes abolicionistas estadunidenses até a guerra civil que aboliu a escravidão e aos novos pioneiros do século xix. No momento em que ele escreve, institucionalizava-se o regime de segregação racial no Sul dos Estados Unidos e se consolidava o processo de oligopolização da economia naquele país.

47 Referência aos desafios de Prometeu e Adamastor a Zeus na mitologia grega e à sua citação no poema épico *Os Lusíadas*, de Luís de Camões (1572), para referir a circum-navegação da África, ultrapassando o cabo das Tormentas (cabo da Boa Esperança), entre os oceanos Atlântico e Índico.

48 Engenheiro responsável pela abertura do canal de Suez, processado e preso em 1893 por prejuízo aos acionistas durante o início das obras do canal do Panamá, vindo a falecer um ano depois (1894). Cf. *Minutes of the Proceedings of the Institution of Civil Engineers*, 1895, p. 371-89. Obituary.

49 Referência a personagens do poema épico de Homero e do romance *O conde de Monte Cristo*, de Alexandre Dumas (*Le Comte de Monte-Cristo*, 1846).

50 "Nós teremos o paredão ou o poder"; "E se Boulanger quiser ser imperador?!". Referência a acontecimentos políticos da Terceira República francesa. Ver Boulanger, na lista de nomes citados.

51 Referência à lei de 7 de novembro de 1831 (que aboliu oficialmente o tráfico de africanos escravizados para o Brasil e resultou em mais de vinte anos de tolerância do Estado imperial com o comércio ilegal de cativos) e ao decreto inglês de 1845 (Bill Aberdeen) (que

dava aos ingleses o direito de apreenderem qualquer navio brasileiro suspeito de estar envolvido no contrabando de escravizados).

52 Referência ao dramaturgo grego do século v a.C., considerado o pai da tragédia.

53 O ministro da Justiça é Saião Lobato, visconde de Niterói. Referência a episódio ocorrido com Francisco de Paula Negreiros de Saião Lobato, visconde de Niterói (1815-84), ministro da Justiça do gabinete de José Maria da Silva Paranhos — que aprovou a Lei do Ventre Livre em 28 de setembro de 1871, durante a primeira regência da princesa Isabel.

54 Os discursos parlamentares de Antônio Pereira Rebouças foram publicados em dois volumes, em 1870. O discurso sobre a pena de morte abre o primeiro volume. O discurso citado, de 20 de maio de 1844 (p. 89-141), fazia referência à anistia concedida naquele ano aos líderes das rebeliões liberais deflagradas em maio e junho de 1842 nas províncias de Minas Gerais e São Paulo e derrotadas militarmente pelo então barão de Caxias em agosto do mesmo ano.

55 Referência aos irmãos Aureliano de Sousa e Oliveira Coutinho, visconde de Sepetiba (1800-55), e Saturnino de Sousa e Oliveira Coutinho (1803-48), figuras políticas de destaque no período regencial, que integravam os grupos palacianos responsáveis pela educação do imperador, chamado "Facção Áulica" por seus opositores no episódio conhecido como "Golpe da Maioridade". O episódio é tratado no longo discurso da mesma sessão de 20 de maio de 1844, publicado nos volumes citados (Rebouças, 1870).

56 Referência à repressão político-religiosa na Inglaterra, de Maria Tudor, católica (1553-58), e de Cromwell, sob a Revolução Puritana (1642-51).

POSFÁCIO (P. 315-66)

1 Publiquei a análise sobre as cartas publicadas, feita na tese, no prefácio à edição brasileira do livro *Além da escravidão*. Já com base nas cartas manuscritas, o texto "André Rebouças e o pós-abolição" foi apresentado no I Seminário Pós-abolição no Mundo Atlântico, em 2012, revisto e publicado no livro *Diáspora negra e lugares de memória*. A análise conjugada das cartas da África de André com o manuscrito autobiográfico do pai, Antônio Pereira Rebouças, de 1837, que, na tese, estava na base do capítulo original sobre eles, foi publicada em capítulo do livro *Escravidão e subjetividades*. Em 2014, considerando as cartas, o diário e o jornal *O Novo Mundo*, escrevi o ensaio "Um livro tolstoico sobre a brutalidade yankee", para o seminário Instituições Nefandas, sobre a abolição da escravidão no Brasil, nos Estados Unidos e na Rússia, da Casa de Rui Barbosa, publicado em livro em 2018. Vide a bibliografia ao final do volume. Pretendo ainda publicar a tese como livro.

2 Sobre o tema, ver Dávila, 2006.

3 Para um aprofundamento do tema, ver Hebe Mattos, *Escravidão e cidadania no Brasil monárquico* e "Slavery, Race and the Construction of the Imperial Order" e Ana Flávia Magalhães Pinto, *Escritos de liberdade*.

4 Ver cronologia de André Rebouças.

5 Paul Gilroy, *O Atlântico negro*, cap. 1.

6 Daibert está aprofundando o tema em pesquisa de pós-doutorado no Laboratório de História Oral e Imagem (LABHOI/UFF), que tenho o prazer de supervisionar.

7 Todas as citações de Paul Gilroy são do ensaio "O Atlântico negro como contracultura da modernidade", capítulo 1 do livro *O Atlântico negro*.

8 Note, além da busca de uma "alma" africana, a ressonância do Sermão da Montanha, central à perspectiva religiosa de Tolstói.

9 O ensaio constitui o capítulo 2 do livro de Anthony Appiah, *Na casa de meu pai*. As citações são da p. 44.

10 Sobre os grupos acadêmicos uranistas na Inglaterra vitoriana em finais do século XIX, ver Renato Pinto, "Uranismo em Cilurnum? Apanhados e conjecturas de homossexualidades masculinas na Inglaterra vitoriana".

11 Ver Mattos, *De pai para filho* (2016).

_____

CRONOLOGIA (P. 411-29)

1 As citações em itálico foram extraídas de *Diário e notas autobiográficas*, de André Rebouças, organizado por Ana Flora e José Ignácio Veríssimo, publicado em 1938. As páginas indicadas ao final das citações correspondem às páginas dessa obra.

2 De 1847 a 28 de janeiro de 1861, as citações se encontram nas p. 13-16.

3 O diário desse período foi publicado no livro *Diário, a Guerra do Paraguai* (1866): editado pela historiadora Maria Odila da Silva Dias.

4 Ver as obras na bibliografia deste volume.

5 O diário de 1890, se existia, se perdeu.

BIBLIOGRAFIA

Abreu, Capistrano. *Ensaios e estudos (crítica e história)*. São Paulo: Sociedade Capistrano de Abreu, 1938.

Alighieri, Dante. *A Divina Comédia*. Trad. José Pedro Xavier Pinheiro. São Paulo: Cia. Brasil Editora, 1955.

Alonso, Angela. *Flores, votos e balas: o movimento abolicionista brasileiro (1868-1888)*. São Paulo: Companhia das Letras, 2015.

Amaral, Alex Lombello. *Entre armas e impressos: a revolta de 1842 em Minas Gerais*. Tese (Doutorado) — Juiz de Fora: UFJF, 2019.

Appiah, K. A. *Na casa de meu pai: a África na filosofia da cultura*. Rio de Janeiro: Contraponto, 1993.

Ben-Amos, Avner. "Les funérailles de Victor Hugo: apothéose de l'évènement spectacle". In: Nora, Pierre (coord.). *Les lieux de mémoire*. Paris: Gallimard, 1985. v. 1, La République. (Bibliothèque illustrée des histoires). p. 473-522.

Bentivoglio, Julio. "Palacianos e aulicismo no Segundo Reinado. A fação áulica de Aureliano Coutinho e os bastidores da corte de d. Pedro II". *Esboços*, UFSC, v. 17, n. 23, p. 187-221, 2010.

Brito, Luciana Cruz. " 'Mr. Perpetual Motion' enfrenta o Jim Crow: André Rebouças e sua passagem pelos Estados Unidos no pós-Abolição". *Estudos Históricos*, v. 32, n. 66, 2019.

Camões, Luís Vaz de. *Os Lusíadas*. Lisboa: Antônio Gonçalves Impressor, 1572.

Cappelli, Vittorio. *A belle époque italiana no Rio de Janeiro*. Niterói: Eduff, 2015.

Carvalho, Maria Alice Rezende de. *O Quinto Século: André Rebouças e a construção do Brasil*. Rio de Janeiro: Iuperj; Ucam; Revan, 1998.

Altoé, Douglas de Melo. *A escrita da história da Antiguidade no Brasil oitocentista: um estudo do* Compêndio de História Universal (*1860*), *de Justiniano José da Rocha*. Dissertação (Mestrado em história) — Rio de Janeiro: UFRJ, 2016.

Boahen, A. Adu (coord.). *A África sob dominação colonial 1880-1935*. São Paulo: Ática, 1991. (História Geral da África, v. 7).

César, Caio Júlio. *Commentarios*. Trad. Francisco Sotero dos Reis, 1863. Disponível em: http://www2.senado.leg.br/bdsf/handle/id/242478. Acesso em: 21 mar. 2022.

Daibert Jr., Robert; Pereira, Edimilson de Almeida. *Depois, o Atlântico: modos de pensar, crer e narrar na diáspora africana*. Juiz de Fora: Editora da UFJF, 2010.

Dávila, Jerry. *Diploma de brancura. Política social e racial no Brasil, 1917--1945*. São Paulo: Editora da Unesp, 2006.

Dumas, Alexandre. *Le Comte de Monte-Cristo*. Paris: Au Bureau de l'Écho des Feuilles, 1846.

Farias Brito, R. de J. "'Questão Coimbrã': a problematização sobre Portugal através de uma polêmica literária pela Geração de 70 (1865-1866)". *Oficina do Historiador*, v. 8, n. 2, p. 154-73, 2015.

Filomeno, Felipe Amin. "A crise Baring e a crise do Encilhamento nos quadros da economia-mundo capitalista". *Economia e Sociedade*, Campinas, v. 19, n. 1 (38), p. 135-71, abr. 2010.

Gilroy, Paul. *O Atlântico negro: modernidade e dupla consciência*. Rio de Janeiro: Editora 34; CEAA; UCAM, 2001.

Grieco, Betina Zelliner. *A arquitetura residencial de Antonio Jannuzzi: ideias e realizações*. Dissertação (Mestrado em arquitetura) — Rio de Janeiro: UFRJ, 2005.

Grinberg, Keila. *O fiador dos brasileiros: cidadania, escravidão e direito civil no tempo de Antônio Pereira Rebouças*. Rio de Janeiro: Civilização Brasileira, 2002.

Horácio. *Odes*. Trad. Pedro Braga Falcão. São Paulo: Editora 34, 2021.

Jephson, Arthur Jermy Mounteney. *Emin Pacha et la Rébellion de l'Équateur*. Paris: Librairie Hachette et Cia., 1891.

Jucá, Joseline. *André Rebouças: reforma & utopia no contexto do Segundo Império: quem possui a terra possui o homem*. Rio de Janeiro: Odebrecht, 2001.

Larnac, Marie-Gustave. *Le Cosmos Moral*. Paris: Jacques Lecoffre Librairie Éditeur, 1862.

Magalhães Pinto, Ana Flávia. *Escritos de liberdade*. Campinas: Editora da Unicamp, 2019.

Manguel, Alberto. Ilíada *e* Odisseia *de Homero: uma biografia*. Trad. Pedro Maia Soares. Rio de Janeiro: Zahar, 2008.

Mattos, Hebe. "Slavery, Race and the Construction of the Imperial Order". In: *Oxford Research Encyclopedia of Latin American History*. Oxford: Oxford University Press, 2020.

_____. "Um livro 'tolstoico' contra a 'brutalidade yankee': a África e a abolição da escravidão e da servidão no Brasil, nos Estados Unidos e na Rússia na escrita de si de André Rebouças (1870-1898)". In: Lima,

Ivana Stolze; Grinberg, Keila; Reis, Daniel Aarão (org.). *Instituições nefandas: o fim da escravidão e da servidão no Brasil, nos Estados Unidos e na Rússia*. Rio de Janeiro: Fundação Casa de Rui Barbosa, 2018.

_____. "De pai para filho: África, identidade racial e subjetividade nos arquivos privados da família Rebouças (1838-1898)". In: Mattos, Hebe; Cottias, Myriam (org.). *Escravidão e subjetividades*. Marseille: OpenEdition Press, 2016. v. 1, p. 203-25.

_____. "André Rebouças e o pós-Abolição: entre a África e o Brasil (1888-1898)". In: Chalhoub, Sidney; Pinto, Ana Flávia Magalhães (org.). *Pensadores negros — pensadoras negras*. Belo Horizonte: EDUFRB, 2016. v. 1, p. 129-44.

_____. "'A vida política' (além do voto: cidadania e participação política na Primeira República brasileira)". In: Schwarcz, Lilia Moritz (org.). *História do Brasil nação: 1808-2010*. Rio de Janeiro: Objetiva, 2012. v. 3, p. 85-132.

_____. "Prefácio à edição brasileira de *Beyond Slavery*". In: Cooper, Frederick; Holt, Thomas; Scott, Rebecca. *Além da escravidão: investigações sobre raça, trabalho e cidadania em sociedades pós-emancipação*. Rio de Janeiro: Civilização Brasileira, 2005.

_____. *Marcas da escravidão na história do Brasil*. Tese (titular em história do Brasil) — Niterói: Departamento de História, UFF, 2004.

_____. *Escravidão e cidadania no Brasil monárquico*. Rio de Janeiro: Zahar, 2000.

_____ (org.). *Diáspora negra e lugares de memória*. Niterói: Eduff, 2013.

Mauad, Ana Maria. "Imagem e autoimagem do Segundo Reinado". In: Alencastro, Luiz Felipe de (org.). *História da vida privada no Brasil*. São Paulo: Companhia das Letras, 1997. v. 2.

Mesquita, Sergio Luiz Monteiro. *A Sociedade Central de Imigração e a política imigratória brasileira (1883-1891)*. Dissertação (mestrado em história política) — Rio de Janeiro: Uerj, 2000.

Louzeiro, José. *André Rebouças*. Rio de Janeiro: Tempo Brasileiro, 1968.

Obituary. Antônio Paulo de Mello Barreto. *Minutes of the Proceedings of the Institution of Civil Engineers*, v. 183, n. 1911, p. 371-89, jan. 1911.

Obituary. Ferdinand de Lesseps. *Minutes of the Proceedings of the Institution of Civil Engineers*, v. 119, n. 1895, p. 371-89, 1895. Part. 1.

Oliveira, Taciana Martiniano de. *O judeu errante nas obras de Eugène Sue e Jean D'Ormesson: da literatura de folhetim às errâncias da literatura contemporânea*. Tese (Doutorado em estudos literários) — Araraquara: Unesp, 2020. Disponível em: https://repositorio.unesp.br/handle/11449/193530. Acesso em: 7 out. 2022.

Pádua, José Augusto. *Um sopro de destruição: pensamento político e crítica ambiental no Brasil escravista (1786-1888)*. Rio de Janeiro: Zahar, 2002.

Patrício, Miguel. "Do Ultimatum de 1890 ao Tratado Lusobritânico de 1891. Ensaio de história diplomática". RIDB, ano 2, n. 10, 2013.

Pereira, Hugo Silveira. "O fotógrafo Romão Pereira e a criação de uma paisagem tecnocientífica em Moçambique colonial (1886-1891)". *Varia História*, Belo Horizonte, v. 37, n. 75, p. 813-50, set.-dez. 2021.

Pereira, Matheus Serva. "Batuques negros, ouvidos brancos: colonialismo e homogeneização de práticas socioculturais do sul de Moçambique (1890-1940)". *Revista Brasileira de História*, v. 39, p. 155-77, 2019.

Pessanha, Andréa Santos. *Da abolição da escravidão à abolição da miséria: a vida e as ideias de André Rebouças*. Rio de Janeiro: Quartet; Belford Roxo: Uniabeu, 2005.

Pinto, Renato. "Uranismo em Cilurnum? Apanhados e conjecturas de homossexualidades masculinas na Inglaterra vitoriana". *Veredas da História*, n. 1, p. 119-53, jul. 2017.

Priore, Mary Del. *O príncipe maldito*. São Paulo: Objetiva, 2007.

Rebouças, André. *Diário e notas autobiográficas*. Textos escolhidos e anotações por Ana Flora e José Ignácio Veríssimo. Rio de Janeiro: José Olympio, 1938.

_____. *Diário: a Guerra do Paraguai (1866)*. Introdução e notas de Maria Odila da S. Dias. São Paulo: Instituto de Estudos Brasileiros, 1973.

_____. *Orphelinato Gonçalves d'Araújo: temmas e contribuições para a abolição da miséria*. Petrópolis: G. Luizinger e Filhos, 1889.

_____. *Confederação Abolicionista. Abolição imediata e sem indenisação*. Panfleto n.º 1. Rio de Janeiro: Typ. Central de Evaristo R. da Costa, 1883.

_____. *Agricultura nacional. Estudos econômicos. Propaganda abolicionista e democrática*. Rio de Janeiro: A. J. Lamoureaux e Co. 1883 (2. ed. fac-similar: Recife: Fundação Joaquim Nabuco, 1888).

_____. *Ao Itatiaia*. Rio de Janeiro: Typografia e Livraria de Lombaerts e Comp., 1878.

_____. *Parecer do Presidente interino da Seção de Comércio | André Rebouças | sobre a reforma da tarifa das Alfândegas do Império do Brasil*. Sociedade Auxiliadora da Indústria Nacional. Rio de Janeiro: G. Leuzinger e Filhos, 1877.

_____. *Excursão ao salto do Guaíra, o parque nacional*. Rio de Janeiro, 1876.

_____. *Acondicionamento da erva mate (Destinado a Filial da Associação Brazileira de Aclimação da Província do Paraná)*. Rio de Janeiro: Typ. e Lith. Carioca, 1876.

_____. *Apontamentos para a biografia do engenheiro Antônio Pereira Rebouças*. Rio de Janeiro: Typografia Nacional, 1874.

_____. *Garantia de juros; estudos para sua aplicação às empresas de utilidade pública no Brasil pelo engenheiro André Rebouças*. Rio de Janeiro: Typographia Nacional, 1874.

_____. *Milho-Forragem; nota pelo engenheiro André Rebouças*. (Associação Brazileira de Acclimação). Rio de Janeiro: Typ. do Imperial Instituto Artístico, 1875.

Rebouças, Antônio Pereira. *Recordações da vida parlamentar do advogado Antônio Pereira Rebouças. Moral, jurisprudência, política e liberdade constitucional...* Rio de Janeiro: Laemmert, 1870. 2 v.

Ricupero, Bernardo. "A República e a descoberta da América: nova forma de governo e mudança identitária no Brasil da década de 1890". DADOS — *Revista de Ciências Sociais*, Rio de Janeiro, v. 61, n. 1, p. 213-53, 2018.

Silva, Alberto da Costa e. *Francisco Félix de Souza, mercador de escravos*. Rio de Janeiro: Eduerj, 2004.

Sampaio, Thiago Henrique. "Portugal em África: a administração de Mousinho de Albuquerque em Moçambique (1896-1898)". *Textos e Debates*, Boa Vista (RR), n. 24, p. 7-24, 2013.

Santos, Sidney M. G. dos. *André Rebouças e seu tempo*. Rio de Janeiro: Clube de Engenharia, 1985.

Soares, Anita Maria Pequeno. " 'O negro André': a questão racial na vida e no pensamento do abolicionista André Rebouças". PLURAL — *Revista do Programa de Pós-Graduação em Sociologia da USP*, São Paulo, v. 24. n. 1, p. 242-69, 2017.

Spitzer, Leo. *Lives in Between: assimilation and marginality in Austria, Brazil, West Africa 1780-1945*. Cambridge: Cambridge University Press, 1989.

Thomas, Fernanda. "Disciplinar o 'indígena' com pena de trabalho: políticas coloniais portuguesas em Moçambique". *Estudos Históricos*, Rio de Janeiro, v. 25, n. 50, p. 313-30, jul.-dez. 2012.

Tolstói, Liev. *Ma Confession*. Paris: Albert Sabine, 1887.

_____. *Sonate à Kreutzer*. Paris: Lemerre, 1890.

_____. *L'argent et le travail*. Préface par Émile Zola. Paris: E. Flammarion, 1892.

Trettin, Alexandre. *O derrame de moedas falsas de cobre na Bahia (1823-1829)*. Dissertação (Mestrado) — Salvador: UFBA, 2010.

Trindade, Alexandre Dantas. *André Rebouças: da engenharia civil à engenharia social*. Tese (Doutorado em história) — Campinas: Unicamp, 2004.

Veríssimo, José Ignácio. *André Rebouças através de sua autobiografia*. Rio de Janeiro: Livraria José Olímpio Editora, 1939.

ARTIGOS DE ANDRÉ REBOUÇAS NA *REVISTA DE ENGENHARIA*

Revista de Engenharia, n. 176-179, 28 dez. 1887-14 fev. 1888.

"Higiene". *Revista de Engenharia*, n. 180-185, 28 fev. 1888-18 set. 1888.

"Abolição da miséria". *Revista de Engenharia*, n. 194-204, 28 set. 1888--28 fev. 1889.

"Imposto territorial. Elementos para o Cadastro Nacional". *Revista de Engenharia*, n. 205-221, 14 mar.-14 nov. 1889.

"Lei Torrens". *Revista de Engenharia*, n. 233, 14 maio 1890.

"A questão operária". *Revista de Engenharia*, n. 234, 28 maio 1890.

"Renda da terra". *Revista de Engenharia*, n. 235-236, 14-28 jul. 1890.

"Colonização da Algéria". *Revista de Engenharia*, n. 237-238. 14 jul.--14 ago. 1890.

"O Zollvenrein brasileiro". *Revista de Engenharia*, n. 239-240, 14-28 ago. 1890.

"Protecionismo". *Revista de Engenharia*, n. 241-242, 14-28 set. 1890.

"Teoria econômica de Sully". *Revista de Engenharia*, n. 243-244, 14-28 out. 1890.

"Gênese da sesmaria". *Revista de Engenharia*, n. 245-246, 14-28 nov. 1890.

"O problema da Irlanda". *Revista de Engenharia*, n. 247-248, 14-28 dez. 1890.

"O problema da África". *Revista de Engenharia*, n. 249-251, 14 jan.--14 fev. 1891.

"O sistema aduaneiro". *Revista de Engenharia*, n. 252-253, 28 fev.--14 mar. 1891.

"Instrução técnica". *Revista de Engenharia*, n. 256-257, 28 abr.-14 maio 1891.

"O problema hebreu". *Revista de Engenharia*, n. 258-260, 28 maio--28 jun. 1891.

"O problema do salariato". *Revista de Engenharia*, n. 261-262, 14--28 jun. 1891.

"Beklem-Regt. Democracia rural na Holanda". *Revista de Engenharia*, n. 263-265, 14 ago.-14 set. 1891.

OBRAS DE REFERÊNCIA (NOTAS E LISTA DE NOMES CITADOS)

Blake, Sacramento. *Diccionario bibliographico brazileiro*. Rio de Janeiro: Typ. Nacional, 1883-1902.

Dicionário histórico-biográfico brasileiro: pós-1930. Rio de Janeiro: FGV CPDOC, 2010. Disponível em: http://cpdoc.fgv.br. Acesso em: mar. 2022.

Dicionário da administração pública brasileira. Memória da Administração Pública Brasileira. Rio de Janeiro: Arquivo Nacional, 2016-17. Disponível em: http://mapa.an.gov.br/index.php/dicionario. Acesso em: mar. 2022.

Minutes of the Proceedings of the Institution of Civil Engineers. Obituary. Institution of Civil Engineers — ICE Virtual Library. Disponível em: https://www.icevirtuallibrary.com/. Acesso em: mar. 2022.

Marcondes, Marcos Antônio (ed.). *Enciclopédia da música brasileira: popular, erudita e folclórica*. 2. ed. revista e atualizada. São Paulo: Art; Publifolha, 1998.

Silva, Innocencio Francisco da Silva. *Diccionario bibliographico portuguez*. Estudos de Innocencio Francisco da Silva aplicáveis a Portugal e ao Brasil. Lisboa: Imprensa Nacional, 1858. 23 v.

SITES CONSULTADOS (ACESSOS EM JAN.-MAR. 2022)

Academia Brasileira de Letras (ABL): https://www.academia.org.br/.

Academia Nacional de Engenharia (ANE): http://anebrasil.org.br/.

Academia Nacional de Medicina (ANM): http://www.anm.org.br/.

A Casa Senhorial, Portugal, Brasil e Goa (projeto de pesquisa da Universidade Nova de Lisboa em parceria com a Fundação Casa de Rui Barbosa): http://acasasenhorial.org/.

Biblioteca Nacional Digital: http://memoria.bn.br/.

Biografias Netsaber: http://biografias.netsaber.com.br/.

Brasil Imperial (organizado por Daniel Jorge Marques Filho): https://m.facebook.com/BrazilImperiu.

Busca Integrada — UFRJ (André Rebouças): https://buscaintegrada. ufrj.br/Author/Home?author=Rebouças%2C+André%2C.

Câmara dos Deputados: https://www2.camara.leg.br/.

Câmara Municipal de Piracicaba: https://www.camarapiracicaba.sp. gov.br/.

Família Espeschit (site de genealogia criado por Antonio Magno Lima Espeschit): http://www.espeschit.com.br/.

Gallica (acervo digital da Bibliothèque nationale de France — BNF): https://gallica.bnf.fr/.

Garfadas online (blog de Ana Marques Pereira): http://garfadasonline. blogspot.com/.

Site oficial do Reino Unido da Grã-Bretanha e Irlanda do Norte: https://www.gov.uk/.

Grace's Guide to Britsh Industrial History: https://www.gracesguide. co.uk/.

Grupo Companhia das Letras: https://www.companhiadasletras. com.br/.

História de Alagoas (organizado por Edberto Ticianel): http://www. historiadealagoas.com.br/.

Histórias do Café no Brasil Imperial (organizado por Aloysio Clemente Breves): http://brevescafe.net/.

Houseofmaputo: construção e desenvolvimento da cidade antiga (blog de Rogerio Gens): https://housesofmaputo.blogspot.com/2019/11/em-barberton-rsa-na-peugada-de-emily_7.html.

Identidades do Rio (site de projeto de pesquisa da UFF em parceria com a Faperj): http://www.pensario.uff.br/.

Instituto Histórico e Geográfico Brasileiro (IHGB): https://www.ihgb.org.br/.

Le Petit Journal: http://cent.ans.free.fr/historique.htm.

Museu da Justiça, Tribunal de Justiça do Estado do Rio de Janeiro: http://ccmj.tjrj.jus.br/.

Paisagem Cultural de Sintra (Câmara Municipal de Sintra): http://paisagemcultural.sintra.pt/.

Portal Opera Mundi: https://operamundi.uol.com.br/.

Psychiatry On-line Brasil (periódico eletrônico): http://www.polbr.med.br/.

Restos de Coleção — Mala Real Portuguesa (blog de José Augusto Leite): https://restosdecoleccao.blogspot.com/2018/03/mala-real--portugueza.html.

Revista *Passaporte* (Medium): https://medium.com/passaporte.

Secretaria de Cultura do Estado de Alagoas: http://www.cultura.al.gov.br/.

Secretaria de Turismo do Estado da Bahia: http://www.bahia-turismo.com/.

Senado Federal (Brasil): https://www12.senado.leg.br/.

The Delagoa Bay World (blog de Antonio Botelho de Melo): https://

delagoabayworld.wordpress.com/2012/09/03/os-correios-e-a-repar-ticao-das-obras-publicas-de-lourenco-marques-1892/.

Wikipedia — a Enciclopédia Livre: https://pt.wikipedia.org/; https://en.wikipedia.org/; https://fr.wikipedia.org/.

União Espírita Mineira: https://www.uemmg.org.br/.

SOBRE AS IMAGENS

Apesar do apego de André Rebouças à modernidade técnica, só foi possível localizar quatro fotografias com o registro de sua imagem. Uma delas foi feita em um estúdio fotográfico europeu, provavelmente em Paris, em 1861, durante a viagem de estudos com o irmão Antônio. Naquele momento André tinha 23 anos e aparece de pé, elegantemente vestido, posando para a posteridade. Há outra, com o mesmo cenário e vestimenta, ao lado do irmão. Além delas, há duas da década de 1880: uma foto de busto, com gravata e flor na lapela, muito difundida nas redes sociais, e uma fotografia com os dirigentes da Confederação Abolicionista, em que aparece grisalho. André registrou o momento desta última foto no diário, em 16 de maio de 1888: "Retrato-me em grupo com a Confederação Abolicionista e com Ângelo Agostini da *Revista Ilustrada*".

Para este volume, escolhi duas imagens de André, evocando a passagem do tempo. A foto da juventude feita em Paris, que está na abertura, e o óleo sobre tela de Rodolfo Bernardelli, *Retrato de André Pinto Rebouças*, de 1897, doado ao Museu Histórico Nacional em 1932. A imagem pintada a óleo é muito próxima da foto de busto, provavelmente de 1885, incluindo a gravata e a flor na lapela, mas a inflexão da cabeça, o olhar e sobretudo a cor da pele são muito diferentes. André registra no diário que a pintura foi encomendada pelo engenheiro Paulo de Frontin para ser colocada em sua homenagem no escritório das Docas D. Pedro II. Em 1897, André estava em Funchal, e o artista, com certeza, se baseou na foto para a confecção do quadro. Eram comuns, no período, as fotografias colorizadas que tentavam evocar os retratos a óleo, exclusivos das famílias abastadas na primeira metade do século. Bernardelli, artista de múltiplos talentos, mas sobretudo escultor, fez o contrário. Decidiu reler a imagem da fotografia em óleo sobre tela e produziu uma nova imagem de André Rebouças. A fotografia em preto e branco embranquecia o retratado. No óleo, ele aparece mais negro, com olhar mais determinado, orgulhosamente elegante e belo. Abolicionista, Bernardelli estudou na Europa com bolsa do imperador e demitiu-se de sua posição de professor na Academia Imperial de Belas-Artes após a queda do monarca. Um ano depois, se reconciliaria com a República e viria a dirigir a Escola Nacional de Belas-Artes por cerca de 25 anos.

As demais imagens publicadas neste volume referem-se à viagem africana. Há recortes de publicidade da Mala Real Portuguesa e uma foto do paquete *Malange*, que levou André a Lourenço Marques. Em fins do século xix, a ampliação do mercado de viagens ao continente tornou comuns fotografias de portos e navios a vapor, que procuraram registrar a *modernidade* e a *civilização* que o imperialismo europeu entendia estar levando para a África. Isso vale também para a imagem da agência do Bank of Africa, em Barberton, frequentada por Rebouças, também reproduzida. Fiquei inicialmente surpresa com a facilidade de encontrar imagens do banco, entre outras que retratam a modernidade ocidental na África, até me dar conta de que há uma super-representação desses equipamentos modernos em todas as regiões colonizadas pelos europeus no período. Um enquadramento do olhar que quase sempre eliminava ou estereotipava o africano nativo, mas que se afinava bem com a missão abolicionista e científica que levou André a Lourenço Marques e Barberton.

As demais imagens são fotografias do caderno de correspondência e um mapa com os itinerários percorridos por André, elaborado a partir de mapas contemporâneos com base nas informações das cartas transcritas.

Hebe Mattos

CRÉDITOS DAS ILUSTRAÇÕES

p. 2, 390: Veríssimo, Tne. Cel. Ignacio José. *André Rebouças através de sua auto-biografia*. Rio de Janeiro. Livraria José Olimpyo Editora, 1939. Reprodução de Jaime Acioli

p. 17: Acervo Fundação Joaquim Nabuco — Ministério da Educação

p. 20: manuscrito de carta a A. E. Rangel da Costa (registro de correspondência — 17 de fevereiro de 1892). Acervo Fundação Joaquim Nabuco — Ministério da Educação

p. 84-85: anúncios da Mala Real Portuguesa. *Jornal do Porto*, 9 de outubro de 1890

p. 141: Acervo Fundação Joaquim Nabuco — Ministério da Educação

p. 347-48: Acervo pessoal de Ana Maria Rebouças

p. 367: *André Pinto Rebouças*, de Rodolfo Bernardelli, 1897. Acervo do Museu Histórico Nacional/Ibram. Reprodução de Jaime Acioli

p. 463: manuscrito de carta a José Américo dos Santos (registro de correspondência — 25 de março de 1892). Acervo Fundação Joaquim Nabuco — Ministério da Educação

AGRADECIMENTOS

Este livro é resultado parcial de cerca de quinze anos de pesquisa apoiada por bolsa de produtividade em pesquisa do Conselho Nacional de Desenvolvimento Científico e Tecnológico (CNPq) e Cientista do Nosso Estado (CNE) da Fundação de Amparo à Pesquisa do Estado do Rio de Janeiro (Faperj).

O fichamento das cartas realizado por Matheus Serva Pereira, então bolsista de iniciação cientista do projeto pelo CNPq, foi essencial para a produção dos primeiros textos sobre elas. Matheus é hoje um profissional de história de destaque, especialista em história da África portuguesa, com ênfase em Moçambique.

A bolsa CNE-Faperj custeou o trabalho de transcrição de Eduardo Cavalcanti, a quem agradeço especialmente por sua inestimável colaboração.

O acesso aos cadernos manuscritos ou à sua cópia em microfilme seria impossível sem o apoio da Fundação Joaquim Nabuco (FJN) e do Arquivo Central da Universidade Federal de Juiz de Fora (UFJF).

Ana Maria Rebouças gentilmente conversou comigo sobre a memória da família e me permitiu consultar os papéis pessoais de André Rebouças que continuam sob sua guarda. O texto do livro, antes de ser enviado em sua versão final à editora, contou com sua leitura e comentários e com os de Ana Flávia Magalhães Pinto, Keila Grinberg, Martha Abreu e Robert Daibert.

A todos, muito obrigada.

Hebe Mattos

Meu caro Santinho.

Parto pela Malange como lhe escrevi a 17 Fevr. pp.p.
Incluo 2ª Via da Procuração a Norton Megaw & Cº, reconh
pelo Consulado, o que faltou na remettida de Cannes nos
1891 — Leva o meu sobrinho André Verissimo Rebouças a
a Norton Megaw & Cº para que elle guie a pessoa, encar-
de receber meus vencimentos, nos passos necessarios na Eg
no Thesouro Nacional.

O ultimo dinheiro, recebido do Brazil, foi a Letra de £ 10
de Outubro 1891. Foi, à custa de sacrificios tolstoicos, que
consegui ter um rotinho para seguir para Africa, to
casa Megaw & Norton de Londres recusado enviar-me
por falta de instrucções. Veja o modo de regularisar as
— qualquer que seja o cambio — porque no Velho Mundo a ag
ainda mais forte do que no Novo, si tal cousa é possi
Comprehende, meu Santinho, que estou cansadissimo do meu
vida, o, sobretudo, da tal civilisação... Espero que Deos
o Fim n'Africa e que possa ahi alcançar o repouso ete
Sempre Mto do Coração

André Rebouças
Re

Este livro foi composto em Freight text em novembro de 2022.